国学经典释读

李学勤 主编

叶玉麟 选释

生活·读书·新知 三联书店

译解
韩非子

图书在版编目(CIP)数据

译解韩非子/叶玉麟选释. —北京:生活·读书·
新知三联书店,2019.11
(国学经典释读)
ISBN 978 - 7 - 108 - 06633 - 6

Ⅰ.①译… Ⅱ.①叶… Ⅲ.①①法家②《韩非子》–注
释③《韩非子》–译文 Ⅳ.①B226.5

中国版本图书馆 CIP 数据核字(2019)第 137023 号

责任编辑 赵 炬 周 鹏
封面设计 米 兰
责任印制 黄雪明
出版发行 生活·讀書·新知 三联书店
(北京市东城区美术馆东街 22 号)
邮 编 100010
印 刷 上海锦良印刷厂有限公司
版 次 2019 年 11 月第 1 版
2019 年 11 月第 1 次印刷
开 本 650 毫米×900 毫米 1/16 印张 28.75
字 数 257 千字
定 价 69.00 元

出版说明

这是一套写给普通读者的国学经典释读丛书。

"国学"之名,始自清末。当时欧美学术涌入中国,被称为"新学"或"西学",相应的,学界就将中国传统学问命名为"旧学"或"国学"。广义的"国学"包含范围广泛,从哲学、史学、宗教学到考据学、中医学、建筑学等等,本丛书之"国学经典"主要是指先秦诸子百家的著作。这些经典博大精深,是中国传统文化的精髓,是中华民族共同的血脉和灵魂,是连接炎黄子孙的血脉之桥、心灵之桥,吸引一代代中国人阅读、阐释、传承,至今熠熠生辉。

民国时期虽然新学昌盛,但对国学经典的研究和普及并未中断,甚至在二十世纪三十年代掀起出版国学经典的热潮,比如商务印书馆出版的"学生国学丛书"、世界书局的《四书读本》、广益书局的"白话译解经典"系列等等。

今天,出于继承和弘扬中国优秀传统文化的需要,我们精选了民国时热销的经典释读版本,并做适当的加工处理,以适应今日之读者。本丛书收录《广解论语》《广解大学·中庸》

《广解孟子》《译解荀子》《译解韩非子》《译解孙子兵法》《译解庄子》《译解战国策》《译解国语》《译解墨子》《译解道德经》《国学讲话》十二种。这些国学经典释读的编者兼具旧学与新学功底,语言通俗易懂,译解贴近现代。

这次重新出版,我们主要做了五项工作:

第一,为了读者阅读的方便,改竖排为横排,标点符号也随之改为现代横排的规范样式。

第二,变繁体字为简化字,在繁简转换的过程中,对有可能产生意义混淆的用字,做了合理的处理。

第三,采用今天所见较好的古籍版本对原书的选文进行了审校,订正了文句的错、讹、脱、衍。

第四,原书选篇保持不变。

第五,对原书的注释进行了修润,使注释更加准确、易懂。

我们期望,本丛书的出版能够为普通读者提供一个更亲近的读本,也希望以此为契机,对弘扬中国传统文化、普及国学知识起到积极的促进作用。

“国学经典释读”是李学勤先生生前主编的最后一套丛书,李先生在病榻上撰写了总序。今年二月,先生遽归道山。如今,此丛书顺利出版,是对先生的缅怀。

生活·读书·新知三联书店

总　序

　　大家了解，人类的许多认知和见解，有时可以在历史发展的某些时段得到重合或认同。20 世纪三四十年代悄然掀起的国学教育运动，恰恰与现今对中国传统文化的重视与重拾极为相似，其因果大体也是经历由怀疑、批判、否定，到重视、回归并再造这样的过程。

　　20 世纪前半叶，可谓中西文化大碰撞、大交融的时代，最为鲜明的是西方文化对于中国传统文化的巨大冲击。清末的"中体西用"，尚有"存古学堂"保存国粹，使国学还占有一席之地，而到了民国初年，特别是"壬戌学制"的颁布，主要采用当时美国一些州已经实行了十多年的"六三三制"，标志着中国近代以来的学制体系建设的基本完成，以美国为代表的西方教育在中国占据了相当大的地位。此后中国现代化教育每发生一次变化，西方的教育形式与内容就会有所进入，中国传统文化的教育也就有所丧失，中国传统文化的价值体系遭受着越来越多的质疑或否定。对此，一部分具有强烈忧患意识的教育家、文化名流忧心忡忡，并由担心逐渐转而采取行动挽救国学。但是,真正产生影响并引起国人震动的却是国际联盟教育考察团的到访。1931 年,当时的南京国民政府鉴于欧美的教育对中国日益增大的影响,邀请以欧洲国家为主体的教育考察团来华考察。考察团用了一年多的时间,考察了中国教育的诸多重镇及学校,提交了《中国教育之改进》的报告书。报告书指出:"外国文明对于中国之现代化是必要的,但机械的模仿却是危险的。"该报告书主张中国的教育应构筑在中国固有的文化基础上,对外来文化,特别是美国文化的影响,进行了不客气的批评:"现代中国最显著的特征,即为一群人所造成的某种外国文化的特殊趋势,不论此趋势来自美国、法国、德国,或其他国家。影响最大的,要推美国。中国有许多青年知识分子,只晓得模仿美国生活的外表,而不了解美国主义系产生于美国所特有的情状,与中国的迥不相同。""中国为一文化久长的国家。如一个国家而牺牲它历史上整个的文化,未有不蒙着重大的祸害。"报告书切中时弊的评估,使中国知识界与教育界在极大的震动中警醒并反思。随即具有强烈社会责任感的教育界、学术界人士,采取了行之有效的国学教育推行举措,掀起国学教育的声势和热潮,使国学教育得到落实,国学经典深入学校的课堂,进入学生使用的书本,并被整合进学生的知识结构中去。

关于 20 世纪三四十年代的国学教育的热潮,有两种情况值得关注:一是诸如梁启超、章太炎、陈寅恪、黄侃、刘师培、顾颉刚、钱穆、吕思勉等大家利用新的研究方法，潜心研究，整理国故，多有建树，推出了一大批国学研究成果，将国学的归结、分类、条理化、学科化的阐述达到了空前的清晰，对当时及后世影响深远；与此同时，教育界、学术界将国学通过渗透的办法，镶嵌入中小学的课程，设立了各个学级的国语必修课和必读书，许多大家列出书单，推介国学典籍的阅读。二是当时出版界向民众普及国学典籍，主要体现在对国学的通俗释读方面，以适应书面语言不断白话的情形。

对于前者，1949年以后，特别是改革开放以来，重新出版了一些相关著作，但后者几乎被忽视或遗忘了，极少再度面世。其实后者在当时的普及和重版率相当高，影响更为深广。

生活·读书·新知三联书店这次整理出版的正是后者。这不仅是因为在那之后均没有重现，重要的是这些通俗释读的书非常适合当今书面语言彻底白话了的读者需求，特别是当读古文和诠释古文已经成为专门家的事情的今天，即便有较高学历的非专业的读者读古文也为之困惑，这类通俗释读国学典籍的书的出版就显得更为迫切。这些书的编撰者文言文功底深厚，又受到白话文运动的洗礼，对文白对应的把握清晰准确。这些书将国学典籍原文中的应该加以注释说明的元素融入在白话释读之中，不再另行标注，使阅读连贯流畅，其效果与今天的白话阅读语境基本吻合，可见那时对于国学的通俗普及还是做了些实事的。

　　这的确是一些为我们有所忽视的好东西,以致可查到的底本十分稀缺,大多图书馆都没有藏品,坊间也难觅得。生活·读书·新知三联书店在千方百计中找到了选用的底本,使得旧时通行的用白话释读经典的读本得以再现。

　　值得一提的是,这是当时的出版人专门组织出版的一批面向一般民众的国学释读的读本,影响甚大,使得国学经典走入初等文化程度的群体。然而,这些产生过较大影响的读本之所以后来为人所遗忘,其原因可能是出版界推崇名家著述或看重对传统典籍的校勘和注疏。以王缁尘为例,虽然其人名不见经传,但他所编著的关于国学经典释读的一系列的图书,在当时却十分抢手,曾不断重印了十几版。这主要是当时的世界书局看中了他在清末就创办白话报的经历和对国学典籍把握的功力,使其栖身"粹芳阁",为世界书局专事著述国学通俗释读的书籍。列入本套丛书的《广解四书读本》(今将其分为《广解论语》《广解大学·中庸》《广解孟子》),曾被认为是当时国学出版的盛典,是当时通俗释读国学的代表。"国学经典释读"选择20世纪三四十年代的国学通俗的释读书籍,整理为简体横排进行出版,为当今读者学习国学经典提供了很好的阅读范本,是一件大有助益的好事。

　　还应该提及的是,出版此套书不仅是为方便读者理解经典,还在于让读者通过这样的阅读,了解当时人们对中华民族和中国意义的认同史。那时的国学教育和学习的热潮,几乎与抗日战争同行,而对中华民族的现代认识,正是在这期间形成的;国学的教育和普及,使国人了解并认同了中国的历史悠久和文化的博大精深,更将几千年来的人们对国家的意识,从以皇室朝廷为中心的概念中分离出来,完成了从"君国"到"国族"的转变。"中国"代表着中华民族全体,是各族人民联合御侮和实现伟大复兴的精神图腾。

李学勤

2018 年 12 月 10 日

目 录

卷下

序

  非本韩之诸公子,独好刑名法术。见韩削弱,作《孤愤》《五蠹》《内外储》《说林》《说难》诸篇,以为儒者文乱法,侠用武犯禁,国家宽则崇誉名,急则用介胄士,故养非所用,用违所养,悲廉直不容于世也,其立意讵不善哉?史公称其引绳墨,切事情,明是非,其极惨礉少恩,虽原于道德之意,蒙以为过矣。此其所以为《说难》,而终不能自脱也。黄东发曰:“韩非尽斥尧、舜、孔子,凡先王之道以为乱。”而兼取申、商之法,而加以深刻,至谓妻子亦害己者,不可尽信,盖自诩独智,足舞一世矣。夫以妻子之亲谓不可信,且疑其害己,天下尚有可信之人乎?于人则多其猜忌,揣度百端,以防其欺己;于一己之说,则妄冀以伺察窥诇,究极人情之变诈者,而欲人之信我,可得哉?且非以疏逖之臣,卒然进说,乃欲人君首去其亲贵,谁能容之?观其“白马非马”之辩,“棘刺猿母”之喻,“郑人争年”“赵主父施钩梯”诸说,亦太诡谲矣。度其人盖天性阴鸷深险,不以诚信处人,视天下人皆鬼蜮,一切以机缄、黠猾、饰智以御人,而自以为出于万全者也,岂不谬哉?然其《解老》篇曰:

"仁者,谓其中心欣然爱人也。义者,君臣上下之礼,父子贵贱之差也,知交朋友之接也,亲疏内外之分也。臣事君宜,下怀上宜,子事父宜,众敬贵宜,知交朋友之相助也宜,亲者内而疏者外宜,义者谓其宜也。礼者,所以情貌也,群义之文章也,君臣父子之交也,贵贱贤不肖之所以别也。中心怀而不喻,故疾趋卑拜以明之;实心爱而不知,故好言繁辞以信之。礼者,外节之所以喻内也,故曰礼以情貌也。凡人之为外物动也,不知其为身之礼也;众人之为礼也,以尊他人也,故时劝时衰;君子之为礼,以为其身也。"非之解仁义礼如此,未尝背圣人之言也,何以知君臣上下之分,亲疏、贵贱、远迩之别,明乎朋友交际之道,而终以疏远小臣思离间亲近,致横遭谗谤,见嫉宵人,卒死犴狴,何其巧于辞说,而不明大道哉?叶水心曰:"人世惟斯常理耳。"君臣、父子、夫妇、宾主之大伦也,慈孝、恭敬、友悌、廉逊、忠信之大节也,所谓豪杰卓然兴起者,不待教诏而自能,不待勉强而自尽也。至于以机变为经常,以不逊为坦荡,以窥测隐度为义理,以见人隐伏为新奇,以跌宕不可羁束为通透,以多所疑忌为先觉,此道德之弃材也。嗟夫!韩子不幸,殆有类是邪!史公以韩子与老、庄、申子合传,亦甚惜其才智有过越人者,而悲其未闻大道,终不脱于祸也。是书以长沙王氏集解为最善本,顾其为文,旨约而蕴深,理幽而辞奥,即《说难》一篇,简古诘屈,初学恒苦难喻。魏安裕先生,请用俚语浅释,以饷新生,使向之沉滞幽邃者,一旦轩豁朗畅,理达趣昭,洵快事也！凡注释十二万言,穷数月之力乃蒇事,以诸子精辟奇奥之旨,而欲以浅言尽释,知其难也,读者其谅之哉！

桐城叶玉麟序

卷上

初见秦

"臣闻不知而言，不智；知而不言，不忠。为人臣不忠，当死；言而不当，亦当死。虽然，臣愿悉言所闻，唯大王裁其罪。

"臣闻天下阴燕阳魏，连荆固齐，收韩而成从，将西面以与秦强为难，臣窃笑之。世有三亡，而天下得之，其此之谓乎！臣闻之曰：'以乱攻治者亡，以邪攻正者亡，以逆攻顺者亡。'今天下之府库不盈，囷仓空虚，悉其士民，张军数十百万，其顿首戴羽为将军，断死于前，不至千人，皆以言死。白刃在前，斧锧在后，而却走不能死也。非其士民不能死也，上不能故也。言赏则不与，言罚则不行，赏罚不信，故士民不死也。今秦出号令而行赏罚，有功无功相事也。出其父母怀衽之中，生未尝见寇耳。闻战，顿足徒裼，犯白刃，蹈炉炭，断死于前者，皆是也。夫断死与断生者不同，而民为之者，是贵奋死也。夫一人奋死，可以对十，十可以对百，百可以对千，千可以对万，万可以克天下矣。今秦地折长补短，方数千里，名师数十百万。秦之号令赏罚、地形利害，天下莫若也。以此与天下，天下不足兼而有也。是故秦战未尝不克，攻未尝不取，所当未尝不破，开地数千里，此其大功也。然而兵甲顿，士民病，蓄积索，田畴荒，囷仓虚，四邻诸侯不服，霸王之名不成，此无异故，其谋臣，皆不尽其忠也。

"臣敢言之，往者齐南破荆，东破宋，西服秦，北破燕，中使韩、魏，土地广而兵强，战克攻取，诏令天下。齐之清济浊河，足以为限；长城巨防，足以为塞。齐，五战之国也，一战不克而无齐。由此观之，夫战者，万乘之存亡也。且闻之曰：'削迹无遗根，无与祸邻，祸乃不存。'秦与荆人战，大破荆，袭郢。取洞庭、五湖、江南，荆王君臣亡走，东服于陈。当此时也，随荆以兵，则荆可举，荆可举，则民足贪也，地足利也。东以弱齐、燕，中以凌三晋。然则是一举而霸王之名可成也，四邻诸侯可朝也。而谋臣不为，引军而退，复与荆人为和，令荆人得收亡国，聚散民，立社稷主，置宗庙令，率天下西面以与秦为难，此固以失霸王之道一矣。天下又比周而军华下，大王以诏破之。兵至梁郭下，围梁数旬，则梁可拔，拔梁，则魏可举，举魏，则荆、赵之意绝，荆、赵之意绝，则赵危，赵危而荆狐疑，东以弱齐、燕，中以凌三晋。然则是一举而霸王之名可成也，四邻诸侯可朝也。而谋臣不为，引军而退，复与魏氏为和，令魏氏反收亡国，聚散民，立社稷主，置宗庙令，此固以失霸王之道二矣。前者穰侯之治秦也，用一国之兵，而欲以成两国之功。是故兵终身暴露于外，士民疲病于内，霸王之名不成，此固以失霸王之道三矣。

"赵氏，中央之国也，杂民所居也。其民轻而难用也。号令不治，赏罚不信，地形不便，下不能尽其民力，彼固亡国之形也。而不忧民萌，悉其士民，军于长平之下，以争韩上党。大王以诏破之，拔武安。当是时也，赵氏上下不相亲也，贵贱不相信也。然则邯郸不守，拔邯郸，筦山东河间，引军而去，西攻修武，逾华，降上党。代四十六县，上党七十县，不用一领甲，不苦一士民，此皆秦有也。以代、上党不战，而毕为秦矣。东阳、河外不战，而毕反为齐矣。中山、呼沲以北不战，而毕为燕矣。然则是赵举，赵举则韩亡；韩亡则荆、魏不能独立，荆、魏不能独立，则是一举而坏韩、蠹魏、拔荆，东以弱齐、燕，决白马之口，以沃魏氏，是一举而三晋亡，从者败也。大王垂拱以须之，天下编随而服矣，霸王之名可成。而谋臣不为，引军而退，复与赵氏为和。夫以大王之明，秦兵之强，弃霸王之业，地曾不可得，乃取欺于亡国，是谋臣之拙也。且夫赵当亡而不亡，秦当霸而不霸，天下固以量秦之谋臣一矣。乃复悉士卒，以攻邯郸，不能拔也。弃甲负弩，战竦而却，天下固以量秦力二矣。军乃引而复，并于孚下，大王又并军而至，与战，不能克之也，又不能反运，罢而去，天下固量秦力三矣。内者量吾谋臣，外者极吾兵力，由是观之，臣以为天下之从，几不难矣。内者，吾甲兵顿，士民病，蓄积索，田畴荒，囷仓虚；外者，天下皆比意甚固。愿大王有以虑之也。

"且臣闻之曰：'战战栗栗，日慎一日，苟慎其道，天下可有。'何以知其然也？昔者纣为天子，将率天下，甲兵百万，左饮于淇溪，右饮于洹溪，淇水竭而洹水不流，以与周武王为难。武王将素甲三千，战一日而破纣之国，禽其身，据其地，而有其民，天下莫伤。知伯率三国之众，以攻赵襄主于晋阳，决水而灌之三月，城且拔矣。襄主钻龟筮占兆，以视利害，何国可降。乃使其臣张孟谈，于是乃潜行而出，反知伯之约，得两国之众，以攻知伯，禽其身以复襄主之初。今秦地折长补短，方数千里，名师数十百万，秦国之号令赏罚、地形利害，天下莫如也。以此与天下，天下可兼而有也！臣昧死愿望见大王，言所以破天下之从，举赵、亡韩、臣荆、魏，亲齐、燕，以成霸王之名，朝四邻诸侯之道。大王诚听其说，一举而天下之从不破，赵不举，韩不亡，荆、魏不臣，齐、燕不亲，霸王之名不成，四邻诸侯不朝，大王斩臣以徇国，以为王谋不忠者也。"

译解：

"臣听说：不知道就乱说，是不聪明；既知道又不肯说，是不忠心。做人臣子的，不忠心，应当死！说得不得当，也应当死！虽然如此，但是臣情愿将所晓得的，一齐说出来，听大王定臣的罪。

"臣听说：天下各国，从北方的燕国起，到南方的魏国止，联合楚国，安定齐国，收罗韩国，成功合纵的盟约，预备向西南来，和强大的秦国为难。臣私下里在笑他们，世上有三种自取灭亡之道，而天下各国都齐备了，岂不就是这种情形吗？臣听说：'以乱去攻治，是要败亡的；以邪去攻正，是要败亡的；以逆去攻顺，也是要败亡的！'当今天下各国，府库都不充实，仓廪都甚空虚，尽其所有的人民，扩充军队的数目，称有百万。这些兵士，未亲临敌人时，直伸着颈项，头上戴着鸟的羽毛，声称要替将军决一死战，都说要去拼死。等到和敌人交战时，虽前面有光亮的刀子，后面有斧头，他们还是要退却逃走，不能拼死。这并不是士民不能以死卫国，实因在上位的不能守法，说到赏又不给，说到罚又不行，赏罚不分明，所以士民不肯尽死。现在秦国出号令和行赏罚，有功和无功，都按照着事实而定，不相混乱。百姓自从出他父母的怀抱以来，生平从未见过敌人，听说要打仗，就停住脚步，脱去衣裳，冲犯光亮的刀剑，踏过烧红的炭，当着人前决一死战，人人都如此。要知道：决意拼死和决意偷生，是大不相同的，然而百姓情愿这样做，为的是重视奋勇决死啊！一人奋力死战，可以抵挡十个人；十个人奋力死战，可以抵挡一百人；百人就可以抵敌一千人，一千人就可抵敌一万人，一万人就可以征服天下了。如今秦国的土地，若截长补短，有数千方里；精锐的军队，有数十百万；秦国的号令赏罚，地形的利害，天下都不能及。以这些优点去和天下竞争，天下是不够被秦国兼并的。所以秦国：战争未尝不胜，攻略未尝不取，所遇的敌，未尝不破，开扩土地数千里，这实在是极大的功业。但是现在军士疲顿，人民穷苦，积蓄缺乏，田亩荒废，仓廪空虚，四邻的诸侯不服，霸王的名望不能成功，这没有别的缘故，无非因为谋臣不能尽忠罢了！

"臣敢说：往年齐国南面破了楚国，东面破了宋国，西面制服秦国，北面打破燕国，在中央指使韩、魏二国，土地广大，兵力坚强，战事胜利，所攻的都能获取，号令天下各国。清的济水，浊的黄河，都足够做齐国的界限，长城和巨防，都足够做齐国的险塞。齐国曾经五次战胜他国，但是只一次不胜，就几乎灭亡！这样看来，战事与万乘之国的存亡关系很大！而且臣听说过："砍树须掘去根，不要与灾祸为邻，灾祸才不会生存。"从前，秦、楚二国交战，秦国大破楚军，袭取了郢（楚国的都城），占领洞庭、五渚、江南诸地，楚王君臣逃往东面的陈国躲起来。在那时候，若继续调兵进攻楚国，楚国就可以攻下，既攻下楚国，楚国的人民和土地实在是有利可图的。再向东面去侵削齐国和燕国，在中央迫胁三晋，这事一举，就可以使霸

9

王之名成功，令四邻的诸侯来朝了。然而谋臣不肯照这样做，引兵退走，更同楚国人讲和，让楚人收复亡国，聚集散民，重立国君，设置宗庙，令楚国的势力得以恢复，后来反率领着天下各国，向西面来和秦国为难，这个已经是失去一次霸王的机会了。后来，天下各国又合谋进兵华山之下，大王下令出兵，将他们攻破，进兵至大梁城下，只要围几十天，大梁就可以攻下。若攻下大梁，就可以占领魏国，魏国一经占领，楚、赵拒秦的念头就打消了，楚、赵既无意拒秦，赵国就危险了，赵国危险，楚国便孤立，秦国便可以东面去削弱齐、燕，向中间侵凌三晋。如此一举，霸王之名便可成功，四邻的诸侯就会来朝的。然而谋臣不肯这样做，引兵退归，又和魏国议和，让魏国收复亡国，聚集散民，重立国君，设置宗庙，使魏国的势力恢复，后来更率领着天下各国，向西面来和秦国为难，这个已经是第二次失去霸王的机会了！从前穰侯治理秦国时，想用一国的兵去完成两国的功，所以兵士终身在外面受日晒雨淋，人民在国内疲顿不堪，霸王之名终不能成，这个已经是第三次失去霸王的机会了！

"赵国处于燕、齐、韩、魏诸国的中间，人民五方杂处，多半轻浮，难以使用，号令没有条理，赏罚没有一定，地势又不便于防守，在上位的不能尽他人民的力量，这本就具有亡国的形势了；又不顾念人民，尽其所有的人民，进军至长平之下，去争夺韩国的上党，大王下令攻破韩军，杀了武安君赵括。那时赵国的君臣都彼此不相亲，卿士都彼此猜疑。要是赵国的都城邯郸不守，秦军就可占领邯郸，包围河间之地，领兵向西去攻打修武，经过羊肠险塞，降服代和上党。代有四十六县，上党有七十县，不用一件盔甲，不劳一个人民，便都为秦国所有了。代和上党，不必攻打，就可全属于秦国了；东阳和河外之地，不必开战，就可全还给齐国了；中山、呼沱以北的地方，不必开战，就可全降服燕国了！如此，就可以攻破赵国；赵国既破，韩国必亡；韩若灭亡，楚和魏便不能独立；楚、魏不能独立，这无异一举而破坏了韩，残害了魏，攻下了楚，再向东面去削弱齐和燕，决开白马津的水口，冲灌魏国，这样一来，三晋便灭亡，合纵自然失败，大王只须垂衣拱手候着，天下都随着降服了，霸王之名也可以成功。但是谋臣不这样做，引兵退回，更和赵国讲和。以大王这样贤明，秦兵如此坚强，仍不能成功霸王之业，获得尺寸的土地，反被将要亡的赵国所欺骗，这就是因为谋臣笨拙的缘故！并且赵应该亡的不亡，秦应当霸的不霸，天下本来已经揣测透秦国的谋臣了！这是第一桩。又尽其所有的兵，去攻打邯郸，不能攻下，便将铠甲、兵器、弓弩等弃去，骇得退走了，这样一来，天下已经第二次将秦国的实力揣度透了！军队既退下来，聚集在李下，大王还要合并军队向前作战，既不能胜，又不能整队退却，结果疲顿散去，天下更是第三次将秦国的实力揣度透了！内里看透了我们的谋臣，外面尽悉我们的兵力，这样看来，臣以为天下的合从是不难成功的了！内里是我们的军队疲敝，人民困苦，积蓄缺乏，田亩荒废，仓廪空虚，外面是天下各国联合一致，意志甚为坚固，希望大王将这些情形考虑考虑！

"并且臣听说道：'小心戒惧，一天比一天谨慎。若谨慎得法，天下都可以为其所有。'何以见得呢？从前纣做天子时，率领天下百万军队，左边在淇溪饮水，右面在洹溪饮水，淇水都干了，洹水都不流了，去和周武王为难。武王带领穿着素色铠甲的兵士三千人，战了一天，便将纣的国攻破，将纣捉住，占了他的土地，有了他的人民，天下无有一人悲悯他的。智伯带领着三国的民众，往晋阳去攻打赵襄子，决开河堤，放水淹灌晋阳城。过了三年，城将要攻下了，赵襄子用龟壳和蓍草占卜吉凶利害，看何国可降，以行反间之计。乃派他的臣子张孟谈偷着出城，破坏韩、魏和智伯缔结的盟约，得了韩、魏二国的人众，共同攻打智伯，将他擒获，使赵襄子得以恢复原来的赵国。当今秦国的土地，截长补短，有几千方里，精锐的军队有几百万，秦国的号令赏罚，地形的利害，天下都没有比得上的，以这些优点去和天下争胜，秦国必能兼并天下。所以臣冒昧不顾死活，希望一见大王，陈说怎样可以破坏天下的从约，攻破赵、韩，臣服楚、魏，亲睦燕、齐，成功霸王之名，使四邻的诸侯都来朝。大王果然肯听臣说的话，若试行后，天下的从约不能破坏，赵不能攻下，韩不能灭亡，楚和魏不称臣，齐和燕仍不和秦亲善，霸王之名不能成功，四邻的诸侯不来朝，请大王斩了臣的头，传徇全国，以为不忠心为王谋划的警戒！"

存韩

"韩事秦三十余年,出则为扞蔽,入则为席荐。秦特出锐师,取韩地而随之,怨悬于天下,功归于强秦。且夫韩入贡职,与郡县无异也。今日臣窃闻贵臣之计,举兵将伐韩。夫赵氏聚士卒,养从徒,欲赘天下之兵,明秦不弱,则诸侯必灭宗庙,欲西面行其意,非一日之计也。今释赵之患,而攘内臣之韩,则天下明赵氏之计矣。

"夫韩,小国也,而以应天下四击,主辱臣苦,上下相与,同忧久矣。修守备,戒强敌,有蓄积,筑城池以守固。今伐韩,未可一年而灭,拔一城而退,则权轻于天下,天下摧我兵矣。韩叛则魏应之,赵据齐以为原,如此,则以韩、魏资赵假齐,以固其从,而以与争强,赵之福而秦之祸也。夫进而击赵不能取,退而攻韩弗能拔,则陷锐之卒,勤于野战,负任之旅,罢于内攻,则合群苦弱以敌而共二万乘,非所以亡赵之心也。均如贵臣之计，则秦必为天下兵质矣。陛下虽以金石相弊，则兼天下之日未也。

"今贱臣之愚计，使人使荆，重币用事之臣，明赵之所以欺秦者；与魏质以安其心，从韩而伐赵，赵虽与齐为一，不足患也。二国事毕，则韩可以移书定也。是我一举，二国有亡形，则荆、魏又必自服矣。故曰：'兵者，凶器也。'不可不审用也。以秦与赵敌，衡加以齐，今又背韩，而未有以坚荆、魏之心。夫一战而不胜，则祸构矣。计者，所以定事也，不可不察也。韩、秦强弱，在今年耳。且赵与诸侯阴谋久矣，夫一动而弱于诸侯，危事也；为计而使诸侯有意我之心，至殆也；见二疏，非所以强于诸侯也。臣窃愿陛下之幸熟图之。夫攻伐，而使从者间焉，不可悔也。"

诏以韩客之所上书。书言韩子之未可举，下臣斯，臣斯甚以为不然："秦之有韩，若人之有腹心之病也，虚处则恸然，若居湿地，著而不去，以极走则发矣。夫韩虽臣于秦，未尝不为秦病。今若有卒报之事，韩不可信也。秦与赵为难，荆苏

使齐，未知何如？以臣观之，则齐、赵之交，未必
以荆苏绝也。若不绝，是悉赵而应二万乘也。夫
韩不服秦之义，而服于强也。今专于齐、赵，则韩
必为腹心之病而发矣。韩与荆有谋，诸侯应之，
则秦必复见崤塞之患。非之来也，未必不以其能
存韩也。为重于韩也，辩说属辞，饰非诈谋，以钓
利于秦，而以韩利窥陛下。夫秦、韩之交亲，则非
重矣，此自便之计也。臣视非之言，文其淫说，靡
辩才甚，臣恐陛下淫非之辩，而听其盗心，因不详
察事情。今以臣愚议：秦发兵而未名所伐，则韩
之用事者，以事秦为计矣。臣斯请往见韩王，使
来入见。大王见，因内其身而勿遣，稍召其社稷
之臣，以与韩人为市，则韩可深割也。因令象武，
发东郡之卒，窥兵于境上，而未名所之，则齐人惧
而从苏之计。是我兵未出，而劲韩以威擒，强齐
以义从矣。闻于诸侯也，赵氏破胆，荆人狐疑，必
有忠计。荆人不动，魏不足患也，则诸侯可蚕食
而尽，赵氏可得与敌矣。愿陛下幸察愚臣之计，
无忽！"

秦遂遣斯使韩也。李斯往诏韩王,未得见,因上书曰:"昔秦、韩戮力一意,以不相侵,天下莫敢犯,如此者数世矣。前时五诸侯尝相与共伐韩,秦发兵以救之。韩居中国,地不能满千里,而所以得与诸侯班位于天下、君臣相保者,以世世相教,事秦之力也。先时,五诸侯共伐秦,韩反与诸侯先为雁行,以向秦军于阙下矣。诸侯兵困力极,无奈何,诸侯兵罢。杜仓相秦,起兵发将,以报天下之怨,而先攻荆。荆令尹患之曰:'夫韩以秦为不义,而与秦兄弟共苦天下,已又背秦,先为雁行以攻关。韩则居中国,展转不可知。'天下共割韩土地十城以谢秦,解其兵。夫韩尝一背秦,而国迫地侵,兵弱至今。所以然者,听奸人之浮说,不权事实,故虽杀戮奸臣,不能使韩复强。

"今赵欲聚兵士卒,以秦为事,使人来借道,言欲伐秦,其势必先韩而后秦。且臣闻之:'唇亡则齿寒。'夫秦、韩不得无同忧,其形可见。魏欲发兵以攻韩,秦使人将使者于韩。今秦王使臣斯来而不得见,恐左右袭囊奸臣之计,使韩复有亡地之患。臣斯不得见,请归报,秦、韩之交必绝矣。斯之来使,以奉秦王之欢心,愿效便计,岂陛下所以逆贱臣者邪?臣斯愿得一见,前进道愚计,退就菹戮,愿陛下有意焉。今杀臣于韩,则大王不足以强,若不听臣之计,则祸必构矣。秦发兵不留行,而韩之社稷忧矣。臣斯暴身于韩之市,则虽欲察贱臣愚忠之计,不可得已。边鄙残,国固守,鼓铎之声于耳,而乃用臣斯之计,晚矣!且夫韩之兵,于天下可知也,今又背强秦。夫弃城而败军,则反掖之寇必袭城矣。城尽则聚散,则无军矣。城固守,则秦必兴兵而围王一都,道不通则难必谋,其势不救,左右计之者不用,愿陛下熟图之!若臣斯之所言有不应事实者,愿大王幸使得毕辞于前,乃就吏诛,不晚也。秦王饮食不甘,游观不乐,意专在图赵,使臣斯来言,愿得身见,因急于陛下有计也。今使臣不通,则韩之信未可知也。夫秦必释赵之患,而移兵于韩,愿陛下幸复察图之,而赐臣报决。"

译解：

"韩国伺候秦国，已三十多年了，出则为秦国的障蔽，抵御外来的侵略；入则屈居秦下，像秦国的席簟一样。秦国选出精兵，略取土地，韩国便为其后援，结果韩国结怨于天下，而功业归于秦国。并且韩国进贡效职，和秦国的郡县一样。现在臣听说大臣计划起兵去打韩国，但是赵国正在招集兵士，收养徒党，想联合天下的兵呢，因为知道若秦国不微弱，诸侯的宗庙必为其所灭，所以想西面攻秦，实行其计划，谋划了不止一天了。现在如果不顾赵国的祸患，而去排斥臣服秦的韩国，天下都将仿效赵国攻打秦国了！

"韩是一个小国，可是要抵御天下四面的攻击。主上受辱，臣子劳苦，上下共同忧患，为时甚久，所以修理守备，防备强敌，聚有积蓄，坚筑城池固守。现在去攻打韩国，不能一年就将它灭掉；若只攻下一城，便引兵退回，必为天下所轻视，天下就要共起摧折秦国的兵了。韩国倘再一背叛，魏国必定响应，赵国更据有齐国为援，增厚自己的实力，如此无异将韩、魏送与赵国，合从有齐国为助，越发坚固，而令各国联合后，共同与秦争强，这乃是赵国的福气，也是秦国的祸患！进前攻打赵国，不能够破它；退后攻打韩国，又不能攻下。攻坚陷阵精锐的兵，野战劳苦；转输运饷的人，往返疲敝。聚合一群苦弱的人去敌两个万乘之国，这是不能将韩国灭却的。中了韩国贵臣的计策，秦国就要成天下用兵的目标了！陛下虽与金石一般长寿，仍不能兼并天下！

"现在依贱臣的愚计：派人出使楚国，重赂用事的臣子，令他们知道赵国怎样欺骗秦国，遣人入魏为质，以安定它的心；再去攻打赵国，赵国虽和齐国联合一致，也不足虑了。既胜了齐、赵二国，韩国只要送份文书去，就可以降服。这样，我们只一举，而齐、赵二国已现危亡之形，楚、魏也必定降服了。所以说：兵是凶器，用时不可以不审慎！以秦国与赵国对敌，加有齐国为助，现在又背弃韩国，而又不曾坚固楚、魏的心，使它亲附秦国，在这种情形之下，只要一战不胜，立刻就有祸患！计谋原是用来定事的，所以不可不考虑啊！韩、秦二国，谁强谁弱，就在今年决定！并且赵和诸国阴谋秦国，为时已久，现在若一动而示弱于诸侯，这实在是一件危险的事，照这计划做后，诸侯都以为秦国要去攻打他们，这对于秦国，是极危险的！见疏于邻国，这也不是称强于诸侯之策，臣希望陛下仔细加以考虑。出兵攻伐一国，结果使诸侯得以合从，行其反间之计，这会让陛下懊悔不及的！"

秦王乃将韩非上的这书，书里说韩国不可攻打，交给李斯，李斯不以为然，上书与秦王道："秦国之有韩国，如同人有心腹的疾病，一时不得痊愈。平居不动尚可，若一经疾走劳动，就发作了。韩国平时虽然臣事秦国，但未尝不为秦国心腹的病，现在若有事变突然发生，韩国是不可相信的！秦国和赵国为难，荆苏现在出使齐国，结果不知如何！但是以臣看来，齐、楚的邦交，未必因荆苏遂断绝，齐、楚的邦交若不绝，秦国就须以一国应付两个万乘之国。韩国不服秦的正义，而服诸侯的威强，现在若专致力于齐、赵，韩国有如心腹之病，必定要发作的。韩和楚图谋秦国，诸侯响应，秦国又要重见崤塞的祸患了！韩非此次来到秦国，为的是要保存韩国，所以所说的虽似为秦国，而心中实在仍是为韩国，逞辞巧辩，图用诈谋，想取利于秦国，更乘间窥探陛下的意思，为韩国求利益。秦、韩二国若亲近韩非的地位就重了，这乃是他便利自己的计策。臣见韩非所上的书，文饰过甚的话，侈靡巧辩，才甚于辞。臣恐陛下渍渐既久，听从他的话，遂其奸盗之心，便不仔细考察事情的利害。依臣之计，秦国可以虚张声势地出兵征讨，而不宣布讨伐何国，韩国用事之臣闻知，疑心是要攻打他们，必定来臣事秦国了。请令臣去见韩王，叫他来入见大王。他若来见，便将他拘住，不放他回去，召他国里的大臣来，和他们讲条件，如此，就可以多割韩国的土地了。再令象武发东郡的兵，开往国境上，不说出往何处去。齐人疑惧，必定听从荆苏的计，和韩国绝交。这样一来，我国的兵尚未出境，而坚强的韩国已经以威力成擒，强大的齐国已经以正义服从了。此事一被诸侯听见，赵国必惊骇破胆，楚人必狐疑不定，于是必定也忠事秦国。楚人若守中立，魏国就不足忧虑了，诸侯各国，可以蚕食而尽，那时赵国也可以与之对敌了。希望陛下将愚臣的计加以考虑，幸毋忽视！"

秦王遂差李斯往韩国去。李斯奉命去见韩王，未曾得见，乃上书给韩王道："从前秦、韩二国，同心勠力，不相侵犯，于是天下都不敢侵犯秦和韩，这样已有数世了。以前五国诸侯共攻韩国，秦国发兵救韩，韩国在中央，地方不满千里，其所以能够和各国诸侯地位平等，君臣相保，都是因为世世代代事奉秦国之力。当初五国的诸侯共伐秦国，韩反与诸侯联结，进击秦军于关下。诸侯因为兵困力竭，无可奈何，乃罢兵退去。等到杜仓辅佐秦国时，才遣兵调将，报天下的仇怨，先去攻打楚国。楚国的令尹忧急，说道：'韩以为秦不义，又和秦联合一致，共苦天下诸国，后来又背弃秦国，先和诸侯合从，攻打函谷关。韩在中国，反复无常，不如天下共割韩地，献十个城给秦，以退秦兵。'韩国不过只一次背叛秦国，遂至国受迫胁，地遭侵削，兵力衰弱，直到如今。所以如此者，无非因为偶听奸臣的邪说，不考量事实的轻重，所以后来虽杀了奸臣，也不能使韩国更强了！现在赵国意欲聚集兵士，去打秦国，使人来借路，说是要去攻打秦国。若攻打秦国，势必先去掉韩，而后再轮到秦国。并且臣听说：'人若没有嘴唇，牙齿就寒冷了。'所以秦、韩二国决不会没有共同的忧患，形势是显而易见的。现在魏国要出兵攻打韩国，遣使者到秦国来，秦国欲使人将这使者送往韩国去，秦王现在差臣李斯来此，又见不着大王，臣恐怕左右近臣又要行当初奸臣之计，使韩国再有丧失土地的祸患。臣李斯若不能见着大王，回去复命后，秦、韩二国的邦交必定断绝！李斯出使韩国，乃是讨秦王的欢喜，更愿对大王稍献愚计，陛下难道就可以这样接待贱臣吗？臣李斯希望一见大王，进前陈说愚计，有不当处，退下愿受菹戮之刑，愿陛下稍加留意。若把臣杀死在韩国，大王也不能因此霸强，若不听臣的计策，必定要有祸患了！秦国若径行出兵，韩国的社稷就可忧虑。等到臣斯的身体已经暴露在韩国的市上（意思是被杀死），那时虽想考量贱臣愚忠的计策，也来不及了；再等到边境残缺，国中固守，军中鼓铎的声音震耳时，再要用臣斯的计策，就太迟了！并且韩国的兵力和天下各国比较，甚为微弱，这是尽人皆知的，现在又背弃强秦，一经城池陷落，军队战败，叛兵必定立刻袭取城邑，城池全部陷落，人众必定分散，人众分散，军队就崩溃了。倘固守城池，秦国必定起兵来围王的一个大城，道路一不通，谋划势必困难，祸难并作，国家危亡，是无可挽救的！左右臣子计划得不周密，请陛下仔细加以考虑！倘若臣斯所说的话，有不合事实的，请大王让臣在您面前陈说完毕，然后再交与狱吏定罪，也不为晚。秦王饮食都不辨美味，游玩都不觉快乐，意思专在谋图赵国，遣臣李斯来见大王，陈说一切，希望能亲自一见大王，速定大计。现在使臣不通，韩国的消息就不能够知道。秦国见此情形，必定释去赵国，移兵来攻打韩国，请陛下再细加考虑，令臣有以回报秦国！"

难言

"臣非非难言也，所以难言者，言顺比滑泽，洋洋纚纚然，则见以为华而不实；敦祗恭厚，鲠固慎完，则见以为掘而不伦；多言繁称，连类比物，则见以为虚而无用；总微说约，径省而不饰，则见以为刿而不辩；激急亲近，探知人情，则见以为谮而不让；闳大广博，妙远不测，则见以为夸而无用；家计小谈，以具数言，则见以为陋；言而近世，辞不悖逆，则见以为贪；生而谀上，言而远俗，诡躁人间，则见以为诞；捷敏辩给，繁于文采，则见以为史；殊释文学，以质信言，则见以为鄙；时称诗书，道法往古，则见以为诵。此臣非之所以难言而重患也。

"故度量虽正，未必听也；义理虽全，未必用也。大王若以此不信，则小者以为毁訾诽谤，大者患祸灾害，死亡及其身。故子胥善谋，而吴戮之；仲尼善说，而匡围之；管夷吾实贤，而鲁囚之。

故此三大夫，岂不贤哉？而三君不明也。上古有汤至圣也，伊尹至智也，夫至智说至圣，然且七十说而不受，身执鼎俎为庖宰，昵近习亲，而汤乃仅知其贤而用之。

"故曰，以至智说至圣，未必至而见受，伊尹说汤是也；以智说愚必不听，文王说纣是也。故文王说纣而纣囚之，翼侯炙，鬼侯腊，比干剖心；梅伯醢，夷吾束缚，而曹羁奔陈，伯里子道乞；傅说转鬻，孙子膑脚于魏，吴起收泣于岸门，痛西河之为秦，卒枝解于楚；公叔痤言国器反为悖，公孙鞅奔秦，关龙逢斩，苌宏分胣，尹子穽于棘；司马子期死，而浮于江，田明辜射，宓子贱、西门豹不斗而死人手，董安于死而陈于市，宰予不免于田常，范雎折胁于魏。此十数人者，皆世之仁贤忠良，有道术之士也，不幸而遇悖乱暗惑之主而死。然则虽贤圣不能逃死亡、避戮辱者，何也？则愚者难说也，故君子不少也。且至言忤于耳，而倒于心，非贤圣莫能听，愿大王熟察之也。"

译解：

"臣韩非不是觉得话难说，游说人主时的说话方法，旁的都不难，所难的就是如果话说得恭顺小心，洋洋洒洒，有条不紊，听的人便以为这话徒好听而不实在。话说得诚恳切实，忠直周到，听的人又以为这话拙笨而且不伦不类。若详细多说，旁征博引，更用比方解说，听的人便以为空虚无用。若简括地讨论，不用言语衬托，听的人又以为尖刻而不动听。倘言语中指摘人主左右亲近的人，更深知人情，则人主听了，必以为妄自尊大，太不谦恭。若言论范围博大，深远不测，人主听了，又以为这是夸大无用的话。只说普通日用的事，人主听了，必以为鄙陋。言论若趋就当世，不敢拂逆人意，则人主听了，又以为是贪生怕死，谄谀主上。如果说不关实用，离去世俗的话，人主听了，必以为荒诞不经。言辞敏捷巧妙，富于点缀，人主听了，又以为徒有虚文。若弃绝文学，质朴地说，人主听了，必以为鄙俗。时时引诗书，取法古事，人主听了，又以为这不过在背诵旧事。以上数点，乃是臣非觉得困难而最怕的。

"所以度量虽然正直，未必见听，义理虽然完备，未必见用。大王若不相信这话，请看古来的人因谏止其君的，小则以为毁辱诽谤，大则祸患灾害立及其身。伍子胥因忠心替吴王谋划，而吴王将他杀死，孔子因为言论正直，为匡人围困，管夷吾行为极好，而鲁人将他囚禁。这三个人哪里是不好呢？因为他们的国君不明白他们啊！上古时代，汤是最圣明的，伊尹是最聪明的，以最聪明的人去向最圣明的人进说，然而说了七十次都不被接受，亲执鼎俎为厨役，渐渐亲近，然后汤才知道他的贤能，用他为相国。

"所以说：以最聪明的人去游说最圣明的人君，未必立刻就见用，伊尹游说汤的事可便作一榜样；以聪明的人去游说昏愚的国君，必不见听，文王游说纣的事便可以为证。文王向纣进言，而纣将他囚禁起来，翼侯被烧死，鬼侯被杀死，制成肉脯，比干被割心，梅伯被斩为肉酱。管夷吾遭捆缚囚禁，曹羁逃走陈国，百里奚沿途乞讨。傅说转次为佣，孙子在魏国受断脚的酷刑，吴起在岸门挥泪，悲伤西河之地将为秦所有，结果被楚人五马分尸。公叔痤嘱魏王留心商鞅，反被当作昏悖，公孙鞅投奔秦国。关龙逢被杀，苌宏被刳肠而死，尹子被投入穽棘。司马子期死后，尸被抛入江中。田明无辜被射杀，宓子贱和西门豹不斗而死于人手，董安于死后，被陈列在街上，宰予不免为田常所陷害，范雎在魏时肋骨被打断。以上这十几个人都是世间的贤人忠良、有道之士，不幸遇着昏乱的人主，以致枉遭杀害。可见虽为圣贤，也不能逸脱死亡，避去凌辱，这是何故呢？就是因为昏愚的人难说，虽有君子，都难以说服他们。而且好话是不中听的，听了也不受用，除了贤人和圣人，无人能听进去的，愿大王细加审察！"

爱臣

爱臣太亲，必危其身；人臣太贵，必易主位；主妾无等，必危嫡子；兄弟不服，必危社稷。臣闻千乘之君无备，必有百乘之臣在其侧，以徙其民，而倾其国；万乘之君无备，必有千乘之家在其侧，以徙其威，而倾其国。是以奸臣蕃息，主道衰亡。是故诸侯之博大，天子之害也；群臣之太富，君主之败也。将相之管，主而隆国家，此君人者所外也。万物莫如身之至贵也，位之至尊也，主威之重，主势之隆也。此四美者，不求诸外，不请于人，议之而得之矣。故曰，人主不能用其富，则终于外也。此君人者之所识也。

昔者纣之亡，周之卑，皆从诸侯之博大也；晋之分也，齐之夺也，皆以群臣之太富也。夫燕、宋之所以弑其君者，皆以类也。故上比之殷、周，中比之燕、宋，莫不从此术也。是故明君之蓄其臣也，尽之以法，质之以备。故不赦死，不宥刑，赦死宥刑，是谓威淫，社稷将危，国家偏威。是故大臣之禄虽大，不得藉威城市，党与虽众，不得臣士卒。故人臣处国无私朝，居军无私交，其府库不得私贷于家，此明君之所以禁其邪。是故不得四从，不载奇兵，非传非遽，载奇兵革，罪死不赦。此明君之所以备不虞者也。

译解：

爱臣若太亲近，必危及国君；人臣若太尊贵，必更动人主；正室和姬妾若不分等级，必危及嫡子；兄弟若不相服从，必危及社稷。臣听说：拥有千辆兵车的君主，若没有防备，旁边必有拥有百辆兵车的臣子，占有他的人民，倾覆他的国家；拥有万辆兵车的国君，若没有防备，他旁边定有拥有千辆兵车的诸侯，移去他的威权，倾覆他的国家。所以奸臣繁盛，主道就衰亡了，诸侯强大，便是天子的祸患，群臣太富，便是君主致败的原因，将相荧惑人主，更使国内诸大家起内哄，这乃是人君所宜屏斥的。万物莫如身体之可贵，位分之尊严，人主威权的隆重，人主势力的强大，这四样好处，不必向外面求去，不必假助于人，只要人君行事合宜，就得着了。所以说：人君若不能用他的权势，结果必为人夺去，这乃是人君所宜注意的。

当初纣之亡，周之衰，都是诸侯强大的缘故，晋国分裂，齐国被夺,都是群臣太富的缘故,燕、宋二国杀其国君,也都属于此类,上至殷、周,中至燕、宋,莫不由此点致乱!所以明君对待他的臣子,不分贵贱,同受国法的约束,防范周至,使其不生邪心,不赦死罪。不宥刑罚,赦去死罪,减除刑罚,威势必因之消灭,社稷将因此危险,国内大臣的威权,同时也就有畸形的发展。所以大臣的俸禄虽然大,但不得以籍录兼取城市之地;党与虽然多,不得招致收服一般士民。人臣住在国内,不得私下朝会;住在军中,不得私相交结;其府库中的财货,不得私自借给人,这乃是明君禁止奸邪的方法。所以大臣外出,不得驾四匹马的车子,不得有护卫的车子随从;不许带任何兵器,若非邮传急事,带任何兵器的,都受死罪,无可赦免,这乃是明君防备意外的方法。

有度

　　国无常强，无常弱。奉法者强，则国强，奉法者弱，则国弱。荆庄王并国二十六，开地三千里，庄王之泯社稷也，而荆以亡。齐桓公并国三十，启地三千里，桓公之泯社稷也，而齐以亡。燕襄王以河为境，以蓟为国，袭涿、方城，残齐，平中山，有燕者重，无燕者轻，襄王之泯社稷也，而燕以亡。魏安釐王攻赵救燕，取地河东，攻尽陶、魏之地，加兵于齐，私平陆之都，攻韩拔管，胜于淇下；睢阳之事，荆军老而走，蔡、召陵之事，荆军破，兵四布于天下，威行于冠带之国，安釐死而魏以亡。故有荆庄、齐桓，则荆、齐可以霸，有燕襄、魏安釐，则燕、魏可以强。今皆亡国者，其群臣官吏，皆务所以乱，而不务所以治也。其国乱弱矣，又皆释国法而私其外，则是负薪而救火也，乱弱甚矣。

　　故当今之时，能去私曲、就公法者，民安而国治；能去私行、行公法者，则兵强而敌弱。故审得失，有法度之制者，加以群臣之上，则主不可欺以诈伪；审得失，有权衡之称者，以听远事，则主不可欺以天下之轻重。今若以誉进能，则臣离上而下比周；若以党举官，则民务交而不求用于法，故官之失能者，其国乱。以誉为赏，以毁为罚也，则好赏恶罚之人，释公行，行私术，比周以相为也。忘主外交，以进其与，则其下所以为上者薄矣。交众与多，外内朋党，虽有大过，其蔽多矣。

故忠臣危死于非罪，奸邪之臣安利于无功。忠臣危死，而不以其罪，则良臣伏矣；奸邪之臣安利不以功，则奸臣进矣，此亡之本也。若是，则群臣废法而行私重，轻公法矣。数至能人之门，不壹至主之廷；百虑私家之便，不壹图主之国。属数虽多，非所尊君也，百官虽具，非所以任国也。然则主有人主之名，而实托于群臣之家也。故臣曰：亡国之廷无人焉。廷无人者，非朝廷之衰也。家务相益，不务厚国；大臣务相尊，而不务尊君；小臣奉禄养交，不以官为事。此其所以然者，由主之不上断于法,而信下为之也。故明主使法择人,不自举也,使法量功,不自度也。能者不可弊,败者不可饰,誉者不能进,非者弗能退,则君臣之间,明辩而易治,故主雠法则可也。

贤者之为人臣,北面委质,无有二心,朝廷不敢辞贱,军旅不敢辞难,顺上之为,从主之法,虚心以待令,而无是非也。故有口不以私言,有目不以私视,而上尽制之。为人臣者,譬之若手,上以修头,下以修足,清暖寒热,不得不救,入,镆铘傅体,不敢弗搏。无私贤哲之臣,无私事能之士。故民不越乡而交,无百里之戚,贵贱不相逾,愚智提衡而立,治之至也。

今夫轻爵禄,易去亡,以择其主,臣不谓廉;诈说逆法,倍主强谏,臣不谓忠;行惠施利,收下为名,臣不谓仁;离俗隐居,而以作非上,臣不谓义;外使诸侯,内耗其国,伺其危险之陂,以恐其主,曰"交非我不亲,怨非我不解",而主乃信之,以国听之,卑主之名,以显其身,毁国之厚,以利其家,臣不谓智。此数物者,险世之说也,而先王之法所简也。先王之法曰："臣毋或作威，毋或作利，从王之指；毋或作恶，从王之路！"古者世治之民，奉公法，废私术，专意一行，具以待任。

夫为之人主，而身察百官，则日不足，力不给。且上用目，则下饰观；上用耳，则下饰声；上用虑，则下繁辞。先王以三者为不足，故舍己能，而因法数，审赏罚。先王之所守要，故法省而不侵，独制四海之内，聪智不得用其诈，险躁不得关其佞；奸邪无所依。远在千里外，不敢易其辞；势在郎中，不敢蔽善饰非；朝廷群下，直凑单微，不敢相逾越。故治不足，而日有余，上之任势使然之。

夫人臣之侵其主也，如地形焉，即渐以往，使人主失端，东西易面而不自知。故先王立司南以端朝夕。故明主使其群臣不游意于法之外，不为惠于法之内，动无非法。

法所以凌过游外私也，严刑所以遂令惩下也。威不贷错，制不共门。威制共，则众邪彰矣；法不信，则君行危矣；刑不断，则邪不胜矣。故曰：巧匠目意中绳，然必先以规矩为度，上智捷举中事，必以先王之法为比。故绳直而枉木斫，准夷而高科削，权衡悬而重益轻，斗石设而多益少，故以法治国，举措而已矣。法不阿贵，绳不挠曲，法之所加，智者弗能辞，勇者弗敢争，刑过不避大臣，赏善不遗匹夫。故矫上之失，诘下之邪，治乱决缪，绌羡齐非，一民之轨，莫如法；属官威民，退淫殆，止诈伪，莫如刑。刑重则不敢以贵易贱，法审则上尊而不侵，上尊而不侵，则主强而守要，故先王贵之而传之。人主释法用私，则上下不别矣。

译解：

国家的强弱是没有一定的，奉法执政的若强，国家就强盛，奉法执政的若弱，国家就衰弱。从前楚庄王兼并二十六国，开地三千里，等到庄王死后，人民和社稷虽然还在，而楚国却衰弱了。齐桓公兼并三十国，开地三千里，及至桓公死后，虽然人民和社稷还在，而齐国却衰弱了。燕昭王以黄河为界，以蓟地为国都，有涿的方城为屏障，侵略齐国，打平中山，邻国得有燕国帮助的势力就重，失去燕国的势力就轻，等到昭王去世，人民和社稷虽然还在，而燕国却衰弱了。魏安釐王攻打燕国，援救赵国，取河东之地，攻打定陶和卫国的地，更出兵去打齐国，占据平陆，攻打韩国，占领管地，在淇下大胜韩军。睢阳之战，楚军驻扎停顿过久，只得退去，蔡、召陵之战，楚军大败，魏兵四布于天下，威行于中国各国，及至安釐王死后，魏国竟亡了。所以有楚庄王和齐桓公，楚和齐就可以霸；有燕昭王、魏安釐王，燕和魏就可以强。现在它们之所以衰弱，因为群臣官吏皆取乱亡之道，而不图治理之术，国家既已经又乱又弱了，还都要释去国法，营私于国法之外，这就和载着柴去救火一样，国家乱弱自然更甚了。

所以当今之时，若能免去私心，趋就公法，就可以使人民安定，国家治理；若能免除营私，奉守公法，就可以使兵力强盛，敌人微弱。所以能得到守法度的臣子，授他官职，使他位居群臣之上，人主就不会被臣下用诈伪蒙蔽了。能得到知事体轻重的臣子，使他听察远事，人主的权衡轻重，就不会被臣下诓骗了。现在倘若以名誉举才能，臣子必背弃主上，在下面互相交结，标榜沽名；若以党派举官，人民就唯愿结交朋党，不知守法。所以官吏若所任非人，不能尽职，国家必乱；众人赞美的，就加以奖赏，众人訾毁的，便施以刑罚，好赏恶罚的人就弃去公法，只顾营私，大家结党为奸了；忘去人主，交结外人，提携自己的朋党，臣下对主上的服务，就太不尽力了；臣下多交结朋友，内外树立党羽，虽有大过，主上因受蒙蔽，也无从得知了。

所以忠臣虽没有罪过，仍会有被杀死的危险；奸邪之臣虽没有功劳，仍会安享利益。忠臣有遭害死的危险，却并未犯罪，贤臣自然隐退了；奸臣安享利益，并不须立功，奸臣自然进仕了，这乃是灭亡的根本。而且这样，群臣必定废置法度，但务私结朋党自重，藐视公法。常到私人的家内去，不上人主的朝廷了；虽百次考虑私家的利益，都不替人主国家计划一次。人君的臣子虽然多，但是无人能尊崇国君；百官虽然齐备，但是无人能担任国事。所以人主虽有"人主"之名，实际乃托于群臣之家。所以臣说：亡国的朝廷中没有人。到朝廷中没有人，并非说朝廷中真空虚无人，因为臣下但顾私家的利益，不肯替国家谋福利，大臣但顾尊重自己，不肯尊重国君，小臣拿俸禄去供给交游，不认真做好自己的本职，其所以如此，是由于人主不在上面依法断事，而听信他的臣下所致。所以明主按法度去选择人，自己不举人为官；按法度去考量功绩，自己不妄加揣度。有才能的不可毁坏，失败的不可文饰，虽有人赞美，不能进用，虽有人非议，不会斥退，君臣之间，善恶分明，易于治理，人主但将法度加以校定就成了。

贤人为人臣时，北面朝拜国君，委送赘礼，尽忠输诚，无有二心，在朝廷中，不敢推辞卑贱的位置，在军队中，不敢推辞艰难的事务。顺着主上的命令做，遵从主上的法度，虚心等待命令，不敢非议。所以虽有嘴，不私发言论，虽有眼睛，不私下观察,所有一切的事,尽为主上所统制。做人臣的,譬如人的手,上面整理头,下面整理脚,遇着身体受冷或受热时,不得不去救护,遇着刀剑迫近身体时,不敢不去搏击。贤良的臣子和有才能的人士,都为公家效力,不去营私,所以人民不出本人的乡里外,去和人家交游,没有百里以外的亲戚,贵贱不越位分,愚智互相对立,各得其所,这才是治理极盛的状况。

现在的人:看轻官爵俸禄,容易弃官他去,随意选择人主,这种人,臣不称他们清廉;说虚诈的话,违背法度,不从人主,强加谏诤,这种人,臣不称他们忠诚;施行德惠,利益人民,收服下民的心,以为声誉,这种人,臣不称他们仁爱;离开世俗,隐居不出,以非议主上,这种人,臣不称他们节义;外面出使诸侯,内里亏耗国家,伺候国家危险之际,就恐吓他们的主上道:"结交邻国,非我不能使之亲近;欲消仇怨,非我不能解除!"人主就会相信他,使他掌理国政,他遂贬低人主的名分,使他自己荣显,损坏国家的实力,利益他的私家,这种人,臣不称他们聪明。这几种人是为乱世的人所喜悦,可是为先王的法度所排斥的。先王的法度说:"臣子不得攫取威权,不得私自牟利,但当遵从王的旨意! 不得为奸作恶,但遵从王设的道路!"古代国家平治之时,人民奉公守法,废去利己之心,所具的观念和所做的事,俱待国君的任用。

做人主的,若亲自视察百官,时间就来不及,力量也不够。并且主上若用目看,臣下就文饰观瞻;主上若用耳听,臣下就考究声音；主上若用思虑，臣下就逞辞巧辩。先王以这三者为不足治国，所以舍去自己的才能，因任法数，审察赏罚。先王所执守的，甚为简约，所以法度甚省，而无人侵犯。独自统制四海之内，聪明机巧的人，不能行诈伪；言语流利的人，不能遂其诡佞的手段。奸邪无所依附，虽远在千里以外，不敢更改辞说；虽近在郎中，不敢掩蔽善事，文饰邪恶。朝廷中的臣子，由亲近的重臣起，直至疏远卑贱的人，都不敢违背法度。所以所治的事甚少，时间反有多余，这都是由于主上任用法数所致。

臣子侵凌人主，有如地的形势，人在地上走路，不知不觉的，渐渐就改变了方向，人主失了正轨，东西走反了自己都不知道。所以先王才发明了指南车（比喻国法），使早晚知道一定的方向。所以明主使他的群臣，不想做法外的事，不施行德惠，超过法度的规定，一举一动，无不适合法度。

立法，为的是要遏止营私，严刑，为的是要使号令通行，惩戒臣下。威权归主上执掌，不假借给人；制度由主上裁度，不与人共。威权制度若与人共，奸邪的事就出现了；法度若不确定，国君所行的事就前后相违背；刑罚若不坚决，奸邪就不可胜诛。所以说："巧匠但目视意度，都合乎绳墨，然而必定先以规矩为度。聪明的人做事敏捷，并且甚为适当，然而必须先以先王的法度为模范。"所以绳墨直，然后弯曲的木头可以斫齐；水准平，然后高低凸凹的地方可以削平；秤悬好后，才可以减重益轻，令秤杆平衡；斗石既设，才可以减多加少，令斗石平满。所以用法治国,但因法的规定而决事,而国家自然治理。法度不阿附贵人,不挠不直的人民,刑法所加,聪明人不能推却,勇敢的不敢争论,刑罚罪过,不避大臣,奖赏善行,不遗去匹夫。矫正上面的过失,禁止下面的邪恶,平治乱事,判断缪误。抑制过分的,整齐错误的,所以使人民的行为正当一致,不如守法度;要控制官吏,威禁人民,斥退淫邪,禁止诈伪,不如用刑罚。刑罚既严重,贵人就不敢轻慢地位卑贱的人;法令分明,在上位的就尊显,不会被下人侵犯,如此,则人主势强,谨守法度,简略而扼要。所以先王宝重明法有度之言,传与后世人君作法则。人主若释去法度,用私意治理国家,上下就凌乱无别了。

二柄

　　明主之所导制其臣者，二柄而已矣。二柄者，刑德也。何谓刑德？曰：杀戮之谓刑，庆赏之谓德。为人臣者畏诛罚而利庆赏，故人主自用其刑德，则群臣畏其威而归其利矣。故世之奸臣则不然，所恶则能得之其主而罪之，所爱则能得之其主而赏之。今人主非使赏罚之威利出于己也，听其臣而行其赏罚，则一国之人，皆畏其臣而易其君，归其臣而去其君矣，此人主失刑德之患也。

　　夫虎之所以能服狗者，爪牙也，使虎释其爪牙，而使狗用之，则虎反服狗矣。人主者，以刑德制臣者也，今君人者释其刑德，而使臣用之，则君反制于臣矣。故田常上请爵禄，而行之群臣；下大斗斛，而施于百姓。此简公失德，而田常用之也，故简公见弑。子罕谓宋君曰："夫庆赏赐予者，民之所喜也，君自行之；杀戮刑罚者，民之所恶也，臣请当之。"于是宋君失刑而子罕用之，故宋君见劫。田常徒用德,而简公弑;子罕徒用刑,而宋君劫。故今世为人臣者,兼刑德而用之,则是世主之危,甚于简公、宋君也! 故劫弑拥蔽之主,非失刑德,而使臣用之,而不危亡者,则未尝有也!

人主将欲禁奸,则审合刑名者,言异事也。为人臣者陈而言,君以其言授之事,专以其事责其功。功当其事,事当其言,则赏;功不当其事,事不当其言,则罚。故群臣其言大而功小者则罚,非罚小功也,罚功不当名也;群臣其言小而功大者亦罚,非不说于大功也,以为不当名也,害甚于有大功故罚。昔者韩昭侯醉而寝,典冠者见君之寒也,故加衣于君之上。觉寝而说,问左右曰:"谁加衣者?"左右对曰:"典冠。"君因兼罪典衣与典冠。其罪典衣,以为失其事也;其罪典冠,以为越其职也。非不恶寒也,以为侵官之害甚于寒。故明主之畜臣,臣不得越官而有功,不得陈言而不当。越官则死,不当则罪,守业其官,所言者贞也,则群臣不得朋党相为矣。

人主有二患：任贤，则臣将乘于贤以劫其君，妄举则事沮不胜。故人主好贤，则群臣饰行以要君欲，则是群臣之情不效；群臣之情不效，则人主无以异其臣矣。故越王好勇，而民多轻死；楚灵王好细腰，而国中多饿人；齐桓公妒外而好内，故竖刁自宫以治内，桓公好味，易牙蒸其子首而进之；燕子哙好贤，故子之明不受国。故君见恶，则群臣匿端；君见好，则群臣诬能；人主欲见，则群臣之情态得其资矣。故子之托于贤，以夺其君者也，竖刁、易牙因君之欲，以侵其君者也，其卒子哙以乱死，桓公虫流出尸而不葬。此其故何也？人君以情借臣之患也。人臣之情非必能爱其君也，为重利之故也。今人主不掩其情，不匿其端，而使人臣有缘以侵其主，则群臣为子之、田常不难矣。故曰：去好去恶，群臣见素，群臣见素，则大君大蔽矣。

译解：

明主之所以能够制服他的臣子，无非因为有两种权柄。这两种权柄就是"刑"和"德"，什么叫"刑"和"德"呢？杀戮就叫作刑，奖赏就叫作德。为人臣的：惧怕惩罚，贪图奖赏。所以人主若能自专用刑和德，群臣就畏惧他的威严，同时也心向他的奖赏了。因此世间的奸臣总想将这种局面推翻。他们若怨恨某人，必煽惑人主，令他加这人的罪；他们若喜欢某人，必媚惑人主，令他赏赐这人。人主刑罚的威权、赏赐的利益，都不出于自己，听随他的臣子，以行一切的赏罚。如此，一国的人，都畏惧大臣，而轻视国君，归附大臣，而离开国君了。这就是人主失去"刑"和"德"两件权柄的患处。

老虎所以能够制服狗，因为它有犀利的爪牙。假使老虎除去它的爪牙，安在狗的身上，老虎就反要被狗制服了。人主以"刑""德"制服臣子，现在为人君的，都释去他们的"刑""德"权柄，而拿这权柄给人臣去用，人君就反为臣子所制服了！所以田常向国君请求爵禄，去赐与群臣，贷粮用大斗斛，以施恩惠于百姓。简公失去施恩德的权柄，而被田常所窃用，所以结果简公被杀害。子罕向宋君道："奖励和赏赐，是人民所喜欢的，这个君自己做去；刑罚和杀戮，是人民所嫌恶的，让臣去承当。"于是宋君失去施刑罚的权柄，而被子罕所擅用，结果宋君受臣下的迫胁。田常只擅有施行德惠的权，而简公已被杀害；子罕只擅有施行刑罚的权，而宋君便受威胁；当今为人臣的，同时执有施行德惠和刑罚的权柄，人君的危险，可见得甚于简公和宋君了！所以遭杀害，受迫胁，为臣子壅蔽的君主，都是由于失去施德行刑的权柄，而为臣子所擅有，这样还不危亡,那是绝没有的事!

人主将要禁止奸邪,必须审察臣子的言论和行事,是否合乎法则和名实。为人臣的,陈说他的建议,国君依他的话给他事做,更考核他的功绩。功绩和他做的事相符合,事情和他说的话相同,就加以奖赏;功绩和他所做的事不符合,事情和他所说的话不同,就加以责罚。所以群臣说的话夸大,而所立的功甚小,则加以责罚,并不是罚他立的功太小,乃是罚他功绩名实不相符。群臣中所说要做的甚微小,而收的功却甚大,也加以责罚,并不是不喜欢有大功,以为这个名实不符,其害甚于大功,所以加以责罚。从前韩昭侯醉后睡着了,管冠帽的侍臣见昭侯怕冷,乃加一件衣服在昭侯的身上,昭侯醒后很高兴,问左右的侍者道:"谁加这衣服的?"左右对道:"管冠帽的。"昭侯遂罚管衣服的侍臣,杀去掌理冠帽的侍臣。罚掌管衣服的,是因为他忽略他的职守,至于罚掌管冠帽的,乃是因为他越过他自己的职守。他并不是不怕冷,他以为越职的害处甚于寒冷。所以明主之治理臣下,臣子不得逾越自己的职守以建功,不得陈说和事实不合的言论。逾越职守,应当坐死,言语不得当,就受责罚。为官就务要守自己的职司,进言便务要求其与事实相称,如此才算得忠贞,群臣自然也不能互相交结,共为奸恶了。

人主有两桩患处:但任贤人,则人臣将倚恃其贤能以迫胁人君;任意妄行,则一切的事情必将失败而不成功。人主若但知好贤,则群臣矫饰外貌,以冀为君赏识,如此,群臣真的情状反不易见了。群臣真的情状既看不出,人主就无从辨别他的臣子了。所以越王好勇敢,人民遂多把死看得轻;楚灵王好细腰,国中遂有多少人减食饿死;齐桓公性情妒忌,又喜欢姬妾,于是竖刁自愿受宫刑,去管理姬妾;桓公讲究饮食,易牙遂将自己儿子的头蒸了献给桓公吃;燕子哙好贤人,于是子之乃故意表示清高,虽将燕国让给他,他尚假装不接受。所以人君嫌恶何物,若被人看出,群臣必隐藏自己的过恶;人君喜欢何事,若被人看出,则群臣必矫饰充能;人君意思的趋向一经显露,群臣的情态就可借此知道怎样去适应求利的方法。所以子之假托贤人以夺去他国君的位置,竖刁和易牙因着国君的嗜好,去侵迫他们的国君。结果,子哙因国中作乱而死;桓公死后,尸虫爬出房门,尚不曾掩葬。这是什么缘故呢?就是因为人君将喜恶之情显露出来,臣子得利用它作乱了。人臣之情,未必能爱他们的国君,不过是贪图利益,人主若不将自己的意思、情欲隐藏起来,令臣子借此以迫胁人主,那么群臣学做田常、子之的,就不难了!所以说:去掉爱好和厌恶,群臣的诚素自见;群臣的诚素既见,人君就不会为臣下所壅蔽了。

八奸

凡人臣之所道成奸者,有八术:

一曰在同床。何谓同床?曰:贵夫人,爱孺子,便僻好色,此人主之所惑也。托于燕处之虞,乘醉饱之时,而求其所欲,此必听之术也。为人臣者,内事之以金玉,使惑其主,此之谓同床。

二曰在旁。何谓在旁?曰:优笑侏儒,左右近习,此人主未命而唯唯,未使而诺诺,先意承旨,观貌察色,以先主心者也。此皆俱进俱退,皆应皆对,一辞同轨,以移主心者也。为人臣者,内事比以金玉玩好,外为之行不法,使之化其主,此之谓在旁。

三曰父兄。何谓父兄?曰:侧室公子,人主之所亲爱也;大臣廷吏,人主之所与度计也;此皆尽力毕议,人主之所必听也。为人臣者事公子侧室,以音声子女收大臣廷吏以辞言,处约言事,事成,则进爵益禄,以劝其心,使犯其主,此之谓父兄。

四曰养殃。何谓养殃？曰：人主乐美宫室台池，好饰子女狗马，以娱其心，此人主之殃也。为人臣者，尽民力以美宫室台池，重赋敛以饰子女狗马，以娱其主，而乱其心，从其所欲，而树私利其间，此谓养殃。

五曰民萌。何谓民萌？曰：为人臣者，散公财以说民人，行小惠以取百姓，使朝廷市井，皆劝誉己，以塞其主，而成其所欲，此之谓民萌。

六曰流行。何谓流行？曰：人主者，固壅其言谈，希于听论议，易移以辩说。为人臣者，求诸侯之辩士，养国中之能说者，使之以语其私，为巧文之言，流行之辞，示之以利势，惧之以患害，施属虚辞，以坏其主，此之谓流行。

七曰威强。何谓威强？曰：君人者，以群臣百姓为威强者也。群臣百姓之所善，则君善之；非群臣百姓之所善，则君不善之。为人臣者，聚带剑之客，养必死之士，以彰其威，明为己者必利，不为己者必死，以恐其群臣百姓，而行其私，此之谓威强。

八曰四方。何谓四方？曰：君人者，国小则事大国，兵弱则畏强兵；大国之所索，小国必听，强兵之所加，弱兵必服。为人臣者，重赋敛，尽府库，虚其国以事大国，而用其威，求诱其君；甚者举兵以聚边境，而制敛于内，薄者数内大使，以震其君，使之恐惧，此之谓四方。凡此八者，人臣之所以道成奸，世主所以壅劫失其所有也，不可不察焉！

明君之于内也，娱其色而不行其谒，不使私请；其于左右也，使其身必责其言，不使益辞；其于父兄大臣也，听其言也，必以罚任于后，不令妄举；其于观乐玩好也，必令之有所出，不使擅进，不使擅退，群臣虞其意；其于德施也，纵禁财，发坟仓，利于民者，必出于君，不使人臣私其德；其于说议也，称誉者所善，毁疵者所恶，必实其能，察其过，不使群臣相为语；其勇力之士也，军旅之功无逾赏，邑斗之勇无赦罪，不使群臣行私财；其于诸侯之求索也，法则听之，不法则距之。

所谓亡君者，非莫有其国也，而有之者，皆非己有也。令臣以外为制于内，则是君人者亡也，听大国为救亡也，而亡亟于不听，故不听。群臣知不听，则不外诸侯，诸侯之不听，则不受之，臣诬其君矣。

明主之为官职爵禄也，所以进贤材、劝有功也。故曰：贤材者处厚禄，任大官；功大者，有尊爵，受重赏；官贤者量其能，赋禄者称其功。是以贤者不诬能以事其主，有功者乐进其业，故事成功立。今则不然，不课贤不肖，论有功劳，用诸侯之重。

听左右之谒，父兄大臣，上请爵禄于上，而下卖之，以收财利，及以树私党。故财利多者，买官以为贵；有左右之交者，请谒以成重。功劳之臣不论，官职之迁失谬。是以吏偷官而外交，弃事而财亲。是以贤者懈怠而不劝，有功者堕而简其业，此亡国之风也。

译解：

　　大凡人臣之所以能为奸作恶，侵凌主上，都是由于八种方法：

一名"同床"。什么叫作"同床"？道："贵宠的妃妾，年轻的弄人，以及恭顺谄媚、容貌美好的下臣，这都是人主易于迷惑的。他们乘人君闲居安适，酒醉饭饱的时候，请求所欲的事，人主是必定听从的。为人臣的，只要用金玉贿赂这般人，令他们去荧惑人主，这就叫作'同床'。"

二名"在旁"。什么叫作"在旁"？道："做戏的优伶、引人笑的矮人和左右的近侍，他们不等人主的命令派他们时，便接连着答应，顺从不迭，奉承旨意，伺察颜色，以期迎合人主的心理。他们的行止进退，一视人主而定，人主命令他们时，他们就一齐遵从；人主发问时，他们便一齐回答；众口一词，行动一致，以移人主之心。为人臣的，只须用金玉玩好去贿赂他们，外面更替他们肆行非法，使他们逐渐改变人主的性情，这就叫作'在旁'。"

三名"父兄"。什么叫作"父兄"？道："王室的公子，人主的父兄辈，这都是人主所亲爱的；大臣和廷吏，是人主与之共同计划国事的。他们尽力计议，人主是必定听从的。为人臣的，只要用音乐和女色去奉承公子和国君的父兄辈，用好话去收服大臣廷吏的心，平时又约之言事，所谋的事若成，必可加官进爵，增加俸禄，拿这些利益去鼓动他们，使他们忤犯人主，这就叫作'父兄'。"

四名"养殃"。什么叫作"养殃"？道："人主喜欢修饰宫室台池、女色狗马，娱乐心志，这乃是人主的'祸殃'！为人臣的，用尽民力，修饰宫室台池；重征赋税，考究女色狗马；引人主去寻娱乐，惑乱他的心志，使他听从他们的要求，乘此成功他们的私利，这就叫作'养殃'。"

五名"民萌"。什么叫作"民萌"？道："臣子分散公家的钱财，以取悦人民；施行小恩惠，以收服百姓；使朝廷和街市上的人都称誉他，人主反被'壅塞'住，而他们的目的就达到了，这就叫作'民萌'。"

六名"流行"。什么叫作"流行"？道："人主平时深居简出，不常听见言谈议论，容易为辩说所动。人臣只须征求诸侯的辩士，收养国中会说话的人，令他们去替他关说私事，言辞巧辩文饰，似乎流通而可行，微示人主以利害的形势，用灾祸患害去恐吓他，设虚构的言辞，去破坏人主，这就叫作'流行'。"

七名"威强"。什么叫作"威强"？道："人君以群臣百姓为'威强'。群臣百姓以为好的，人君就以为是好；群臣百姓以为不好的，人君就以为这也不好。为人臣的，只须聚集带剑的侠客，收养必死的勇士，故意示威，表明为他的必定受利，不为他的必定要死，以恐吓群臣百姓，而达其目的，这就叫作'威强'。"

八名"四方"。什么叫作"四方"？道："大凡国君遇着国小，只得去侍奉大国；兵力若弱，就畏惧强劲的军旅。大国有所要求,小国必定听从;强兵若有行动,弱兵必须服从。为人臣的,重征赋税,搜括府库,令国本空虚,以侍奉大国,更用威力去诱胁人君。甚至于当强兵压境时,反在国内挟制人君;或者常常引进邻国的军队来,恐吓人君,使他畏惧,这就叫作'八方'。"这八种方法,都能使臣子因之为奸作恶,人主因之壅塞蒙蔽,受臣下的迫胁,而丧失所有的权势,这是不可以不留意的!

所以明君对于宫内的妃妾,但享乐美色,不听从她们的要求,不让她们私下里请谒。对于左右的近侍,使用他们时,必定要视其言语是否切实,不让他们随意妄说。对于父兄大臣,听用他们的话时,若后来见行得不得当,就有刑罚处治,不让他们任意妄动。对于宫室玩好,必须知道这些是从何处来的,不使其擅自进退,让群臣揣度到自己的意思。对于施行德惠,例如发公家的货财、仓廪的积粟,凡是对于人民有利的,必定出自人君,不使臣子私有这德惠。对于臣民的议论,不论称赞某人好,毁谤某人恶,必须考察此人是否有才能,是否真有过恶,不使群臣互相标榜。对于勇敢有力之士,若在军队中立了功,赏赐他们不要过分,若恃力与乡人私斗,就决不赦免他们的罪过,不使群臣营私。对于诸侯的求索,若合法就听从,若不合法就拒绝。

所谓亡国之君,并不一定是失去了国家的,有的仍保有国家,但是实际上一切国政都被大臣所把持,非自己所有。让臣子在外面挟制国内，如此，国君必定要亡了！听从大国，为的是要救止危亡，但是这样反亡得更快些，所以不必听从大国。群臣知道不听从大国，就不向外面交结诸侯了。诸侯知道我不听用群臣，也就不接受这般臣子的游说，去诬罔他们的国君了。

　　明主设立官职爵禄，为的是要进用贤材，劝励有功，所以说："有才能的就享富厚的俸禄，做大官；功劳大的就有很高的爵位，受重赏；为官的，才能必定相当；受禄的，功劳必定相称。"是以贤人不诬报有才能，以事奉人主；有功的乐于尽力，继续立功，所以结果事成功立。现在并不如此，不考察人主的好坏，不论人有没有功劳，诸侯所重的，国君就任用，左右请谒的，国君就听从，父兄大臣，上面去向人主请求爵禄，下面去卖人主的威权，以收括财利，树立私党。财利多的，就买官贵显；结交国君左右的，就因请谒以获得权柄。有功劳的臣子不去理论，官职的升降又谬误不当。所以官吏都忽视职守，结交邻国，以为后援；不认真办事，只顾收集货财，用去结交人君的左右。结果贤者懈怠，不肯勉力治事；有功的半途废止，忽视他的事业。这乃是亡国之风！

十过

　　十过:一曰行小忠,则大忠之贼也;二曰顾小利,则大利之残也;三曰行僻自用,无礼诸侯,则亡身之至也;四曰不务听治,而好五音不已,则穷身之事也;五曰贪愎喜利,则灭国杀身之本也;六曰耽于女乐,不顾国政,则亡国之祸也;七曰离内远游,而忽于谏士,则危身之道也;八曰过而不听于忠臣,而独行其意,则灭高名为人笑之始也;九曰内不量力,外恃诸侯,则削国之患也;十曰国小无礼,不用谏臣,则绝世之势也。

　　奚谓小忠? 昔者,楚共王与晋厉公战于鄢陵,楚师败而共王伤其目。酣战之时,司马子反渴而求饮,竖毂阳操觞酒而进之。子反曰:"嘻!退!酒也。"子反受而饮之。毂阳曰:"非酒也。"子反之为人也,嗜酒而甘之,弗能绝于口而醉。战既罢,共王欲复战,令人召司马子反,司马子反辞以心疾。共王驾而自往,入其幄中,闻酒臭而还，曰："今日之战，不穀亲伤，所恃者司马也，而司马又醉如此，是亡楚国之社稷，而不恤吾众也，不穀无复战矣！"于是还师而去，斩司马子反，以为大戮。故竖穀阳之进酒，不以仇子反也，其心忠爱之，而适足以杀之。故曰：行小忠，则大忠之贼也。

奚谓顾小利？昔者，晋献公欲假道于虞以伐虢。荀息曰："君其以垂棘之璧，与屈产之乘，赂虞公，求假道焉，必假我道。"君曰："垂棘之璧，吾先君之宝也；屈产之乘，寡人之骏马也。若受吾币，不假之道，将奈何？"荀息曰："彼不假我道，必不敢受我币。若受我币而假我道，则是宝犹取之内府，而藏之外府也；马犹取之内厩，而著之外厩也。君勿忧。"君曰："诺。"乃使荀息以垂棘之璧与屈产之乘，赂虞公而求假道焉。虞公贪利其璧与马，而欲许之。宫之奇谏曰："不可许！夫虞之有虢也，如车之有辅。辅依车，车亦依辅，虞、虢之势正是也。若假之道，则虢朝亡，而虞夕从之矣。不可！愿勿许！"虞公弗听，遂假之道。荀息

伐虢之还反，处三年，兴兵伐虞，又克之。荀息牵
马操璧而报献公，献公说曰："璧则犹是也，虽然，
马齿亦益长矣。"故虞公之兵殆而地削者，何也？
爱小利，而不虑其害！故曰：顾小利，则大利之
残也。

奚谓行僻？昔者，楚灵王为申之会，宋太子
后至，执而囚之，狎徐君，拘齐庆封。中射士谏
曰："合诸侯不可无礼，此存亡之机也。昔者桀为
有戎之会，而有缗叛之；纣为黎丘之蒐，而戎、狄
叛之，由无礼也。君其图之！"君不听，遂行其意。
居未期年，灵王南游，群臣从而劫之，灵王饿而死
乾溪之上。故曰：行僻自用，无礼诸侯，则亡身之
至也。

奚谓好音？昔者，卫灵公将之晋，至濮水之
上，税车而放马，设舍以宿。夜分，而闻鼓新声者
而说之，使人问左右，尽报弗闻。乃召师涓而告
之，曰："有鼓新声者，使人问左右，尽报弗闻，其
状似鬼神，子为听而写之。"师涓曰："诺。"因静坐
抚琴而写之。师涓明日报曰："臣得之矣，而未习

也,请复一宿习之!"灵公曰:"诺。"因复留宿,明日而习之,遂去之晋。晋平公觞之于施夷之台,酒酣,灵公起。公曰:"有新声,愿请以示。"平公曰:"善!"乃召师涓,令坐师旷之旁,援琴鼓之。未终,师旷抚止之,曰:"此亡国之声,不可遂也。"平公曰:"此道奚出?"师旷曰:"此师延之所作,与纣为靡靡之乐也。及武王伐纣,师延东走,至于濮水,而自投。故闻此声者,必于濮水之上。先闻此声者,其国必削。不可遂!"平公曰:"寡人所好者,音也,子其使遂之。"师涓鼓究之。平公问师旷曰:"此所谓何声也?"师旷曰:"此所谓清商也。"公曰:"清商固最悲乎?"师旷曰:"不如清徵。"公曰:"清徵可得而闻乎?"师旷曰:"不可!古之听清徵者,皆有德义之君也。今吾君德薄,不足以听。"平公曰:"寡人之所好者,音也,愿试听之!"师旷不得已,援琴而鼓。一奏之,有玄鹤二八道南方来,集于郎门之垝。再奏之而列。三奏之,延颈而鸣,舒翼而舞。音中宫商之声,声闻于天。平公大悦,坐者皆喜。平公提觞而起,为师旷寿，反而问曰："音莫悲于清徵乎？"师旷曰："不如清角。"平公曰："清角可得而闻乎？"师旷曰："不可！昔者黄帝合鬼神于泰山之上，驾象车而六蛟龙，毕方并辖，蚩尤居前，风伯进扫，雨师洒道，虎狼在前，鬼神在后，腾蛇伏地，凤凰伏上，大合鬼神，作为清角。今主君德薄，不足听之。听之，将恐有败。"平公曰："寡人老矣，所好者音也，愿试听之。"师旷不得已，援琴而鼓。一奏之，有玄云从西北方起，再奏之，大风至，大雨随之，裂帷幕，破俎豆，隳廊瓦，坐者散走。平公恐惧，伏于廊室之间。晋国大旱，赤地三年，平公之身遂癃病。故曰：不务听治，而好五音不已，则穷身之事也。

奚谓贪愎？昔者，知伯瑶率赵、韩、魏，而伐范、中行，灭之，反归，休兵数年，因令人请地于韩。韩康子欲勿与，段规谏曰："不可不与也！夫知伯之为人也，好利而鷔愎。彼来请地而弗与，则移兵于韩，必矣。君其与之，与之彼狃，又将请地他国，他国且有不听，不听，则知伯必加之兵。

如是，韩可以免于患，而待其事之变。"康子曰：
"诺！"因令使者致万家之县，一于知伯，知伯说。
又令人请地于魏，宣子欲勿与，赵葭谏曰："彼请
地于韩，韩与之；今请地于魏，魏弗与，则是魏内
自强，而外怒知伯也。如弗予，其措兵于魏，必
矣，不如予之。"宣子诺。因令人致万家之县，一
于知伯。知伯又令人之赵，请蔡、皋狼之地。赵
襄子弗与，知伯因阴约韩、魏，将以伐赵。襄子召
张孟谈而告之曰："夫知伯之为人也，阳亲而阴
疏，三使韩、魏，而寡人不与焉，其措兵于寡人，必
矣。今吾安居而可？"张孟谈曰："夫董阏于，简主
之才臣也，其治晋阳，而尹铎循之，其余教犹存。
君其定居晋阳而已矣。"君曰："诺。"乃召延陵生，
令将军车骑先至晋阳，君因从之。君至，而行其
城郭，及五官之藏。城郭不治，仓无积粟，府无储
钱，库无甲兵，邑无守具。襄子惧，乃召张孟谈
曰："寡人行城郭，及五官之藏皆不备具，吾将何
以应敌？"张孟谈曰："臣闻圣人之治，藏于臣，不
藏于府库，务修其教，不治城郭。君其出令，令民

自遗三年之食，有余粟者，入之仓；遗三年之用，有余钱者，入之府；遗有奇人者，使治城郭之缮。"君夕出令，明日，仓不容粟，府无积钱，库不受甲兵，居五日，而城郭已治，守备已具。君召张孟谈，而问之曰："吾城郭已治，守备已具，钱粟已足，甲兵有余。吾奈无箭何？"张孟谈曰："臣闻董子之治晋阳也，公宫之垣，皆以荻蒿楛楚墙之，其楛高至于丈，君发而用之，有余箭矣。"于是发而试之，其坚则虽菌辂之劲，弗能过也。君曰："吾箭已足矣，奈无金何？"张孟谈曰："臣闻董子之治晋阳也，公宫令舍之堂，皆以炼铜为柱、质，君发而用之。"于是发而用之，有余金矣。号令已定，守备已具，三国之兵果至。至则乘晋阳之城，遂战三月，弗能拔。因舒军而围之，决晋阳之水以灌之，围晋阳三年。城中巢居而处，悬釜而炊，财食将尽，士大夫羸病。襄子谓张孟谈曰："粮食匮，财力尽，士大夫羸病，吾恐不能守矣。欲以城下，何国之可下？"张孟谈曰："臣闻之：'亡弗能存，危弗能安，则无为贵智矣！'君释此计者，臣请试潜行而出,见韩、魏之君。"张孟谈见韩、魏之君曰:"臣闻'唇亡齿寒',今知伯率二君而伐赵,赵将亡矣。赵亡,则二君为之次。"二君曰:"我知其然也。虽然,知伯之为人也,粗中而少亲,我谋而觉,则其祸必至矣,为之奈何?"张孟谈曰:"谋出二君之口,而入臣之耳,人莫之知也。"二君因与张孟谈约三军之反,与之期日。夜遣孟谈入晋阳,以报二君之反于襄子。襄子迎孟谈,而再拜之,且恐且喜。二君以约遣张孟谈,因朝知伯而出,遇智过于辕门之外。智过怪其色,因入见知伯曰:"二君貌将有变。"君曰:"何如?"曰:"其行矜而意高,非他时之节也,君不如先之!"君曰:"吾与二主约谨矣,破赵而三分其地。寡人所以亲之,必不侵欺。兵之著于晋阳三年,今旦暮将拔之,而向其利,何乃将有他心?必不然,子释勿忧,勿出于口!"明旦,二主又朝而出,复见智过于辕门。智过入见曰:"君以臣之言告二主乎?"君曰:"何以知之?"曰:"今日二主朝而出,见臣而其色动,而视属臣。此必有变,君不如杀之!"君曰:

"子置，勿复言！"智过曰："不可！必杀之！若不能杀，遂亲之！"君曰："亲之奈何？"智过曰："魏宣子谋臣曰赵葭，韩康子之谋臣曰段规，此皆能移其君之计。君与其二君约，破赵国，因封二子者各万家之县一。如是，则二主之心可以无变矣。"知伯曰："破赵而三分其地，又封二子者各万家之县一，则吾所得者少。不可！"智过见其言之不听也，出，因更其族为辅氏。至于期日之夜，赵氏杀其守堤之吏，而决其水，灌知伯军。知伯军救水而乱，韩、魏翼而击之，襄子将卒犯其前，大败知伯之军，而擒知伯。知伯身死军破，国分为三，为天下笑。故曰：贪愎好利，则灭国杀身之本也。

奚谓耽于女乐？昔者，戎王使由余聘于秦，穆公问之曰："寡人尝闻道，而未得目见之也，愿闻古之明主得国失国何常以？"由余对曰："臣尝得闻之矣，常以俭得之，以奢失之。"穆公曰："寡人不辱，而问道于子，子以俭对寡人，何也？"由余对曰："臣闻昔者尧有天下，饭于土簋，饮于土铏，其地南至交趾，北至幽都，东西至日月之所出入者，莫不宾服。尧禅天下，虞舜受之，作为食器，斩山木而财之，削锯修之迹，流漆墨其上，输之于宫，以为食器，诸侯以为益侈，国之不服者十三。舜禅天下，而传之于禹，禹作为祭器，墨染其外，而朱画其内，缦帛为茵，蒋席颇缘，觞酌有采，而樽俎有饰，此弥侈矣，而国之不服者三十三。夏后氏没，殷人受之，作为大路，而建九旒，食器雕琢，觞作刻镂，四壁垩墀，茵席雕文，此弥侈矣，而国之不服者五十三。君子皆知文章矣，而欲服者弥少，臣故曰，俭其道也。"由余出，公乃召内史廖而告之，曰："寡人闻邻国有圣人，敌国之忧也。今由余，圣人也，寡人患之，吾将奈何？"内史廖曰："臣闻戎王之居，僻陋而道远，未闻中国之声。君其遗之女乐，以乱其政，而后为由余请期，以疏其谏，彼君臣有间，而后可图也。"君曰："诺！"乃使史廖以女乐二八遗戎王，因为由余请期。戎王许诺，见其女乐而说之，设酒张饮，日以听乐，终岁不迁，牛马半死。由余归，因谏戎王，戎王弗听，由余遂去之秦。秦穆公迎而拜之上卿，问其兵势与其地形。既以得之，举兵而伐之，兼国十二，开地千里。故曰：耽于女乐，不顾国政，亡国之祸也。

奚谓离内远游？昔者，田成子游于海而乐之，号令诸大夫曰："言归者死。"颜涿聚曰："君游海而乐之，奈臣有图国者何！君虽乐之，将安得？"田成子曰："寡人布令曰'言归者死'，今子犯寡人之令。"援戈将击之。颜涿聚曰："昔桀杀关龙逢，而纣杀王子比干，今君虽杀臣之身以三之，可也。臣言为国，非为身也。"延颈而前曰："君击之矣！"君乃释戈，趣驾而归。至三日，而闻国人有谋不内田成子者矣。田成子所以遂有齐国者，颜涿聚之力也。故曰：离内远游，则危身之道也。

奚谓过而不听于忠臣？昔者，齐桓公九合诸侯，一匡天下，为五伯长，管仲佐之。管仲老，不能用事，休居于家，桓公从而问之曰："仲父家居有病，即不幸，而不起此病，政安迁之？"管仲曰："臣老矣，不可问也。虽然，臣闻之，知臣莫若君，知子莫若父,君其试以心决之!"君曰:"鲍叔牙,何如?"管仲曰:"不可!鲍叔牙为人,刚愎而上悍。刚则犯民以暴,愎则不得民心,悍则下不为用。其心不惧,非霸者之佐也。"公曰:"然则竖刁,何如?"管仲曰:"不可。夫人之情莫不爱其身。公妒而好内,竖刁自獖以为治内。其身不爱,又安能爱君?"公曰:"然则卫公子开方,何如?"管仲曰:"不可!齐、卫之间,不过十日之行。开方为事君,欲适君之故,十五年不归见其父母,此非人情也。其父母之不亲也,又能亲君乎?"公曰:"然则易牙,何如?"管仲曰:"不可!夫易牙为君主味,君之所未尝食,唯人肉耳,易牙蒸其子首而进之,君所知也。人之情莫不爱其子,今蒸其子以为膳于君,其子弗爱,又安能爱君乎!"公曰:"然则孰可?"管仲曰:"隰朋可。其为人也,坚中而廉外,少欲而多信。夫坚中,则足以为表,廉外,则可以大任,少欲,则能临其众,多信,则能亲邻国,此霸者之佐也。君其用之!"君曰:"诺。"居一年余,管仲死,君遂不用隰朋,而与竖刁。刁莅事三年，桓公南游堂阜，竖刁率易牙、卫公子开方及大臣为乱。桓公渴馁而死南门之寝、公守之室，身死三月不收，虫出于户。故桓公之兵，横行天下，为五伯长，卒见弑于其臣，而灭高名，为天下笑者，何也？不用管仲之过也。故曰：过而不听于忠臣，独行其意，则灭其高名，为人笑之始也。

奚谓内不量力？昔者，秦之攻宜阳，韩氏急，公仲朋谓韩君曰："与国不可恃也，岂如因张仪为和于秦哉！因赂以名都，而南与伐楚，是患解于秦，而害交于楚也。"公曰："善。"乃警公仲之行，将西和秦。楚王闻之惧，召陈轸而告之曰："韩朋将西和秦，今将奈何？"陈轸曰："秦得韩之都一，驱其练甲，秦、韩为一，以南乡楚，此秦王之所以庙祠而求也，其为楚害必矣！王其趣发信臣，多其车，重其币，以奉韩曰：'不穀之国虽小，卒已悉起，愿大国之信意于秦也！因愿大国令使者入境，视楚之起卒也。'"韩使人之楚，楚王因发车骑，陈之下路，谓韩使者曰："报韩君言弊邑之兵，今将入境矣。"使者还报韩君，韩君大悦，止公仲。公仲曰："不可！夫以实告我者，秦也，以名救我者，楚也，听楚之虚言，而轻诬强秦之实祸，则危国之本也。"韩君弗听，公仲怒而归，十日不朝。宜阳益急。韩君令使者趣卒于楚，冠盖相望，而卒无至者，宜阳果拔，为诸侯笑。故曰：内不量力，外恃诸侯者，则国削之患也。

奚谓国小无礼？昔者，晋公子重耳出亡，过于曹，曹君袒裼而观之。釐负羁与叔瞻侍于前。叔瞻谓曹君曰："臣观晋公子，非常人也。君遇之无礼，彼若有时，反国而起兵，即恐为曹伤。君不如杀之。"曹君不听。釐负羁归而不乐。其妻问之曰："公从外来，而有不乐之色，何也？"负羁曰："吾闻之：'有福不及，祸来连我。'今日吾君召晋公子，其遇之无礼，我与在前，吾是以不乐。"其妻曰："吾观晋公子，万乘之主也；其左右从者，万乘之相也。今穷而出亡，过于曹，曹遇之无礼，此若反国，必诛无礼，则曹其首也。子奚不先自贰焉。"负羁曰："诺。"盛黄金于壶，充之以餐，加璧其上,夜令人遗公子。公子见使者,再拜,受其餐而辞其璧。公子自曹入楚,自楚入秦。入秦三年,秦穆公召群臣而谋曰:"昔者晋献公与寡人交,诸侯莫弗闻。献公不幸离群臣,出入十年矣,嗣子不善。吾恐此将令其宗庙不祓除,而社稷不血食也。如是弗定,则非与人交之道。吾欲辅重耳而入之晋,何如?"群臣皆曰:"善。"公因起卒。革车五百乘,畴骑二千,步卒五万,辅重耳入之于晋,立为晋君。重耳即位三年,举兵而伐曹矣。因令人告曹君曰:"悬叔瞻而出之,我且杀而以为大戮。"又令人告釐负羁曰:"军旅薄城,吾知子不违也。其表子之闾,寡人将以为令,令军勿敢犯。"曹人闻之,率其亲戚,而保釐负羁之闾者,七百余家。此礼之所用也。故曹小国也,而迫于晋、楚之间,其君之危,犹累卵也。而以无礼莅之,此所以绝世也。故曰:国小无礼,不用谏臣,则绝世之势也。

译解:

　　十桩过失:一是行小忠义,而害及大的忠义。二是但顾小利,而损失更大的利益。三是一意孤行,自以为是,对待诸侯无礼,必至身遭杀害。四是不务治理国政,而好音乐,必至困顿。五是刚愎贪利,结果身死国亡。六是迷于女乐,不顾国政,结果国家灭亡。七是离开国内,出外远游,忽于臣子的谏诤,这样必定很危险的。八是有过失而不听忠臣的劝告,一意孤行,这样必至声名扫地,为人所笑。九是内不量力,外面倚恃诸侯,这样国家必定要削弱。十是国小而骄横无礼,不用直谏的臣子,这样必至宗庙倾覆,子孙绝灭!

何谓小忠呢? 从前,楚共王和晋厉公在鄢陵打仗,楚军战败,楚共王眼睛受伤。当战争最剧烈的时候,楚国的司马子反口渴了,要点水喝。竖人縠阳拿杯酒献上来,子反道:"呸! 退开! 这是酒呀。"縠阳说:"这不是酒。"子反乃接过来喝了。原来子反生性最爱饮酒,于是连饮数杯,就喝醉了。两军战罢,共王想再战,令人去召司马子反。子反推辞心痛,共王亲自去看他,走进他的帐幕,闻着酒的气味,乃退出来道:"今天交战,不縠(国君自称)自己受伤,所倚恃的就是司马,而司马又醉成这样,这简直是忘了楚国的社稷,不顾我们众人! 不縠无人咨询,不能再战了!"乃退兵而去,将司马子反斩了,认为他罪大恶极。竖人縠阳拿酒给子反吃,并非恨子反,对子反是很忠爱的,然而这样却害死了他,所以说:行小忠,反害及大忠。

何谓但顾小利呢? 从前晋献公想向虞国借路去攻打虢

国。荀息道:"君不如用垂棘出的玉璧和屈地产的马贿赂虞公,向他要求借路,他必定答应的。"献公道:"垂棘的玉璧,是我先人的宝贝;屈地产的马,是寡人的骏马。他若收了我们的礼物,不答应借路,怎么办呢?"荀息说:"他若不肯答应借路,必不敢收我们的礼物;若收了我们的礼物后,答应借路,那么,宝贝,就和从内里的府库取出来后,藏在外面的库内一样;马,就像从里面的马房内牵出来,养在外面的马房内一样。君不必担忧!"献公道:"是了。"乃使荀息将垂棘的玉璧和屈地产的良马送与虞公,请答应借路给晋国。虞公贪图璧和马,意欲允许。宫之奇谏道:"不能答应!虞国有虢国,就和一辆车子有两旁的夹木一样,夹木依靠车子,车子也依靠两旁的夹木,虞、虢二国的形势正如此。若借路给晋国,虢国假若早晨亡了,虞国傍晚也要随着亡的!万不可以!请不要允许他!"虞公不听,遂借路给晋国。荀息打破虢国回来,休息三年,便起兵去打虞国,又打破了。荀息牵着马、拿着璧回报献公,献公高兴道:"璧还是这样,但是,马的年龄却老了。"所以,虞公兵败地削,是何缘故呢?就是爱小利而不虑及它的害处啊!所以说但顾小利,就损及大利。

何谓任意妄行呢?从前楚灵王在申会合诸侯,宋太子迟到,遂将其拘禁起来,又轻侮徐君,拘捕齐庆封。楚国有个中射(官名)官谏道:"会合诸侯,不可无礼,这关系国家的存亡!当初桀在有戎集会诸侯,而有缗遂背叛他,纣在黎丘会合诸侯，而戎、狄因此背叛他，都是由于无礼所致，请君留意！"楚灵王不听，任意而行。过了不到一年，灵王南游，群臣以武力迫其去位，灵王遂饿死于乾溪之上。所以说任意妄为，自以为是，对待诸侯无礼，必至身死而后已！

何谓好听音乐呢？从前卫灵公到晋国去，行至濮水边上，卸去车驾，放马休息，收拾房间住下。夜半，听见有人弹奏新调子，觉得很好听，使人问左右的侍从，都回说不曾听见。乃召师涓到来，告诉他道："听见有人在弹奏一支新调子，问左右的人，都回说不曾听见。音调好似出自鬼神，你替我听后也加以模拟。"师涓道："是了。"乃静坐抚琴，模拟这新声。师涓明天回报道："臣学到了，但是尚未娴熟，请再练习一夜。"灵公说："好吧。"乃又住了一宵，明天加以练习后，遂启程往晋国去。晋平公在施夷台上设宴，款待卫灵公。酒吃得高兴时，灵公立起来说道："有支新调子，请奏给大家听！"平公说："好。"乃召师涓来，令他坐在师旷的旁边，将琴抚奏。尚未弹完，师旷忙止住他道："这是亡国之声，不可以奏完此曲！"平公道："这调子从何而来的呢？"师旷道："这是师延所作，与纣为淫靡之乐。及至武王伐纣，师延逃走，东行到濮水，投水而死。所以听到这个声音的，必定在濮水的边上。先听见这声音的，他的国家必定要削弱。不可以奏完它！"平公道："寡人所好的就是音乐，你令他将此曲奏完吧。"师涓乃将一曲奏毕。平公因问师旷道："这是什么调子呢？"师旷对道："这所谓清商是也。"平公道:"清商的声音最悲凉吗?"师旷道:"不如清徵。"平公道:"清徵可以听到吗?"师旷道:"不可以! 古来听清徵的都是有德义的人君,现在君德薄,不能听!"平公道:"寡人所好的就是音乐,试奏给寡人听听。"师旷不得已,乃援琴抚奏。一奏时,就有十六只玄色的仙鹤从南面飞来,歇在郎门的屋脊上;再奏时,仙鹤应声排成行列;三奏时,众鹤都伸着颈项长鸣,展开翅膀舞蹈,声音调合宫商,清越彻天。平公听了大喜,在座的都高兴。平公乃拿着酒杯立起来,替师旷上寿。回到座位上,坐定后问道:"音节中,没有较清徵更悲凉的吗?"师旷道:"尚不如清角。"平公道:"清角可以听得吗?"师旷道:"不可以! 从前,黄帝在泰山上会合鬼神,驾着象车,更有六条蛟龙护着,四方的神灵立在车轴两旁,蚩尤在前面,风伯扫地,雨师洒尘,虎狼在前面,鬼神在后面,腾蛟伏在地下,凤凰在上面飞翔,大合鬼神,乃作清角。现在吾君德薄,不能听。听了,恐怕要有灾祸!"平公道:"寡人老了,所好的就是音乐,想听一听。"师旷不得已,乃更援琴抚奏。一奏时,就有黑云从西北方升起;再奏时,大风暴至,接着就下大雨,帷幕吹裂,俎豆跌坏,屋瓦堕地,在座的人都惊散逃走。平公大惧,伏在廊室的中间。晋国于是大旱,赤地千里,平公亦卧病不起。所以说不务治理国政,而好五音,必至身体受困而后已!

何谓刚愎贪利呢? 从前智伯瑶带领赵、韩、魏三国的兵去打范、中行氏,将范、中行氏灭了。回来休息了几年,遂派人到韩国去求土地。韩康子预备不给他，段规进谏道："不可以不给他！智伯为人贪利，又刚愎暴戾。他来求土地，我们若不给他，他必定要起兵来打韩国了！君不如给他。给他后，他必养成习惯，又到别国去要土地，别国若有不答应的，智伯必起兵去攻打。这样，韩国就可以免于患难，静候事态的变化。"康子道："好吧。"便遣使者割让一万家的县邑给智伯。智伯甚喜，又差人去向魏国要土地。魏宣子预备不给他，赵葭进谏道："智伯向韩国求土地时，韩国就给他。现在他来向魏国求土地，魏国若不给他，魏国乃是内自恃强，而外面激怒智伯了。若不给他，他必要起兵攻打魏国！"宣子道："是的。"乃遣使者割让一万家的县邑给智伯。智伯又差人到赵国去要蔡、皋狼的地方。赵襄子不肯给，智伯遂私下联合韩、魏二国，预备去攻打赵国。赵襄子乃召张孟谈来，告诉他道："智伯为人，外貌和你亲善，实际却疏远你。他现在三次派使者往韩、魏二国去，都不到寡人这里来，他必定在谋划攻打我国了！现在我们应当迁移往何处去呢?"张孟谈道："董阏于是简主臣子中极有才干的，他从前曾治理晋阳，他死后，尹铎又依照着他的政策治理。至今该地的政教犹存，君不如迁都到晋阳去。"襄子说："好吧。"乃召延陵生来，令他率领车马，先开往晋阳去。赵襄子随后进发，既至晋阳，先巡视城郭，查视府库内的积聚。见城郭不坚固，仓内没有积粟，府内没有余钱，库内没有兵器，城内没有守御的器具。襄子恐惧，乃召张孟谈来，对他说道："寡人巡视城郭,查看府库,见许多东西都不完备,我们怎么应付敌人呢?"张孟谈道:"臣听说:圣人治理一处地方,财货都藏在民人家内,不藏在府库中,但务修政教,不去治城郭。君现在可下一道命令,令百姓各自留下三年的粮食,多的都送入仓中;各人但留下足支三年的用度,多的钱全交进府来;凡是没有职业的,都来修理城郭。"襄子晚上才下令,明天仓内米粮都装不下了,府内的钱都积满了,库内兵器也容不下了。过了五天,城郭已经修理完备,守御的器具已经布置就绪,又召张孟谈来问道:"我们的城郭已经修理好了,防守的器具也预备齐了,钱粮已足用,兵器已有余,但是我们没有箭,怎么办呢?"张孟谈道:"臣听说:董子治理晋阳时,公宫的墙都是用荻、蒿、楛、楚这类木料筑成的,有的高至丈余。君将它取出来用,就有多余的箭了。"于是将这些木料取出,试试看,都极坚实,虽是菌干制的箭,其坚劲都不能超过它。襄子道:"我们的箭够用了,但是没有金属物,怎么办呢?"张孟谈道:"臣听说:董子治理晋阳时,公宫里的房子,都用炼过的铜做柱子,君可将其取出来用。"于是将这些铜柱都取出来用,果然有多余的金属物了。号令既毕,守御的器具既已齐备,三国的兵就到了。既到,就攻打晋阳城。两军交战,历时三个月,仍不能打破晋阳。于是把兵散开,将晋阳围困起来,又决开晋水来淹晋阳城。这样的围困晋阳三年后,城内的人民,都筑巢住在树上,吊起锅来煮饭,粮食钱财将要完了,兵士等都疲敝生病。襄子对张孟谈说道:"粮食已经要吃完了,财力已经枯竭了,士大夫都困顿不堪,我恐怕不能再守卫这晋阳城,我预备投降了,你看应当投降哪国?"张孟谈道:"臣听说:'国家要亡,而不能够保存它;国家危险,而不能去安定它,这样就无须尊重有才智的人了!'君可暂时放下这计策,让臣暗地里出去,见韩、魏二国的国君。"于是去见韩、魏二君道:"臣听说:'嘴唇没有了,牙齿就要寒冷。'现在智伯率领你们来打赵国,赵国就要亡了。但是赵国亡后,你们也就要做赵国的第二吧!"韩、魏二君道:"这是可以预料到的。但是智伯为人,心粗暴,又不仁爱,我们图谋他,若被他发觉,就要受祸!怎么办呢?"张孟谈道:"计谋出于二君的口中,入于臣的耳内,没有人会知道的。"韩、魏二君乃和张孟谈约齐韩、魏二国的军队,与他约好日期举事,夜里命张孟谈回晋阳报告一切。襄子迎接孟谈,向他再拜道谢,又惊又喜。韩、魏二君既和张孟谈约定,遣他回去后,乃去朝见智伯。出来时,在辕门外面遇见了智过,智过觉得他们的面色有异,就进去见智伯说道:"韩、魏二君的面色有异,要叛变了!"智伯道:"怎见得呢!"智过道:"臣见他们趾高气扬,行时骄昂,和往常不同。君不如先下手为妙!"智伯道:"我和韩、魏二君已经约定,破赵后,三家平分赵地,寡人和韩、魏二君最要好,他们必不会欺我的。兵攻打晋阳,已经三年了,现在早晚就可以将它打破,共享其利,他们何至于有异心呢?必不会如此。你放心,不必忧虑,你不要再说这话吧!"明天,韩、魏二君去见智伯，又在辕门遇着智过。智过进去见智伯道："君将臣说的话告诉韩、魏二君了吗？"智伯道："你怎么知道的？"答道："今天二君见过君出来时，看见臣，面色改变，眼光避开，朝他们的侍从看。这必定有变，君不如快将他们杀了！"智伯道："你丢开这话，不要再讲了！"智过道："不可以！您必须要将他们杀掉！若不能杀他们，必须和他们益加亲善。"智伯道："怎样亲善法呢？"智过道："魏宣子有个谋臣名叫赵葭，韩康子有个谋臣名叫段规，二人都能转变他们主上的计划。君若与韩、魏二君约定，俟破赵后，即封这二人，每人一万家的县邑。如此，韩、魏二君的心就可以不变了。"智伯道："破赵后，三家平分土地，现在若更封二人每人一万家的县邑，那我所得的太少了，这是不可以的！"智过见智伯不听他的话，出来便改姓辅，逃走了。到了约定的那夜，赵国的兵将看守水堤的军吏杀死，决水淹智伯的军队。智伯的兵，因为救水大乱，韩、魏二国的兵左右夹攻，赵襄子又带领兵迎面痛击，将智伯的军队打得大败，捉住智伯。智伯身死军破，国土被一分为三，还被天下人所讥笑。所以说：贪利刚愎，乃是身死国亡的主因！

何谓迷于女乐呢？从前戎王差由余往秦国聘问，秦穆公问他道："寡人也曾听过有道之言，但是不曾目睹。现在请你告诉寡人，在古来的明君眼中，对于国家的得失，常是什么缘故呢？"由余对道："臣曾听说过，得之于节俭，失之于奢侈。"穆公道："寡人不惜问道于你，而你说要节俭，这是何故呢？"由余道："臣听说：从前尧为天子时，吃饭用土制的碗，喝水用泥制的杯。他的土地，南面到交趾，北面到幽都，东面到日出的地方，西面到日落的地方，人民莫不归服。尧让天下给舜，舜既为天子，乃制作饮膳的器皿，砍取山上的树木，加以截制，削锯磨光，上面涂漆，运进宫去，作为饮食的器皿。诸侯以为他奢侈，于是有十三国不服从他。舜将天下传给禹，禹乃作祭祀的器皿，外面漆黑，里面涂红，用绸帛垫着，用草席围着，酒杯有文采，而饮食的器具都加雕饰，于是不服禹的有三十三国。夏朝既亡，殷人兴起，乃作大路，用九面大旗，饮食的器具都加雕琢，酒杯都加以刻饰，白色的墙壁，彩色的台阶，华丽的蓐垫，这更奢侈了，而此时不服从殷的共有五十三国。这些人君都知道文章的美丽了，但是服从他们的却越来越少。臣所以说：治国之道，在于节俭。"由余既出，穆公乃召内史王廖来，将这话告诉他道："寡人听说：邻国若有圣人，乃是我国的忧患。现在由余是圣人，寡人很忧虑他为患，我们应当怎么办呢？"内史王廖道："臣听说：戎主所处的地方，偏僻遥远，未曾得闻中国的声教。君可送些女乐给他，以乱他的国政，然后再告诉戎主由余何时将归国，可是又留住他，不让他走，使他君臣疏远。戎主不听由余的谏净，他君臣既生隙，我们就可以打他们的主意了。"穆公道："这话对。"乃差王廖送女乐十六人给戎王，因预告由余的归期，又不让他走。戎王既见女乐，心里喜欢，设酒饮宴，天天听音乐，成年如此，牛马大半都死了。由余既回国,乃谏戎王,戎王不听,由余遂离开戎往秦。秦穆公将他迎归,封他为上卿,问他兵势和地形。既熟悉后,乃起兵去攻打戎人,兼并十二国,开扩土地千里。所以说,沉醉于女乐,不顾国政,必有亡国之祸!

何谓离开国内,出外远游呢? 从前田成子在海上游玩,快乐极了,乃下个令给一班大夫道:"说回去的,就处死刑!"颜涿聚道:"君在海上游玩,觉得快乐,怎奈有人要图谋君的国呢!君虽觉得这个快乐,恐怕也不能常这样吧!"田成子道:"寡人已下了令:'说回去的就处死刑!'你现在犯了寡人的令!"拿起戈来要击颜涿聚。颜涿聚说:"从前桀杀关龙逢,纣杀王子比干,现在君将臣杀去,凑成三个好了。臣说这话,是为国,不是为身。"伸着头颈,迎上前道:"君请杀吧!"田成子乃释去戈,赶紧启程回国。回到国中三天后,听见国人已经有阴谋不让田成子回国的了。田成子之所以能继续统治齐国,都是颜涿聚的力量。所以说:离开国内远游,对于本身是极危险的!

何谓有过错而不听于忠臣呢? 从前齐桓公九次会合诸侯。匡正天下尊崇周王,成学五霸之道,管仲辅佐他完成功业,管仲年老后,无法再管理政事。乃退居家中。桓公去问他道:"仲父家居有病,若不幸而不起,政权应当委托给谁呢?"管仲道:"臣老了,不足询问。但是臣听说:深知臣子的,莫若人君;深知儿子的,莫若父亲。君心中以为何人适宜呢?"桓公道:"鲍叔牙何如?"管仲道:"不可以! 鲍叔牙为人,刚愎而暴戾。刚愎，则百姓因待遇苛暴，心中不服；暴戾，则百姓不肯供其驱使，并且也不怕他。这不是霸者的辅佐。"桓公道："那么竖刁何如？"管仲道："不可以！人情莫不爱惜自己的身体。君性妒，而好姬妾，竖刁遂自求受宫刑后，去照管姬妾。他自己的身体都不爱，又怎会爱君呢？"又道："那么，卫公子开方何如？"管仲道："不可以！齐、卫之间，不过十天的路程。开方因为要伺候君，想讨君的欢心，十五年都不回去看一看他的父母，这太不近人情。他对于自己的父母都不亲爱，又怎会亲爱国君呢？"桓公道："那么，易牙何如？"管仲道："不行！易牙替君烹调饮食，君只有人肉不曾吃过。易牙遂将他儿子的头蒸了，献给君吃，这是君所晓得的。人情莫不爱自己的儿子，现在他将他的儿子蒸了给君吃，他连自己的儿子都不爱，又怎么会爱君呢？"桓公道："那么，谁可用呢？"管仲道："隰朋可用。他为人，心内忠诚，外面清廉，清心寡欲，又守信实。心内忠诚，则足以为人民师法；外面清廉，就可以任大事；清心寡欲，就能够临御下人；既守信实，则能亲结邻国。这乃是霸者的辅佐，君可用他。"桓公道："是了！"过了一年多，管仲死了，桓公不用隰朋，而用竖刁。竖刁视事三年后，桓公南行，游于堂阜。竖刁率领易牙、卫公子开方和一班大臣造反。桓公饥渴而死，身死后，经过三个月，都无人收殓，尸体出了虫，直爬到门外。所以桓公的兵曾横行天下，为五霸之长，结果反被臣子害死，声名坠地，被天下人所讥笑，这是何故呢？就是因为不用管仲的忠告啊！所以说，有过而不听忠臣的劝戒，独行自己的意思，结果必定声名堕地，被天下人所讥笑！

何谓内不量力呢？从前秦国攻打韩国的宜阳，韩国形势危急，公仲朋向韩君说道："同盟国现在不可靠，何不因张仪去向秦国求和呢？送秦国一个大的城邑，和秦国一齐去打楚国。这样一来，秦国的侵略可以解除，受害的乃是楚国了。"韩君说："对。"乃照公仲朋的计划做去，预备西面去和秦国求和。楚王听了，大起恐慌，召陈轸来，告诉他这事道："韩国的公仲朋将要西面向秦国求和，现在怎么办呢？"陈轸道："秦国现在得着韩国的一大个都邑，率领精锐的军队。秦、韩合兵，朝南攻打楚国，这乃是秦王平时在庙里祈祷希望实现的，楚国一定要受害了！王赶快遣派使臣，多替他们预备车子，多供给他们货币，去向韩君说：'敝国虽小，现已调动所有的军队来救贵国，愿贵国恣意对付秦国。并且希望贵国差使者来，看楚国在调动救兵。'"韩国派人到楚国视察究竟。楚王遂发车骑，陈列在路旁，向韩国的使者道："回报韩君，就说：敝国的兵，就要开到韩国了。"使者回报韩君，韩君大喜，叫公仲朋不要和秦国议和。公仲朋说："不可以如此！以实情告诉我们的是秦国，以虚言来救我们的是楚国。听楚国的假话，便轻视强秦所施的实在的祸患，这样，国家就危险了！"韩君不听，公仲朋发怒回去，十天不上朝。宜阳危急了，韩君命使者往楚国去催救兵，使者的冠帽和车顶，沿路前后可以互相望见，但是救兵依然不到。宜阳果被秦兵攻陷，诸侯都讥笑韩君。所以说，内里不量自己的能力，外面徒靠诸侯，国家必有丧失土地之祸！

何谓国小而无礼呢？当初晋公子重耳逃亡在外，经过曹国，曹君乘他赤身沐浴时，突然进去看他的奇异肋骨（相传晋文公的肋骨，是联合为一片的）。那时，釐负羁和叔瞻都在曹君面前。叔瞻后来向曹君说道："臣看晋公子非同常人，君对待他无礼，他若一朝回国后，起兵报复，恐怕曹国要受害呢，君不如将他杀了！"曹君不听。釐负羁回家后，闷闷不乐。他的妻子问道："你从外面回来，脸上不快活，为什么缘故？"负羁道："我听说：人君有福，未必轮到我；人君有祸，必至连累我。今天我们的国君召晋公子来，无礼地对待他，我那时也同在一处，我所以不快活。"妻子道："我看晋公子，是大国的君主；他左右的从人，都是像大国的卿相。现在因落难逃亡在外，经过曹国，曹国便对他无礼，他们若回到晋国，必定要诛戮从前对他们无礼的人，曹国必首先被伐。你现在何不解脱你自己呢？"负羁道："是的。"就将黄金盛在壶里，用食物盖着，上面放着玉璧，夜里令人拿去送给晋公子。公子见着使者，再拜道谢，收下食物，将玉璧退还了。晋公子从曹国到楚国，从楚国到秦国。在秦国三年后，秦穆公有一天召集群臣谋划道："当初晋献公和寡人友善，诸侯莫不知道。献公不幸去世，已有十年了，他的儿子（指晋惠公）不好，我恐怕他的宗庙因此毁灭，社稷不得享血食呢！在这种情形下，若再不去为他平乱，就不够朋友了。我想帮助重耳回到晋国，你们以为何如?"群臣都称善。穆公乃起兵，皮制的兵车二千辆，精选的战马二千匹，步兵五万人，辅助重耳回晋国，立为晋君。重耳既即位，三年后，遂起兵去伐曹，令人去告诉曹君道："将叔瞻吊出城来，我要杀死他，正他的大罪!"又派人去告诉釐负羁道："军队已迫近城下，我知道你依然向着我。你可在你的里门前做一标记，寡人将下一道令，命军士不得侵犯。"曹国人听见了，率领着自己的亲戚，都投奔釐负羁所住的地方来，共有七百多家。这都多亏釐负羁从前对待晋公子有礼啊! 曹国是一个小国，介于晋、楚二大国之间，曹君地位危险，像累积着的鸡蛋一样。他对人再无礼，自然要亡国，子孙不得继续为君了! 所以说国小而无礼，又不用直言谏诤的臣子，必至亡国绝嗣!

孤愤

　　智术之士,必远见而明察,不明察不能烛私;能法之士,必强毅而劲直,不劲直不能矫奸。人臣循令而从事,案法而治官,非谓重人也。重人也者,无令而擅为,亏法以利私,耗国以便家,力能得其君,此所为重人也。智术之士,明察听用,且烛重人之阴情;能法之士,劲直听用,且矫重人之奸行。故智术能法之士用,则贵重之臣,必在绳之外矣。是智法之士与当涂之人,不可两存之仇也。

　　当涂之人擅事要,则外内为之用矣。是以诸侯不因则事不应,故敌国为之讼;百官不因则业不进,故群臣为之用;郎中不因,则不得近主,故左右为之匿;学士不因,则养禄薄礼卑,故学士为之谈也。此四助者,邪臣之所以自饰也。重人不能忠主而进其仇,人主不能越四助,而烛察其臣,故人主愈弊,而大臣愈重。凡当涂者之于人主也，希不信爱也，又且习故。

若夫即主心同乎好恶，固其所自进也。官爵贵重，朋党又众，而一国为之讼，则法术之士欲干上者，非有所信爱之亲，习故之泽也；又将以法术之言，矫人主阿辟之心，是与人主相反也。处势卑贱，无党孤特。夫以疏远与近爱信争，其数不胜也；以新旅与习故争，其数不胜也；以反主意与同好争，其数不胜也；以轻贱与贵重争，其数不胜也；以一口与一国争，其数不胜也。法术之士，操五不胜之势，以岁数而又不得见；当涂之人，乘五胜之资，而旦暮独说于前，故法术之士，奚道得进？而人主奚时得悟乎？故资必不胜，而势不两存，法术之士，焉得不危？其可以罪过诬者，公法而诛之；其不可被以罪过者，以私剑而穷之。是明法术而逆主上者，不僇于吏诛，必死于私剑矣。

朋党比周以弊主，言曲以便私者，必信于重人矣。故其可以攻伐借者，以官爵贵之；其可借以美名者，以外权重之。是以弊主上而趋于私门者，不显于官爵，必重于外权矣。今人主不合参验而行诛,不待见功而爵禄,故法术之士,安能蒙死亡而进其说? 奸邪之臣,安肯乘利而退其身? 故主上愈卑,私门益尊。

夫越虽国富兵强,中国之主,皆知无益于己也,曰:"非吾所得制也。"今有国者虽地广人众,然而人主壅蔽,大臣专权,是国为越也。智不类越,而不智不类其国,不察其类者也。人主所以谓齐亡者,非地与城亡也,吕氏弗制,而田氏用之。所以谓晋亡者,亦非地与城亡也,姬氏不制,而六卿专之也。今大臣执柄独断,而上弗知收,是人主不明也。与死人同病者,不可生也;与亡国同事者,不可存也。今袭迹于齐、晋,欲国安存,不可得也。

凡法术之难行也,不独万乘,千乘亦然! 人主之左右不必智也。人主于人有所智而听之,因与左右论其言,是与愚人论智也。人主之左右不必贤也,人主于人有所贤而礼之,因与左右论其行,是与不肖论贤也。智者决策于愚人,贤士程行于不肖,则贤智之士羞,而人主之论悖矣。人臣之欲得官者,其修士且以精洁固身,其智士且以治辩进业,其修士不能以货赂事人。恃其精洁,而更不能以枉法为治,则修智之士,不事左右,不听请谒矣。人主之左右,行非伯夷也,求索不得,货赂不至,则精辩之功息,而毁诬之言起矣。治辩之功,制于近习,精洁之行,决于毁誉,则修智之吏废,则人主之明塞矣。不以功伐决智行,不以参伍审罪过,而听左右近习之言,则无能之士在廷,而愚污之吏处官矣。

万乘之患,大臣太重;千乘之患,左右太信。此人主之所公患也。且人臣有大罪,人主有大失,臣主之利与相异者也。何以明之哉?曰:"主利在有能而任官,臣利在无能而得事;主利在有劳而爵禄,臣利在无功而富贵;主利在豪杰使能,臣利在朋党用私。是以国地削而私家富,主上卑而大臣重。故主失势而臣得国,主更称蕃臣,而相室剖符,此人臣之所以谲主便私也。故当世之重臣,主变势而得固宠者,十无二三。是其故何也?人臣之罪大也。臣有大罪者,其行欺主也,其罪当死亡也。智士者远见，而畏于死亡，必不从重人矣。贤士者修廉，而羞与奸臣欺其主，必不从重人矣。是当涂者之徒属，非愚而不知患者，必污而不避奸者也。大臣挟愚污之人，上与之欺主，下与之收利侵渔，朋党比周，相与一口，惑主败法，以乱士民，使国家危削，主上劳辱，此大罪也。臣有大罪而主弗禁，此大失也。使其主有大失于上，臣有大罪于下，索国之不亡者，不可得也。"

译解：

　　有智略的人，必定见识远大，明察幽微，若不明察，就不能发现阴私。能施行法度的人，必定刚强正直，倘若不正直，就不能纠正奸邪。人臣中，遵奉命令、按照法度去治理事务的，这不叫作"重人"——劫势专权，为国人所倚重的人。所谓"重人"者，是不遵命令，擅自行动，破坏法度，以利私人，损国益家，尚能使国君信用他，这才叫作"重人"。有智略的人明察一切，若一经为人君任用，他必将举发重人的阴私。能行法度的人刚强正直，若一经为人君任用，他必将纠正重人奸邪的行为。所以有智略和能行法度的人，若一为人君所用，则贵重的臣子必被削除，而有智略同能行法度的士人，与当路的大臣，

87

也就成了势不两立的仇敌了。

在位的大臣既执掌大权,则凡是邻国的诸侯,同国内的吏民,都为他所用了。邻国的诸侯若不靠他,事情就不能成功,所以敌国都称颂他;百官若不靠他,功业就不会为国君所晓得,所以群臣都供他驱使;郎中若不靠他,就不能得近人主,所以国君左右的人,都替他掩饰过错;学士若不靠他,俸禄必减少,人君也不重视他们,所以学士都赞美他。奸邪的臣子就仗这四者的帮助,以掩饰自己的罪恶。重人既不能效忠人主,举荐他的仇人,人主又不能超出以上所说,帮助重人的四种人之势力范围,去考察他臣子的好坏,所以人主愈加蔽塞,大臣的势力就愈重!

凡在位的大臣,大半是为人主所信爱的,又和人主积久相熟,更迎合人主的心理,人主喜欢什么,他也就喜欢什么,厌恶什么,他也就厌恶什么,因此得近人主,为人主所用。既见用后,他的官爵贵重,党与又多,一国都称颂他。而法术之士想干求人主的,却并不曾为人主所信爱,并不曾和人主积久熟悉,还要以法术的言论,去匡正人主偏僻的心,同人主正相反。地位既卑贱,又孤立无党。以疏远的人去和爱信的人竞争,当然不能取胜;以新来的人和相熟的人争,也当然不能取胜;以违反人主意思的人,去同与人主意思相合的人竞争,当然也不能取胜;以轻贱的人去和地位贵重的竞争,当然也不能取胜;再以一张嘴去和一国的人争论,当然更不能取胜了。

讲求法术的人已有五桩不能取胜的形势,再加几年尚见不到国君一次。当路的大臣有五件取胜的形势为凭借,而早晚又都在国君面前陈说。如此,法术之士何由得进?而人主何时得醒悟呢?既处于必不能胜的形势上,同大臣又势不两立,照这样,法术之士,生命焉得不危险呢?法术之士中,可以用罪名诬陷的,就用国法将他杀了;不可以加他罪名的,就私下差刺客用剑将他刺死。可见明法术而违逆主上的,不为官吏诛戮,就被刺客私下用剑暗杀了。

　　至于结纳党徒,壅蔽主上,不肯直言,只顾私人利益的,必为重人所信用,可以假借有功,就封他们官爵;可以借美名为口实,就授他外面的权柄。可见得壅蔽主上、趋奉私门的人,不得封官爵贵显,必掌有外国的权势。现在人主不待审察,便行诛戮;不待有功,便赠爵禄。如此,法术之士怎能够冒着死亡的危险,向国君陈说?奸邪的臣子,怎肯放弃利益,辞归隐退呢?所以人主愈加贬抑,大臣愈加贵重了!

　　越国虽然国富兵强,中国的君主都知道对于他没有用处,说:“我统治不到。”现在有一个国,虽然地方大,人多,但是人主壅蔽,大臣专权,这国便也同越国一样了!但知道自己的国同越国是两国,而不知道现在自己的国已和越国相似,同样统治不到,这就是不懂得比较。人说齐国亡了,这并不是说地和城亡了,乃是说吕氏不再统治齐国,而田氏治理政事;说晋国灭亡,也不是指地和城亡了,乃是指姬氏不再管理晋国,而六卿从事专权。现在大臣擅权独断，而主上不知收回政权，自家执掌，这实在是人主昏愚不明的缘故。和死人生的病相同，就不能活了；和亡国的行为相同，就不能存在了。现在效法齐、晋二国的旧事，想国家安存，这是不可能的事！

大凡法术之难行，不独万乘之国为难，就是千乘之国也难。因为人主左右的人不一定都聪明，而人主以为臣下某人聪明，将要听用他的话时，必定要去和左右讨论这人所说的话，这乃是和愚人去论断聪明的人了！人主左右不一定都是好人，而人主遇人臣中有贤人，欲加以敬礼时，必和左右讨论此人的品行，这乃是和愚人去论断贤人了！有智谋的人，他的策略须经愚人决定；贤能的人，他的品行须经坏人评判。如此，贤能智慧的士人必至屈辱，而人主的论断也不合理了。人臣中想谋官职的，一般修身之士，但愿洁身自守；一般有智之士，但想以学说图进取。不能用财货去贿赂人主的左右，徒恃自己的精洁、自己的学说，更不能枉法治事，所以修身洁行和有智略的士人，终不肯以财货去贿人君左右的人，不能满足他们的要求，而人君左右的人，并不像伯夷那样高义，所求的既不曾得到，货赂既不曾送来，则是士人虽有精洁的品行、过人的辞辩，终为掩没，而毁訾诬罔的话，且随之而起了。智士的才辩，须由左右近臣的意思决定，贤人精洁的行为，须由左右的人毁誉决定，如此，修身的贤人，有辞辩的智士，都弃置不用，而人主的聪明就被壅塞了！

不依功绩决定智行，不用考验审察罪过，只听左右亲近侍臣的话，结果朝中必定充满了没有才能的人，在位的也是一般愚陋贪污的官吏。万乘之国，国内就怕大臣权势太重；千乘之国，国内就怕人主左右的近臣太见亲信。这两种乃是人主所同引以为患的。而且人臣有他的大罪过，人主有他的大过失。

人主和人臣的利益不同。何以见得呢？道："人主利在对于臣子中有才能的，委以官职；人臣利在虽没有才能，而得到官做；人主利在选臣子中有功劳的，赐他爵禄；人臣利在没有功劳而身享富贵；人主利在见豪杰有才能的，然后任用他；人臣利在交结朋党，营私舞弊。所以国家的土地削小，私人反更富足；主上的地位贬低，大臣的权势反更重；主上失去势力，而大臣擅有国政；主上向臣子称蕃臣，而家臣得任意剖符，委任官吏。这都是人臣欺诳主上，利益自己的原因。

所以当今贵重的大臣，一遇主上有变动——国君死亡，新君继位等，其中能保持自己宠幸的，十个里没有两三个。这是什么缘故呢？因为臣子的罪过太大了。臣子的大罪就是平时欺君罔上，罪当死亡。智士见识远大，又畏惧死亡，所以必不肯从这般贵重的大臣；贤人修身廉洁，又羞与奸臣欺他的主上，所以也必不肯从这般贵重的大臣。可见当路大臣的党徒，若不是昏愚不知道祸患，必是贪污不避奸邪的了。大臣带着一班昏愚贪污的人，和他们上面去欺罔人主，下面搜刮利益，结交党羽，鱼肉百姓，互相团结，为非作恶，异口同声地荧惑主上，败坏法纪，扰乱士民。使国家危亡削弱，主上忧劳屈辱，这乃是大罪过。臣子有大罪过，而主上不知道加以禁止，这是大过失！上面人主有大过失，下面臣子有大罪过，如此，要求国家不灭亡，那是没有的事！

说 难

　　凡说之难,非吾知之,有以说之之难也;又非吾辩之,能明吾意之难也;又非吾敢横失,而能尽之难也。凡说之难,在知所说之心,可以吾说当之。所说出于为名高者也,而说之以厚利,则见下节而遇卑贱,必弃远矣。所说出于厚利者也,而说之以名高,则见无心而远事情,必不收矣。所说阴为厚利,而显为名高者也,而说之以名高,则阳收其身,而实疏之;说之以厚利,则阴用其言,显弃其身矣。此不可不察也!

　　夫事以密成,语以泄败,未必其身泄之也,而语及所匿之事,如此者身危!彼显有所出事,而乃以成他故,说者不徒知所出而已矣,又知其所以为,如此者身危!规异事而当知者,揣之外而得之,事泄于外,必以为己也,如此者身危!周泽未渥也,而语极知,说行而有功则德忘,说不行而有败则见疑,如此者身危!贵人有过端,而说者

93

明言礼义，以挑其恶，如此者身危！贵人或得计，而欲自以为功，说者与知焉，如此者身危！强以其所不能为，止以其所不能已，如此者身危！故与之论大人，则以为间己矣；与之论细人，则以为卖重；论其所爱，则以为藉资；论其所憎，则以为尝己也。径省其说，则以为不智而拙之；米盐博辩，则以为多而交之；略事陈意，则曰："怯懦而不尽。"虑事广肆，则曰："草野而倨侮。"此说之难，不可不知也。

凡说之务，在知饰所说之所矜，而灭其所耻。彼有私急也，必以公义示而强之。其意有下也，然而不能已，说者因为之饰其美，而少其不为也。其心有高也，而实不能及，说者为之举其过而见其恶，而多其不行也。有欲矜以智能，则为之举异，事之同类者，多为之地，使之资说于我，而佯不知也，以资其智。欲内相存之言，则必以美名明之，而微见其合于私利也。欲陈危害之事，则显其毁诽，而微见其合于私患也。誉异人与同行者，规异事与同计者。有与同污者，则必以大饰其无伤也；有与同败者，则必以明饰其无失也。彼自多其力，则毋以其难概之也；自勇之断，则无以其谪怒之；自智其计，则毋以其败穷之。大意无所拂悟，辞言无所系縻，然后极骋智辩焉。此道所得亲近不疑而得尽辞也。

伊尹为宰，百里奚为虏，皆所以干其上也。此二人者，皆圣人也，然犹不能无役身以进加，如此其污也。今以吾言为宰虏，而可以听用而振世，此非能仕之所耻也。夫旷日离久，而周泽既渥，深计而不疑，引争而不罪，则明割利害以致其功，直指是非以饰其身，以此相持，此说之成也。

昔者郑武公欲伐胡，故先以其女妻胡君，以娱其意。因问于群臣："吾欲用兵，谁可伐者？"大夫关其思对曰："胡可伐。"武公怒而戮之，曰："胡，兄弟之国也，子言伐之，何也？"胡君闻之，以郑为亲己，遂不备郑，郑人袭胡，取之。宋有富人，天雨墙坏。其子曰："不筑，必将有盗。"其邻人之父亦云，暮而果大亡其财。其家甚智其子，而疑邻人之父。此二人说者皆当矣，厚者为戮，薄者见疑，则非知之难也，处知则难也。故绕朝之言当矣，其为圣人于晋，而为戮于秦也，此不可不察！

昔者弥子瑕有宠于卫君。卫国之法，窃驾君车者罪刖。弥子瑕母病，人间往夜告弥子，弥子矫驾君车以出。君闻而贤之曰："孝哉！为母之故，忘其刖罪。"异日与君游于果园，食桃而甘，不尽，以其半啖君。君曰："爱我哉！忘其口味，以啖寡人。"及弥子色衰爱弛，得罪于君。君曰："是固尝矫驾吾车，又尝啖我以余桃。"故弥子之行未变于初也，而以前之所以见贤，而后获罪者，爱憎之变也。故有爱于主，则智当而加亲；有憎于主，则智不当见罪而加疏。故谏说谈论之士，不可不察爱憎之主，而后说焉。

夫龙之为虫也，柔可狎而骑也。然其喉下有逆鳞径尺，若人有婴之者，则必杀人。人主亦有逆鳞，说者能无婴人主之逆鳞，则几矣！

译解：

大凡游说的难处，并不是难在对于我所要说的问题，未能充分了解,也不是难在我的言语不能表明我的意思,更不是难在言谈不能驰骋如意,将意思尽情地陈说出来。游说之难,难在要知道对方的心理,是否和我所说的话相合。

对方的人,意在名声清高,我若以厚利去游说他,他必以为我志节卑下,必定贱视我,结果必遭遗弃而疏远了。对方的人,若意在厚利,而我以高名去游说他,他必以为我不明时势,不谙事情,离实际太远,必不肯收用我了。对方的人,若内里阴为厚利,外面假为高名,我若以高名去游说他,他必表面上收用我,实际上疏远我;我若以厚利去游说他,他必私下里用我的话,而公然将我弃掉。这是不可不加以细察的!

事情以隐密成功,言语以泄漏失败,不一定要将言语泄漏出来,方才危险,但讲到人心内隐藏的意思,这样就危险了!他人若表面上做某事,但却有另外的意思,游说的人倘若非但知道他做的事,并且知道他的命意何在,这样身体就必定危险!更经替人主规划他事,适合人主的意思,而此事却被一聪明人揣测着,因此泄漏出来,人主必以为是这游说的人所泄漏的,这样生命就危险了!人主对待游说的人,尚未有深厚恩泽,游说的人若竭忠尽智地去向他陈说,所说的若有功,他必忘去说话人的功劳,所说的若不幸而失败,他必又生疑妒之心,这样说话者的生命就危险了!贵人若有过端,而游说的人却公然谈礼义,去发扬他的过恶,这样,游说的人生命就危险了!贵人若有一计划,欲自以为功,而游说的人也知道这计划,这样游说的人生命就危险了！游说的人若勉强令人去做此人不能做的事,勉强谏止别人所不能舍去的事,这样生命就危险了！游说的人若与人主论贵重的臣子,人主必以为是在离间他们;若与他论在下位的人,他必疑心是在窥探他的意思,卖权给下人;论他所爱幸的人,必以为是想用他所爱的人为凭借;论他所憎恨的人,他必以为是在试探他。说话若直率简略,听的人必以为这是他理穷词绌;若宽泛兼及细事,听的人又以为琐屑烦碎;若只略陈大意,听的人就说"怯懦胆小,不敢尽情地说";若畅加陈说,听的人又说"粗鄙不知体统,倨傲侮慢"。以上乃是游说的难处,不可以不知道的。

大凡游说最要紧的,要在知道文饰对方的自负处,掩匿他所觉得羞耻的事。他有何私事,急着要做,游说的人应当因其私意的急迫,将他引入公义。他的用意虽然很卑下,但是若因为有所不能已,游说的人就应当文饰它的好处,而反似他不做某事是很可惜似的。他若心慕高远,但是实际上却做不到,游说的人就应当举出此事的缺点,反以他不做此事是好似的。对方的人倘若矜夸自己的智能,游说的人必须替他多举出些旁的同类的事来,令他谈说的范围更宽,实际是在让他取悦于我,而我却假装不知道,使他更能显示他的智能。

要想容纳对立的言论,必须先说明这事有美名,更微微地表示其合乎私利;要想陈说危害的事情,应当先说明这事将受毁谤,更微微地表明它会有私患。若有人的行为和人主的行为相同,游说的人应当赞美此人的行为;人主的计划倘若和某人所做的事相同,游说的人应当替此人规划此事。此人的行为和他相同,全都不好,游说的人就应当大加文饰,说这个是不害事的;此人的事业若和他一样,全都失败了,游说的人就应当明为文饰,说这是没有什么损失的,所说的人倘若自己觉得有势力,游说的人就不要拿难事去阻碍他;他若以他的决断为勇,就不要拿他谪罪某人的事去恼怒他;他若以为自己的计谋聪明,就不要拿他当初失败的事,去抵屈他。他的主意,不要加以拂逆;他的言辞,不要加以抵触。这样,然后方可言谈动人,极尽辩说的能事。这样,然后才能使人主亲信不疑,尽所欲言。

伊尹曾做过厨役,百里奚曾做过囚虏,这无非是想求人主用他们。这两人都是圣人,但是尚且不免身作贱役,为进身之阶,是这般的卑下。现在只要我的话能得听用,能救世人,那我虽然屈身为厨役囚虏,也不是有智能之士所引为羞耻的吧。历时既久,君臣道合,人君的恩泽渐厚,臣子为他深谋远虑,不致见疑,争论事情,不致得罪,就可以断定利害,以立功业,直指出是非来,使自己荣显。君臣这样相持着,都是由于游说的成功。

从前郑武公想去伐胡,乃先将他的女儿嫁给胡君,使他喜欢。遂问群臣道:“我想用兵,哪一个国可以打呢?”大夫关其思对道:“胡可以攻打。”武公发怒,便将他杀了。说道:“胡是兄弟之国,你为何说要去攻打它?"胡君听了,以为郑和自己亲睦,便不防备郑国。郑国就暗地里出兵,攻破胡国。宋国有个富人,适逢下雨,墙壁坏了,他的儿子说:"不加修理,要被偷啊!"邻人的父亲也这样说。到了夜晚,果然被盗,损失了许多财物。家里的人都觉得自己的孩子聪明,可是反疑心邻人的父亲有偷盗的嫌疑。这二人——关其思和邻人的父亲——说的话都很对,但是严重的反被杀,不严重的也见疑,这并非他们不聪明,乃是因为他们的聪明处用得不得当。所以绕朝的话虽然对,可是他但为晋人称为圣明,秦人反要诛戮他!这是不可不加以审察的!

从前弥子瑕为卫君所宠幸,那时卫国的法律,偷驾国君车子的,罪当砍脚。恰巧弥子瑕的母亲病了,有人听得此事,夜半去告诉弥子瑕,弥子瑕遂矫诏,驾着国君的车子出去。卫君闻知,觉得他人好,说道:"真孝顺啊!因为母亲的缘故,将犯砍脚的罪都忘了。"又有一天,弥子瑕和卫君在果园内游玩,吃桃子觉得甜,不曾吃完,就将另一半献给卫君吃。卫君道:"真爱我啊!忘了桃子的美味,却给寡人吃。"等到弥子瑕年老色衰,宠爱不及从前时,得罪了卫君。卫君道:"他曾经矫诏偷驾我的车子,又把吃剩的桃子给我吃!"所以弥子瑕的行事和当初不曾稍异,可是以前做的事,国君觉得好,后来做的事,就得罪国君,这乃是因为人君爱恶的情感改变了。所以若受人主宠爱,智谋如能合意,就更受亲信;若被人主憎恨,智谋再不合意，就更被疏远了。所以谏说谈论之士，不可以不先察人主爱恶之情，然后再对人主进言。

譬如龙这个爬虫，性子柔驯，可以亲近，可以骑它。但是它的喉咙下面，周围尺余，生有"逆鳞"，有人误触到，龙必发怒，将人杀死。人主也有"逆鳞"，游说的人若能不触到人主的"逆鳞"，就可算得善于游说的了。

和氏

楚人和氏得玉璞楚山中，奉而献之厉王，厉王使玉人相之。玉人曰："石也。"王以和为诳，而刖其左足。及厉王薨，武王即位，和又奉其璞，而献之武王。武王使玉人相之，又曰："石也。"王又以和为诳，而刖其右足。武王薨，文王即位，和乃抱其璞，而哭于楚山之下，三日三夜，泪尽而继之以血。王闻之，使人问其故，曰："天下之刖者多矣，子奚哭之悲也？"和曰："吾非悲刖也，悲夫宝玉而题之以石，贞士而名之以诳，此吾所以悲也！"王乃使玉人理其璞，而得宝焉，遂命曰"和氏之璧"。

夫珠玉，人主之所急也！和虽献璞而未美，未为主之害也。然犹两足斩而宝乃论，论宝若此其难也！今人主之于法术也，未必和璧之急也，而禁群臣士民之私邪，然则有道者之不僇也，特帝王之璞未献耳。主用术，则大臣不得擅断，近习不敢卖重;官行法,则浮萌趋于耕农,而游士危于战陈,则法术者,乃群臣士民之所祸也。人主非能倍大臣之议,越民萌之诽,独周乎道言也。则法术之士,虽至死亡,道必不论矣。

昔者,吴起教楚悼王以楚国之俗,曰:"大臣太重,封君太众,若此,则上逼主而下虐民,此贫国弱兵之道也。不如使封君之子孙,三世而收爵禄,裁灭百吏之禄秩,损不急之枝官,以奉选练之士。"悼王行之期年而薨矣,吴起枝解于楚。商君教秦孝公以连什伍、设告坐之过,燔《诗》《书》而明法令;塞私门之请,而遂公家之劳;禁游宦之民,而显耕战之士。孝公行之,主以尊安,国以富强。八年而薨,商君车裂于秦。楚不用吴起而削乱,秦行商君法而富强,二子之言也已当矣,然而枝解吴起,而车裂商君者,何也? 大臣苦法,而细民恶治也。当今之世,大臣贪重,细民安乱,甚于秦、楚之俗,而人主无悼王、孝公之听,则法术之士,安能蒙二子之危也,而明己之法术哉! 此世所乱无霸王也。

译解：

　　楚国有个人，名叫卞和，在楚山中寻得一块璞玉（未经雕琢的玉，外貌和石头一样）。便去献给厉王。厉王命治玉的匠人看，匠人道："是块石头！"王以为卞和说谎，乃令将他的左脚砍掉。厉王死后，武王即位，卞和又把这块璞玉去献与武王，武王命治玉的匠人看，又说："是块石头！"王又以为和说谎，将他的右脚又砍掉。武王死后，文王即位，卞和乃抱着他的璞玉，在楚山下痛哭，接连三天三夜，眼泪流完了，接着淌血。王听见此事，叫人去问他为什么这样，说："天下被砍去脚的人也很多，你干什么哭得这样悲切呢？"卞和道："我并非悲伤我的脚被砍去，我悲伤的是稀世的宝玉，被人称作石头；忠贞的士人，反被人当作在说谎！这乃是我感觉悲伤的啊！"王乃使治玉的匠人琢开他的璞玉，果然得到宝玉，遂叫这玉为"和氏璧"。

　　珠玉是人主所急着要的，卞和进献璞玉，璞玉虽然不好，对于王也没有任何损害呀！但还是两只脚被砍去，然后玉才得断定。断定一宝玉，尚且这样难法，何况现在的人主，对于法术，未必像对和氏的玉璧那般关切，而对于他的臣民反更要像和氏那样的效忠，臣民若没有和氏那般忠诚，谁肯去论法术呢？所以，有道之士，未被杀戮的缘故，就是因为他们不曾献璞玉（法术）给帝王啊！

　　人主若用权术，则大臣不得专权独断，左右不敢出卖重权；官吏若行法制，则不守常业的人民也务力耕种，游说之士都不敢轻言战争。所以法术乃是群臣和百姓所恶恨的，人主若不能违背大臣的主张，不顾人民的诽谤，而独用法术之言，那言法术之士，虽至死亡，法术也终不能为人君所采用！

从前，吴起和楚悼王论楚国的情形道："大臣的权势太重，封君的人数太多，这样上可以迫胁人主，下必虐待人民，必至国家穷困，兵力疲弱。不如使封君的子孙三世后收回爵禄，减低百官的俸禄，裁去不急需的官职，拿这节余下来的供给有才干的人。"悼王照这计划做去，才一年，悼王便死了，吴起遂被楚人肢解而死。

商君教秦孝公行十家或五家连保的法子，其中若有一家犯罪，一经告发，其余数家都连坐；烧去《诗》《书》，讲求法令；杜绝私人的请托，赏赐对于公家有功劳的；取缔游荡不守本业的人民，显扬耕田的农民、卫国的战士。孝公行此新法，人主的地位因之增高，较前更稳固，国家也富庶强盛。十八年后，孝公死了，商君遂被秦人用车子五马分尸而死。

楚国不用吴起而削弱危乱，秦国行商君的新法后而国富兵强，二人说的话是对的了。但是结果，吴起被肢解，商君遭分尸，这是何故呢？因为大臣深患法术，民人恶恨治理。当今的大臣贪心，想私权扩张，民人习于乱法，以谋生计，甚于当时秦、楚二国。而人君更没有像悼王和孝公那样听用法术之言。

如此,讲求法术之士,怎能冒着吴起和商君的危险,去向人主讲明自己的法术呢? 这样,这个时代自然混乱,而霸王之业终不会实现了!

亡征

凡人主之国小而家大，权轻而臣重者，可亡也。简法禁而务谋虑，荒封内而恃交援者，可亡也。群臣为学，门子好辩，商贾外积，小民右仗者，可亡也。好宫室、台榭、陂池，事车服器玩好，罢露百姓，煎靡货财者，可亡也。用时日，事鬼神，信卜筮而好祭祀者，可亡也。听以爵，以待参验，用一人为门户者，可亡也。官职可以重求，爵禄可以货得者，可亡也。缓心而无成，柔茹而寡断，好恶无决，而无所定立者，可亡也。饕贪而无厌，近利而好得者，可亡也。喜淫刑而不周于法，好辩说而不求其用，滥于文丽，而不顾其功者，可亡也。浅薄而易见，漏泄而无藏，不能周密，而通群臣之语者，可亡也。很刚而不和，愎谏而好胜，不顾社稷，而轻为自信者，可亡也。恃交援而简近邻，怙强大之救，而侮所迫之国者，可亡也。羁旅侨士，重帑在外，上间谋计，下与民事者，可亡也。民信其相，下不能其上，主爱信之，而弗能废者，可亡也。境内之杰不事，而求封外之士，不以功伐课试，而好以名问举错，羁旅起贵，以陵故常者，可亡也。轻其嫡正，庶子称衡，太子未定，而主即世者，可亡也。大心而无悔，国乱而自多，不料境内之资，而易其邻敌者，可亡也。国小而不处卑，力少而不畏强，无礼而侮大邻，贪愎而拙交者，可亡也。太子已置，而娶于强敌，以为后妻，则太子危，如是，则群臣易虑，群臣易虑者，可亡也。怯慑而弱守，蚤见而心柔懦，知有谓可，断而弗敢行者，可亡也。出君在外而国更置，质太子未反，而君易子，如是则国携，国携者，可亡也。挫辱大臣，而狎其身，刑戮小民，而逆其使，怀怒思耻而专习，则贼生，贼生者，可亡也。大臣两重，父兄众强，内党外援以争事势者，可亡也。婢妾之言听，爱玩之智用，外内悲惋，而数行不法者，可亡也。简侮大臣，无礼父兄，劳苦百姓，杀戮不辜者，可亡也。好以智矫法，时以行集公，法禁变易，号令数下者，可亡也。无地固，城郭恶，无畜积，财物寡，无守战之备，而轻攻伐者，可亡也。种类不寿，主数即世，婴儿为君，大臣专制，树羁旅以为党，数割地以待交者，可亡也。太子尊显，徒属众强，多大国之交，而威势蚤具者，可亡也。变褊而心急，轻疾而易动发，心悁忿，而不訾前后者，可亡也。主多怒而好用兵，简本欲教，而轻战攻者，可亡也。贵臣相妒，大臣隆盛，外藉敌国，内困百姓，以攻怨仇，而人主弗诛者，可亡也。君不肖而侧室贤，太子轻而庶子伉，官吏弱而人民桀，如此则国躁，国躁者，可亡也。藏怒而弗发，悬罪而弗诛，使群臣阴憎而愈忧惧，而久未可知者，可亡也。出军命将太重，边地任守太尊，专制擅命，径为而无所请者，可亡也。后妻淫乱，主母畜秽，外内混通，男女无别，是谓两主，两主者，可亡也。后妻贱而婢妾贵，太子卑而庶子尊，相室轻而典谒重，如此，则内外乖，内外乖者，可亡也。大臣甚贵，偏党众强，壅塞主断，而重擅国者，可亡也。私门之官用，马府之世，乡曲之善举，官职之劳废，贵私行而贱公功者，可亡也。公家虚而大臣实，正户贫而寄寓富，耕战之士困，末作之民利者，可亡也。见大利而不趋，闻祸端而不备，浅薄于争守之事，而务以仁义自饰者，可亡也。不为人主之孝，而慕匹夫之孝，不顾社稷之利，而听主母之令，女子用国，刑余用事者，可亡也。辞辩而不法，心智而无术，主多能，而不以法度从事者，可亡也。亲臣进而故人退，不肖用事而贤良伏，无功贵而劳苦贱，如是则下怨，下怨者，可亡也。父兄大臣，禄秩过功，章服侵等，宫室供养太侈，而人主弗禁，则臣心无穷，臣心无穷者，可亡也。公婿公孙，与民同门，暴傲其邻者，可亡也。

亡征者，非曰必亡，言其可亡也。夫两尧不能相王，两桀不能相亡，亡王之机，必其治乱、其强弱相踦者也。木之折也必通蠹，墙之坏也必通隙。然木虽蠹，无疾风不折；墙虽隙，无大雨不坏。万乘之主，有能服术行法，以为亡征之君风雨者，其兼天下不难矣。

译解：

凡是人主的国小,而臣子的家反大,人主的权轻,而臣下的权反重,这样,国家是可以亡的。倘使法禁简易,而专致力于谋虑,命封疆以内的地荒废,只倚恃结交邻国为援助,这样,国家是可以亡的。群臣但顾讲学,门子(大夫的嫡子)竞喜辩说,商人私藏货财,以避捐税,人民穷苦困顿,这样,国家是可以亡的。喜欢宫室、台榭、陂池,考究车马、衣服、器用、玩好,疲敝百姓,滥用货财,这样,国家是可以亡的。占候时日,崇拜鬼神,迷信卜筮,喜欢祭祀,这样,国家是可以亡的。听信别人与否,但视其人爵位的高下而定,不参考众人的言论,只用一人处于重要的地位,这样,国家是可以亡的。官职可以因重臣求得,爵禄可以用货财买取,这样,国家是可以亡的。心志迁缓,一事无成,性情柔懦,不易决断,不能决定好恶,不能决定取舍,这样,国家是可以亡的。贪心不知足,见利就要取,这样,国家是可以亡的。滥施刑罚,不合法度,喜欢辩说而不求实用,醉心虚文,而不顾是否有功效,这样,国家是可以亡的。浅薄容易被人看出他的性情,泄漏机密,不能隐藏完密,把群臣说的话,给外人知道,这样,国家是可以亡的。性情刚强狠戾,待人不和睦,固执不听人言,又好胜,不顾国家,过于自信,这样,国家是可以亡的。但恃结交他国为援助,因此便简慢邻近的国家,但恃有强大的国援救,为此就侮慢迫近的国家,这样,国家是可以亡的。旅居的外侨,家资仍寄留在他本国,这种人若同在上位的规划计谋,和下面的人民接近,国家是可以亡的。佐理国政的若不为人民所相信,不受人民的爱戴,而人主仍爱信他,不能将他废去,这样,国家是可以亡的。不用本国内的杰出人士,而向国外去招求人才,课试取录,不按功绩而定,擢用罢免,只问其名望如何,旅居的客臣,突然贵重,遂侵及旧臣,这样,国家是可以亡的。命嫡子的地位轻,同庶子平等,太子尚不曾定,人主已经去世,这样,国家是可以亡的。妄自尊大,不知悔悟,国家日乱,仍自负有才能,不度量境内的实力,便藐视邻近的敌人,这样,国家是可以亡的。国虽然小,仍不肯抑低自己的地位,力量虽弱,仍不知畏惧强敌,对人无礼,侮慢强大的邻国,贪戾固执,不善结交邻国,这样,国家是可以亡的。太子已经立定,更向强敌之国娶女为后,太子就危险了,而群臣亦必生疑虑,这样,国家是可以亡的。性情怯懦柔弱,虽已早见祸端,但是因为心内柔懦,终不能禁止,虽断知某事可行,终不敢施行,这样,国家是可以亡的。国君出亡在外,国内更立君主,太子出质未归,国君另立太子,如此,国人必定疑贰,国人疑贰,国家就会亡了。挫辱大臣后,又和他们狎匿,刑戮小民后,又和他们亲近,人已怀怨恨在心,更专任他们,和他们亲近,如此,必有阴谋贼害人主的事,有人谋害人主,国家就要亡了。大臣都地位高贵,父兄都势力强盛,内结党羽,外立奥援,以争事势,这样,国家是可以亡的。听用婢妾的话,过度讲求娱乐玩好之事,内外的人都为之悲惋,而更常行不合理的事，这样，国家是可以亡的。对大臣侮慢，对父兄无礼，劳苦百姓，杀戮无辜，这样，国家是可以亡的。喜欢逞自己的智能，矫枉法度，又常常假公济私，法禁每有改变，法令数下不一，这样，国家是可以亡的。没有险要的地势，城郭又不坚固，没有积蓄，财物又少，没有战守的防备，又轻于用兵攻伐他国，这样，国家是可以亡的。国君的种族与寿命大半都短促，常常人主去世，婴孩为君，大臣专制，树立亲近的人，以为党与，又常割地与大国，恃他们为奥援，这样，国家是可以亡的。太子的地位若尊显，徒从极多，势力强盛，多恃结交大国，威势早已和人君相等，这样，国家是可以亡的。胸襟狭窄，性情急躁，轻浮易动，不能抑制，心中愤怒时，遂不顾前后一切，这样，国家是可以亡的。人主容易发怒，又好用兵，不务农练兵，而轻于攻战，这样，国家是可以亡的。贵戚互相妒忌，大臣势力太盛，外借敌国为援，内里困苦百姓，攻击私仇，而人主不能诛戮他们，这样，国家是可以亡的。人君无能，而他的父兄辈却甚贤能，太子的势位渐轻，而庶子却和太子"平等"，官吏懦弱，而人民却强狠，如此，国家必至骚扰混乱，国家如果骚扰混乱，就可以亡的。心中藏怒不发，人已定罪，又不立即诛戮，令群臣私下憎恨，而愈加忧惧，历时甚久，仍揣测不出究竟来，这样，国家是可以亡的。出师的将帅，威势太重，边疆的官守，地位太尊，专制用命，任意而行，不向国君请命，这样，国家是可以亡的。后妃淫乱，主母不贞，内外混通，男女无别，这就叫作"两主并立",国内两主并立,是可以亡的。后妃遭贱视,而婢妾反宠幸,太子被贬抑,而庶子反尊贵,相国权轻,典谒的势重,如此,则内外相违反,内外违反,国家是可以灭亡的。大臣贵重,他的党羽众强,壅蔽人主,使其不能自由决断,专权秉政,这样,国家是可以亡的。用大臣的私人为官,贬退幕府的子孙,为乡里称善的人就擢用,对于职守有功劳的,反遭废黜,尊重私行,贱视公功,这样,国家是可以亡的。公家空虚,大臣富足,正户(有正籍而不移徙的人民)穷困,侨民丰富,农民同战士困苦,商贾和工人反能获利,这样,国家是可以亡的。见有大利益,不知竞取,闻知有祸端,不肯防备,对于争守的事,知识极浅薄,却极喜用仁义之说,自为文饰,这样,国家是可以亡的。孝顺父母,不学人主的廓大处,而效庶人的琐小拘谨,不顾国家的利益,而听母后的命令,女子掌执政权,宦官治理国事,这样,国家是可以亡的。言辞会巧辩,而没有法度,心中有智谋,而没有学术,人主虽有才能,但是做事时不肯遵循法度,这样,国家是可以亡的。新的臣子进用,旧的臣子引退,无能的人用事,贤人反隐避,无功的贵显,劳苦的反卑贱,如此,下面的人必定怨恨,下面的人怨恨,国家是可以亡的。父兄和大臣的俸禄爵位,超过他功绩所当受的,衣服的制度不守等级,宫室供养太奢侈,而人主不加禁止,如此,臣子必至贪欲无厌,臣子如贪欲无厌,国家是可以亡的。人君的女婿,公族的子孙,若和民家互通嫁娶,对邻人暴傲骄横,这样,国家是可以亡的。

　　灭亡的征兆，并不是说必定要灭亡，乃是说可以灭亡。两个尧不能并王，两个桀谁也不能使谁灭亡，王和亡之机，必须两国治乱不同，强弱不等。木头若折断，必先有蠹虫；墙壁倒坏，必先有裂隙。但是木头虽经蛀坏，若不遇暴风，不会折断；墙壁虽有裂隙，若不遇大雨，终不会坏倒。万乘之国的君主，若有人能服用法术，去做将亡国的"风雨"，那他兼并天下，实在不是一件难事。

三守

　　人主有三守，三守完则国安身荣，三守不完则国危身殆。何谓三守？人臣有议当途之失、用事之过、举臣之情，人主不心藏，而漏之近习能人，使人臣之欲有言者，不敢不下适近习能人之心，而乃上以闻人主。然则端言直道之人不得见，而忠直日疏。爱人不独利也，待誉而后利之；憎人不独害也，待非而后害之；然则人主无威而重在左右矣。恶自治之劳惮，使群臣辐凑用事，因传柄移藉，使杀生之机、夺予之要在大臣，如是者侵。此谓三守不完。三守不完，则劫杀之征也。

　　凡劫有三：有明劫，有事劫，有刑劫。人臣有大臣之尊，外操国要以资群臣，使外内之事，非己不得行。虽有贤良，逆者必有祸，而顺者必有福。然则群臣直莫敢忠主忧国，以争社稷之利害。人主虽贤，不能独计，而人臣有不敢忠主，则国为亡国矣,此谓国无臣。国无臣者,岂郎中虚,而朝臣少哉?群臣持禄养交,行私道而不效公忠,此谓明劫。鬻宠擅权,矫外以胜内,险言祸福得失之形,以阿主之好恶。人主听之,卑身轻国以资之,事败与主分其祸,而功成则臣独专之。诸用事之人,壹心同辞,以语其美,则主言恶者必不信矣,此谓事劫。至于守司图圄,禁制刑罚,人臣擅之,此谓刑劫。三守不完,则三劫者起,三守完,则三劫者止,三劫止塞,则王矣。

译解:

　　人主有三件事须防守,这三件事若防守得完密,则国家安定,自己荣显,三件事若防守得不完密,则国家危险,并且自己也危险。哪三件事须提防的呢?第一,人臣中有评论在位大臣的过失,政治施设的不当,以及群臣的情况的,人主听了,不将此话藏在心中,而泄漏给亲近的私人,使人臣想进言的,不敢不迎合他们的心理,然后才得上闻于人君,所以言论正直的人不得见,而忠心正直的臣子日益疏远了!第二,喜欢某人,不能自己做主便赐他的爵禄,必须有旁人赞美此人,方才赐他爵禄;厌恶某人,不能自己做主罢斥他,必须有旁人毁谤他,然后才能罢斥他,这样,人主就失去威势,权柄落在左右的手中了！第三，厌恶自己治理国政辛苦，令群臣聚集，大家治理国政，因此权柄势力均移与臣子，生杀的权柄，赏罚的执行，均落在大臣的手中，人主反受臣子的侵凌了！这就是三件事防守得不完密。这三事防守得不完密，乃是人主受臣下威胁的预兆。

大凡威胁有三种：有明显的威胁，有政事的威胁，有刑罚的威胁。人臣地位既高，掌握国家的大权，群臣都望他帮助，内外的事非他不行。虽有贤良的臣子，违逆他的必遭祸，顺从他的定受福，如此，群臣都不敢忠心卫主爱国，维护社稷的安危；人主虽贤，不能单独筹划，而人臣又不敢忠心卫主，国家就要灭亡了！这就叫"国家没有臣子"。国家没有臣子，并非说郎中缺乏，朝臣稀少，乃是指群臣用俸禄去结交，行私道而不忠于国家，这叫作明显的威胁。转移人主的宠信，独掌大权，用外国的势力来向国内谋地位，妄说祸福得失的形势，以阿谀主上。人主听了，轻以国家为他的援助，事情若失败，他与人主分受祸患，事情若成功，他独自享受好处，一般用事的人，众口一词地说他好，有说他不好的，人主也不相信，这叫作政事的威胁。至于典守监牢，禁制刑罚，为人臣所擅有，这叫作刑罚的威胁。三件防守若不完密，三种威胁就来了，三件事若都防守得完密，三种威胁也就不会发生，三种威胁若无从发生，人主就可以成功王业了。

备内

人主之患，在于信人，信人则制于人。人臣之于其君，非有骨肉之亲也，缚于势，而不得不事也。故为人臣者，窥觇其君心也，无须臾之休，而人主怠傲处其上，此世所以有劫君弑主也。为人主而大信其子，则奸臣得乘于子，以成其私，故李兑傅赵王而饿主父；为人主而大信其妻，则奸臣得乘于妻，以成其私，故优施傅丽姬，杀申生而立奚齐。夫以妻之近，与子之亲，而犹不可信，则其余无可信者矣。

且万乘之主、千乘之君，后妃、夫人、适子为太子者，或有欲其君之蚤死者。何以知其然？夫妻者，非有骨肉之恩也，爱则亲，不爱则疏。语曰："其母好者其子抱。"然则其为之反也，其母恶者其子释。丈夫年五十而好色未解也，妇人年三十，而美色衰矣。以衰美之妇人，事好色之丈夫，则身死见疏贱，而子疑不为后，此后妃、夫人之所以冀其君之死者也。唯母为后而子为主，则令无不行，禁无不止，男女之乐，不减于先君，而擅万乘不疑，此鸩毒扼昧之所以用也。故《桃左春秋》曰："人主之疾死者，不能处半。"人主弗知则乱多资，故曰利君死者众，则人主危！故王良爱马，越王勾践爱人为战与驰，医善吮人之伤，含人之血，非骨肉之亲也，利所加也。故舆人成舆，则欲人之富贵；匠人成棺，则欲人之夭死也。非舆人仁而匠人贼也，人不贵则舆不售，人不死则棺不买，情非憎人也，利在人之死也。故后妃、夫人、太子之党成，而欲君之死也，君不死则势不重，情非憎君也，利在君之死也。故人主不可以不加心于利己死者！

故日月晕围于外，其贼在内，备其所憎，祸在所爱。是故明王不举不参之事，不食非常之食；远听而近视，以审内外之失；省同异之言，以知朋党之分；偶参伍之验，以责陈言之实；执后以应前，按法以治众，众端以参观。士无幸赏，无逾行，杀必当，罪不赦，则奸邪无所容其私。

徭役多则民苦，民苦则权势起，权势起则复除重，复除重则贵人富，苦民以富贵人，起势以藉人臣，非天下长利也。故曰：徭役少则民安，民安则下无重权，下无重权则权势灭，权势灭，则德在上矣。今夫水之胜火亦明矣，然而釜鬵间之，水煎沸，竭尽其上，而火得炽盛，焚其下，水失其所以胜者矣。今夫治之禁奸，又明于此，然守法之臣，为釜鬵之行，则法独明于胸中，而已失其所以禁奸者矣。上古之传言，《春秋》所记，犯法为逆，以成大奸者，未尝不从尊贵之臣也。然而法令之所以备，刑罚之所以诛，常于卑贱。是以其民绝望，无所告愬，大臣比周，蔽上为一，阴相善而阳相恶，以示无私，相为耳目，以候主隙。人主掩蔽，无道得闻，有主名而无实，臣专法而行之，周天子是也。偏借其权势，则上下易位矣。此言人臣之不可借权势也。

译解：

　　人主之患，在于过分信任人，过分信任人，就要为别人所挟制。人臣对于他们的国君，并无骨肉之亲，只因牵制于威势,不得不如此。人臣窥探国君的心,没有片刻的休止,而人主却怠惰傲慢,处于其上,所以世上有迫胁国君,谋害人主的事了。人主若太相信儿子,奸臣就会因他的儿子,完成他的私欲,所以李兑帮助赵王,饿死主父。人主若太相信妻子,奸臣就会因着他的妻子,满足他的私欲,所以优施帮助丽姬,杀死申生,更立奚齐为君。以妻和子这般亲近,尚且不可相信,其余的人更是不可信了。

并且万乘之国的人主和千乘之国的国君,他们的后妃、夫人和嫡子为太子的,甚至于有的想国君早死!何以见得呢?因为妻子与丈夫并没有骨肉之亲,相爱就亲近,不相爱就疏远。俗语曾说:"母亲见爱幸的,儿子就被抱在怀里。"反过来说,就是母亲遭厌恶,儿子就要被遗弃了。男子五十岁时,尚好色如故,妇人三十岁时,容貌就已经衰老了,以容貌衰老的妇人去事好色的丈夫,必至被疏远贱视,而她的儿子也就不得继位为君了,所以后妃夫人希望她们的国君早点死。惟有母亲做皇后,儿子做人主,才可以令无不行,禁无不止,一如己意,男女之乐,不减于先皇之时,万乘之国,更无疑的专为己有,所以鸩毒放在酒中、黑暗里绞缢等事,就发生了。《桃左春秋》上说:"人主生病死的,不及半数。"人主若不精明,祸乱的事就容易发生,所以说多少人都利在国君早死,人主就危险了!王良喜欢马,越王勾践喜欢人为之攻战驰驱,医生善于吮人的伤口,含人的血,并非因为有骨肉之亲,乃是因为利之所在,不得不如此。所以做车子生意的,将车子造好,就想人富贵,匠人将棺材造好,就想人家早死。这并非造车子的人仁爱,匠人残忍,因为人家若不富贵,车子就卖不掉,人家若不死,就没有人去买棺材,他们并非憎恨别人,乃是因为别人死了,他们方才有利益。与此同时,后妃、夫人和太子的党羽形成之时,他们就盼望着人主早点死,人主不死,他们的权势就不重。他们并非憎恨人主,而是人主死了,他们才会有利益。人主不可以不当心防范一班利在他速死的人!

譬如日月的外面周围生晕,毛病却在内里,人君但知谨备他所憎恶的人,而祸患反出自他所喜欢的人。所以明王不举不曾参考的事,不吃非常的食物,审听远方,视察左近,以知内外的得失,比较言语的异同,以知党派的区别,将众人的话比较考验,以求陈说的话忠实不虚诈。既用其言后,必视其功效是否与从前所说的话相符;按着法度,去治理众人,参观众事的端绪,不偏信一端。士人不得侥幸获赏,不得过分受赏,杀戮必当,有罪不赦,如此,奸邪就不能成功了。

役使人民过甚,人民就困苦,人民困苦,臣子就乘此攫取权势,臣子既获权势,免除人民的劳役,人民必定归服他,而他们的权势更重了。如此,贵人愈富足,苦民因富贵人起势,借假人臣为助,这不是天下的长久之利呢!所以说公家不常役使人民,人民就安定了,人民安居乐业,臣下就无从攫得重权,如此则权势消灭,而恩德归于主上了。现在譬如水能胜火,是很明显的事,但是水火之间,若有一层锅隔着,水在上面虽煮干了,而底下的火仍是强烈地烧着,水终不能胜过火了。现在国家禁止奸邪,法度明明能胜过奸邪,但是守法的臣子,他的行为有如锅釜,所以法度但明于胸中,已经失去它禁奸的效力了!根据上古传闻之言,和《春秋》上所记载的:犯法造反,以成大奸恶的,都是出自尊贵之臣。然而法令所防备的,刑罚所诛戮的,多半是地位卑低的人。因此人民绝望,无处申说;大臣结成党羽,一齐蒙蔽主上,私下里亲善,表面上却故作互相不睦,以示公正无私,串通一气,窥伺人主,候有间隙,即施其技。人主被掩蔽住,无从得知臣下的隐情,但有虚名,而无实际,臣下专法而行,周天子就是这种情形。权势一不集中,上下的位置就要调换了!

说林上

　　汤以伐桀,而恐天下言己为贪也,因乃让天下于务光。而恐务光之受之也,乃使人说务光曰:"汤杀君,而欲传恶声于子,故让天下于子。"务光因自投于河。

　　秦武王令甘茂择所欲为于仆与行事,孟卯曰:"公不如为仆。公所长者使也,公虽为仆,王犹使之于公也。公佩仆玺而为行事,是兼官也。"

　　子圉见孔子于商太宰,孔子出,子圉入,请问客。太宰曰:"吾已见孔子,则视子犹蚤虱之细者也。吾今见之于君。"子圉恐孔子贵于君也,因请太宰曰:"君已见孔子,亦将视子犹蚤虱也。"太宰因弗复见也。

　　魏惠王为臼里之盟,将复立于天子,彭喜谓郑君曰:"君勿听,大国恶有天子,小国利之。若君与大不听,魏焉能与小立之?"

　　晋人伐邢,齐桓公将救之,鲍叔曰:"太蚤!

邢不亡，晋不敝；晋不敝，齐不重。且夫恃危之功，不如存亡之德大。君不如晚救之以敝晋，齐实利。待邢亡而复存之，其名实美。"桓公乃弗救。

子胥出走，边候得之，子胥曰："上索我者，以我有美珠也。今我已亡之矣，我且曰：'子取吞之。'"候因释之。

庆封为乱于齐，而欲走越，其族人曰："晋近，奚不之晋？"庆封曰："越远，利以避难。"族人曰："变是心也，居晋而可。不变是心也，虽远越，其可以安乎！"

智伯索地于魏宣子，魏宣子弗予，任章曰："何故不予？"宣子曰："无故请地，故弗予。"任章曰："无故索地，邻国必恐；彼重欲无厌，天下必惧。君予之地，智伯必骄而轻敌，邻邦必惧而相亲。以相亲之兵，待轻敌之国，则智伯之命不长矣。《周书》曰：'将欲败之，必姑辅之；将欲取之，必姑予之。'君不如予之，以骄智伯。且君何释以天下图智氏，而独以吾国为智氏质乎？"君曰：

"善!"乃与之万户之邑。智伯大悦,因索地于赵,弗与,因围晋阳。韩、魏反之外,赵氏应之内,智氏自亡。

秦康公筑台三年,荆人起兵,将欲以兵攻齐,任妄曰:"饥召兵,疾召兵,劳召兵,乱召兵。君筑台三年,今荆人起兵,将攻齐,臣恐其攻齐为声,而以袭秦为实也,不如备之!"戍东边,荆人辍行。

齐攻宋,宋使臧孙子南求救于荆,荆大说,许救之,甚欢,臧孙子忧而反。其御曰:"索救而得,今子有忧色,何也?"臧孙子曰:"宋小而齐大,夫救小宋,而恶于大齐,此人之所以忧也。而荆王说,必以坚我也,我坚而齐敝,荆之所利也。"臧孙子乃归,齐人拔五城于宋,而荆救不至。

魏文侯借道于赵,而攻中山。赵肃侯将不许。赵刻曰:"君过矣! 魏攻中山而弗能取,则魏必罢,罢则魏轻,魏轻则赵重。魏拔中山,必不能越赵而有中山也,是用兵者魏也,而得地者赵也。君必许之,许之而大欢,彼将知君利之也,必将辍行。君不如借之道,示以不得已也。"

鸱夷子皮事田成子,田成子去齐,走而之燕,鸱夷子皮负传而从,至望邑,子皮曰:"子独不闻涸泽之蛇乎? 泽涸,蛇将徙,有小蛇谓大蛇曰:'子行而我随之,人以为蛇之行者耳,必有杀子,不如相衔,负我以行,人以我为神君也。'乃相衔负,以越公道,人皆避之曰:'神君也。'今子美而我恶,以子为我上客,千乘之君也;以子为我使者,万乘之卿也。子不如为我舍人。"田成子因负传,而随之至逆旅。逆旅之君待之甚敬,因献酒肉。

温人之周,周不纳客,问之曰:"客耶?"对曰:"主人。"问其巷人,而不知也,吏因囚之。君使人问之曰:"子非周人也,而自谓非客,何也?"对曰:"臣少也诵《诗》曰:'普天之下,莫非王土;率土之滨,莫非王臣。'今君天子,则我天子之臣也,岂有为人之臣,而又为之客哉? 故曰主人也。"君使出之。

韩宣王谓樛留曰:"吾欲两用公仲、公叔,其可乎?"对曰:"不可! 晋用六卿而国分,简公两用田成、阚止而简公杀,魏两用犀首、张仪而西河之外亡。今王两用之,其多力者树其党,寡力者借外权。群臣有内树党以骄主,有外为交以削地,则王之国危矣!"

绍绩昧醉寐而亡其裘,宋君曰:"醉是以亡裘乎?"对曰:"桀以醉之天下,而《康诰》曰:'毋彝酒。'彝酒,常酒也。常酒者,天子失天下,匹夫失其身。"

管仲、隰朋从于桓公而伐孤竹,春往冬反,迷惑失道,管仲曰:"老马之智可用也。"乃放老马而随之,遂得道。行山中无水,隰朋曰:"蚁冬居山之阳,夏居山之阴,蚁壤一寸而仞有水。"乃掘地,遂得水。以管仲之圣,而隰朋之智,至其所不知,不难师于老马与蚁。今人不知,以其愚心,而师圣人之智,不亦过乎!

有献不死之药于荆王者,谒者操之以入,中射之士问曰:"可食乎?"曰:"可!"因夺而食之,王大怒,使人杀中射之士。中射之士使人说王曰:"臣问谒者曰:'可食'。臣故食之,是臣无罪,而罪在谒者也。且客献不死之药，臣食之而王杀臣，是死药也，是客欺王也。夫杀无罪之臣，而明人之欺王也，不如释臣。"王乃不杀。

田驷欺邹君，邹君将使人杀之。田驷恐，告惠子，惠子见邹君曰："今有人见君，则睒其一目，奚如？"君曰："我必杀之。"惠子曰："瞽两目睒，君奚为不杀？"君曰："不能勿睒。"惠子曰："田驷东慢齐侯，南欺荆王，驷之于欺人，瞽也，君奚怨焉？"邹君乃不杀。

鲁穆公使众公子或宦于晋，或宦于荆。犁锄曰："假人于越，而救溺子，越人虽善游，子必不生矣。失火而取水于海，海水虽多，火必不灭矣，远水不救近火也。今晋与荆虽强，而齐近，鲁患其不救乎？"

严遂不善周君，患之，冯沮曰："严遂相，而韩傀贵于君，不如行贼于韩傀，则君必以为严氏也。"

张谴相韩，病将死，公乘无正怀三十金而问其疾。居一月，君问张谴曰："若子死，将谁使代子?"答曰:"无正重法而畏上,虽然,不如公子食我之得民也。"张谴死,因相公乘无正。

乐羊为魏将而攻中山,其子在中山,中山之君烹其子而遗之羹,乐羊坐于幕下而啜之,尽一杯。文侯谓堵师赞曰:"乐羊以我故,而食其子之肉。"答曰:"其子而食之,且谁不食?"乐羊罢中山,文侯赏其功而疑其心。孟孙猎得麑,使秦西巴载之持归,其母随之而啼,秦西巴弗忍而与之。孟孙归,至而求麑,答曰:"余弗忍而与其母。"孟孙大怒,逐之,居三月,复召以为其子傅。其御曰:"曩将罪之,今召以为子傅,何也?"孟孙曰:"夫不忍麑,又且忍吾子乎?"故曰:巧诈不如拙诚。乐羊以有功见疑,秦西巴以有罪益信。

曾从子,善相剑者也。卫君怨吴王,曾从子曰:"吴王好剑,臣相剑者也,臣请为吴王相剑,拔而示之。因为君刺之。"卫君曰:"子为之是也,非缘义也,为利也。吴强而富,卫弱而贫,子必往,吾恐子为吴王用之于我也。"乃逐之。

纣为象箸而箕子怖,以为象箸必不盛羹于土

餐，则必犀玉之杯，玉杯象箸必不盛菽藿，则必旄象豹胎；旄象豹胎，必不衣短褐，而舍茅茨之下，则必锦衣九重，高台广室也。称此以求，则天下不足矣。圣人见微以知萌，见端以知末，故见象箸而怖，知天下不足也。

周公旦已胜殷，将攻商、盖，辛公甲曰："大难攻，小易服，不如服众小以劫大。"乃攻九夷，而商、盖服矣。

纣为长夜之饮，惧以失日，问其左右，尽不知也。乃使人问箕子，箕子谓其徒曰："为天下主，而一国皆失日，天下其危矣！一国皆不知，而我独知之。吾其危矣！"辞以醉而不知。

鲁人身善织屦，妻善织缟，而欲徙于越。或谓之曰："子必穷矣。"鲁人曰："何也？"曰："屦为履之也，而越人跣行；缟为冠之也，而越人被发。以子之所长，游于不用之国，欲使无穷，其可得乎？"

陈轸贵于魏王，惠子曰："必善事左右！夫杨，横树之即生，倒树之即生，折而树之又生。然使十人树之而一人拔之，则毋生杨。至以十人之众，树易生之物，而不胜一人者，何也？树之难，而去之易也。子虽工自树于王，而欲去子者众，子必危矣！"

鲁季孙新弑其君，吴起仕焉。或谓起曰："夫死者，始死而血，已血而衄，已衄而灰，已灰而土，及其土也，无可为者矣。今季孙乃始血，其毋乃未可知也！"吴起因去之晋。

隰斯弥见田成子，田成子与登台四望，三面皆畅。南望，隰子家之树蔽之，田成子亦不言。隰子归，使人伐之，斧离数创，隰子止之。其相室曰："何变之数也？"隰子曰："古者有谚曰：'知渊中之鱼者不祥。'夫田子将有大事，而我示之知微，我必危矣！不伐树未有罪也，知人之所不言，其罪大矣！乃不伐也。"

杨子过于宋东，之逆旅，有妾二人，其恶者贵，美者贱。杨子问其故，逆旅之父答曰："美者自美，吾不知其美也；恶者自恶，吾不知其恶也。"杨子谓弟子曰："行贤而去自贤之心，焉往而不美!"

卫人嫁其子而教之曰:"必私积聚!为人妇而出,常也。其成居,幸也。"其子因私积聚,其姑以为多私而出之。其子所以反者,倍其所以嫁。其父不自罪于教子非也,而自知其益富。今人臣之处官者,皆是类也。

鲁丹三说中山之君而不受也,因散五十金,事其左右,复见,未语,而君与之食。鲁丹出而不反舍,遂去中山。其御曰:"反见乃始善我,何故去之?"鲁丹曰:"夫以人言善我,必以人言罪我。"未出境而公子恶之,曰:"为赵来间。"中山君因索而罪之。

田伯鼎好士而存其君,白公好士而乱荆,其好士则同,其所以为则异。公孙友自刖而尊百里,竖刁自宫而谄桓公,其自刑则同,其所自刑之为则异。慧子曰:"狂者东走,逐者亦东走,其东走则同,其所以东走之为则异。故曰:同事之人,不可不审察也。"

译解：

汤既灭了夏,恐天下人说他贪,乃预备将天下让给务光,又恐务光真的接受了,乃叫人向务光说:"汤杀了国君,想将罪名加在你的身上,所以将天下让给你!"务光听了,便投河而死。

秦武王令甘茂在仆和行(仆和行都是官名)中,拣一事做。孟卯因向甘茂道:"你不如为仆,做行是你所擅长的。你虽然任了仆的官职,王仍要令你办行的事。你佩着仆的印,而做行的事,这不是兼有两个官职了吗?"

子圉引孔子去见商太宰。孔子既出,子圉进去,问适才见的客人(孔子)如何。太宰道:"我既见过孔子,再看你,就和最小的蚤虱一般。我现在就要引孔子去见国君。"子圉恐怕孔子为国君重用,乃对太宰说:"国君若见过孔子,也要把你看作蚤虱一般了!"太宰就不再引孔子去见国君。

魏惠王召集诸侯,在臼里会盟,预备兴复天子。彭喜对郑君说:"你不要听! 大国恶恨有天子,小国贪图有天子。你若参与大国,不赞助这事,魏怎能和小国共立天子呢?"

晋人攻打邢国,齐桓公将要救邢。鲍叔道:"太早了! 邢不曾亡,晋不曾疲敝,齐国的地位是不重要的。而且援救危险国家的功劳,不如复兴已亡的国家德惠大,君不如稍迟救邢,让晋国疲敝,我们可以获利。等邢亡后,再更使它兴起,我们的名声也好听。"桓公乃不去救邢。

伍子胥出走,边界的官将他捉获。子胥道:"国君要捉我,因为我有颗好珠子,现在我已失去了,我要向国君说,是你取去吞了。"吏人乃将他释放。

庆封在齐国作乱,失败后,预备逃往越国。族人道:"晋国近,何不往晋国去呢?"庆封道:"越国远,利于避难。"旅人说:"若改变了这心思,虽住在晋国,亦无妨碍;若不变更这心思,虽远投越国,就可以安全了吗?"

智伯向魏宣子要求割让土地,魏宣子不给。任章问:"为何不给他?"宣子道:"无故来要地,所以不给他。"任章道:"无故问人家要土地,邻国必定恐惧;屡要而不知足,天下必定恐惧。君割让土地给他,他必骄傲轻敌,邻国必定戒惧,互相团结。以互相团结的兵,对待轻视敌人的国,那智伯的命运就不会长了。《周书》上说:'将要挫败他,必须姑且辅助他;将要夺取他,必须姑且分给他。'君不如给他土地,使他骄傲。并且君何不与天下共图智氏,而独以我国为智氏攻击的目标呢?"宣子说:"对!"乃割让住有居民万家的城邑给智伯。智伯大喜,又向赵国索地,赵国不肯给,智伯乃兴兵围晋阳。韩和魏在外面背叛,赵国在内里接应,智氏遂亡。

秦康公令人造台,历时三年,荆人起兵,说是要去攻打齐国。任妄道:"国家逢着荒年,容易招兵祸,疫疠也招兵祸,困顿也易招兵祸,内乱也会招兵祸。君造台已三年,现在荆人起兵,要攻打齐国,臣恐他虚张声势,说去攻打齐国,而实际是来袭击秦国呢,不如加以防备。"乃遣兵戍守东面的边界,荆人遂停止进兵。

齐国攻打宋国,宋国差臧孙子南面去向楚国求救,楚王闻听大喜,极力答应救宋。臧孙子回国时,表示忧愁,驾车的问道:"求救既已成功,现在你反有忧愁之色,是何缘故呢?"臧孙子道:"宋国小而齐国大,救助小的宋国,而得罪大的齐国,这是人应当忧虑的。然而楚王听了反高兴,必定是想我国坚守,我国坚守,齐国疲敝,这是楚国的利益。"臧孙子既回宋国,齐人攻破宋国五个城,楚国的救兵依然不到。

魏文侯要攻打中山,向赵国借路进兵。赵肃侯预备不答应。赵刻道:"君错了!魏攻打中山,若不能攻下,魏国必定困顿,既困顿,势力便轻了,魏国的势力既轻,赵国的势力就重了。魏若攻下中山,必不能越过赵国,而据有中山,所以实际上,用兵的是魏国,得到土地的是赵国。君若极力地答应他,他就要知道君利用他了,必至停止攻中山。君不如借路给他,同时表示是不得已而为的。"

鸱夷子皮侍奉田成子,田成子离开齐国,逃住燕国,鸱夷子皮乘一小车随行,行至望邑,子皮对田成子说:"你不曾听过水泽干涸处的蛇的故事吗?水泽干涸了,蛇预备迁移,有条小蛇向大蛇道:'你在前行,我随着你走,人见了以为不过是条蛇,必有人要杀害你的。你不如衔着我而行,人必定以为我是神君了。'于是乃衔着他,越过大路而行,人见了都避开,说:

'这是神君！'现在你比我地位高，你若做我的上客，你不过是一个千乘的国君，你若做我的使者，那是万乘的卿相。你不如做我的舍人。"田成子因而乘一小车跟随子皮到达旅舍，旅舍的主人对他们很恭敬，并献酒肉款待。

温地的人到周去，周不容纳他，问他道："是客人吗？"答道："是主人。"问他住的巷名，他又不知道，官吏乃将他囚禁起来。周君使人问他道："你既非周人，而自称不是客人，是何缘故呢？"对道："臣年少时读诗，见《诗》上说：'普天底下，没有不是王的土地；直到地的边际，没有不是王的臣子。'现在君是天子，我就是天子的臣子了。岂有既为人的臣子，又做人的客的呢？所以说是主人。"君乃令将他释放。

韩宣王对樛留说："我想兼用公仲和公叔，可以吗？"对道："不可以！晋国用六卿，而国分裂；齐简公兼用田成和阚止，而被杀害；魏国兼用犀首和张仪，而西河之外的土地丧失。现在王若兼用二人，此二人的力量若强，必树立党徒；力量若弱，必借重敌国的势力。群臣中若有人在国内树立党徒，对主上骄横不法，向国外结交，希望分得土地，王的国就危险了。"

绍绩昧酒醉睡着了，将皮衣失去。宋君说："酒醉了，就会失去皮衣吗？"对道："桀以酒醉失去天下，而《康诰》说：'不要彝酒。''彝酒'就是常常饮酒，若常饮酒，天子会丧失他的天下，匹夫会丧失他的身体！"

管仲和隰朋跟随齐桓公去打孤竹，春天去的，秋天回来时，迷失道路。管仲说："可以利用老马的记忆力。"乃放老马前行，随着他们走，遂找着路径。走到山中缺乏水，隰朋说："蚂蚁冬天住在山的南面，夏天登在山的北面，蚂蚁登的地方，掘下寸余即有水。"乃依法掘之，果然得水。以管仲之圣明，隰朋之智慧，至于他们所不知道的，他们尚不惜取法老马和蚂蚁，当今的人不知道自己愚笨，却去取法圣人的智慧，不是错误吗？

有人献长生不死的药给荆王，谒者拿了进去。中级的箭手见了问道："可以吃的吗？"谒者道："可以的！"便夺去吃了。王大怒，叫人把中级的弓箭手杀了。中级的弓箭手请人对王说："臣问谒者时，谒者说'可以吃'，臣才吃的。这样，臣并没有罪，而罪过实由于谒者。而且客献的是长生不死的药，臣吃了，而王杀臣，这不成了'死药'吗？客人乃是欺骗王的了。杀无罪的臣子，而证明人欺骗王，不如将臣释放了吧！"王乃不杀他。

田驷欺骗邹君，邹君将要使人去杀死他。田驷恐惧，将此事往告惠子。惠子去见邹君道："现在假如有人见君时，闭着一只眼睛，君预备怎样呢？"邹君道："我必定要杀死他！"惠子道："瞎子两只眼睛都闭着，君为何不杀他呢？"邹君道："他不能不闭着呀。"惠子道："田驷东面欺骗齐侯，南面欺骗荆王，驷以欺人为常，就同瞎子常闭着眼睛一样，君何必怪他呢？"邹君乃不杀田驷。

鲁穆公使众公子,有的在晋国做官,有的在楚国做官。犁鉏道:"往越国去请人来救淹在水内的孩子,越人虽善于游泳,孩子却不得活了。失火而取水于海,海水虽然多,火必不能扑灭了,远水不能救近火。当今晋和楚虽然强大,而齐国离鲁近,鲁国的患难,恐怕来不及救了吧。"

严遂和周君有隙,周君恶嫌他,冯沮道:"严遂若为相国,韩傀必为君重用,不如刺杀韩傀,君必定以为是严遂主使的了。"

张谴为韩相国,病重要死时,公乘无正携带三十金去探视他。过了一月,韩侯亲自去问张谴道:"倘使你死后,将使谁替代你呢?"答道:"公乘无正守法而敬上,但是,不如公子食我之得民心。"张谴既死,韩侯遂以公乘无正为相国。

乐羊为魏将,去攻打中山,他的儿子那时在中山,中山的国君乃将他的儿子煮死,制成了肉羹,送给乐羊,乐羊坐在帐幕下吃,将一杯都吃完了。魏文侯对堵师赞说:"乐羊因为我的缘故,而吃他儿子的肉。"堵师赞道:"连他的儿子他都吃,谁他又不吃呢?"乐羊从中山回来,文侯奖赏他的功绩,但是从此疑心他了。孟孙打猎,获得一头小鹿,乃令秦西巴带了回去,老母鹿跟随着悲啼,秦西巴不忍,将小鹿放还给它。孟孙回去后要小鹿,秦西巴说:"我不忍心,还给它的母兽了。"孟孙大怒,将西巴赶走。过了三个月,又召他回来当他儿子的师傅。驾车子的问:"之前认为他有罪过,现在又召他做儿子的师傅,这是为什么?"孟孙说:"他连小鹿都不忍心伤害,又怎么会伤害我的儿子呢?"所以说,巧诈不如拙诚,乐羊因为有功劳而被怀疑,秦西巴因为有过错反而得到信任。

曾从子善于鉴别剑,卫君怨恨吴王,曾从子道:"吴王爱剑,臣是鉴别剑的,臣请去替吴王鉴别剑的优劣,拔剑给他看时,乘机替君将他刺杀。"卫君道:"你想做这事,不是由于侠义,乃是贪利。吴国强大富足,卫国弱小贫穷,你果然去往吴国,我恐怕你被吴王用来刺我呢!"乃将他赶走。

纣制象牙的筷子,而箕子恐怖。以为他既用象牙的筷子,就不肯将菜肴盛在土制的器皿内,必要犀角美玉制的杯子;既用玉杯和象牙筷,必不肯盛豆藿,定要盛牛象豹胎等精制的食品;既食牛象豹胎,必不肯穿短衣服住在茅草屋里,必定要穿锦衣九重,处于高台大厦内。照这样做去,天下都不能令他满足了。圣人但见事情极微小的,就知道某事将发生,但见事情的端绪,便可以知道它的结果。所以看见象牙的筷子而恐怖,知道天下不足满其欲望。

周公旦既战胜殷,将要去攻打商盖。辛公甲道:"大的难以攻下,小的容易收服。不如收服一班小国,以胁服大国。"乃攻打九夷,而商盖亦降服。

纣整夜饮酒作乐,欢乐忘了日期,问左右的人,都不知道,乃使人去问箕子。箕子向他的门徒说道:"为天下之主,而一国都忘了日期,天下危险了! 一国的人都不知道,独有我知道,我就危险了!"向使者推辞喝醉了,不知道。

鲁国有个人善于织鞋子,他的妻子善于织素绢的冠帽,预备搬往越国去住。有人对他说:"你必定要穷了!"鲁人道:"为何呢?"说道:"鞋子是脚穿着走的,但是越人赤着脚走路;素绢的冠帽是戴的,但是越人披散头发,不戴冠帽。以你所擅长的,游于不用的国内,想不穷困,成吗?"

陈轸为魏王所重用,惠子道:"你必须好好地结纳王左右亲近的人! 譬此杨树,横种也活,倒种也活,折断了种,也可以活。但是使十个人去种杨树,一个人去拔,就没有活杨树了。以十个人之多,去种容易活的树,然而不能胜过一个人,这是什么缘故呢? 种植较难,而拔去极容易啊! 现在你虽然会将你树立在王的面前,但是想去掉你的人很多,如此,你必定危险了!"

鲁季孙亲杀了鲁君,吴起往鲁国去做官。有人对吴起说道:"人初死后,血液尽竭,血液既尽,皮肉方枯缩,皮肉即枯缩,然后化为灰尘,化为灰尘,然后变成粪土,等到变成粪土,就不能再作祟了。现在季孙方才使死人血液尽竭,结果尚不知如何呢!"吴起乃离开鲁国,而到晋国去。

隰斯弥会见田成子,田成子和他登台四面眺望,三面都空旷,朝南望时,见隰斯弥家的树遮蔽住了,田成子也不曾说出。隰斯弥既归,使人将树砍去,斧头才砍了几下,斯弥又叫停住。管家的问道:"怎么改变得这么快呢?"隰斯弥道:"古人有句成语道:'看清渊中鱼的不祥!'田子想举大事,而我明示他我晓得事情的几微,我必定危险了!不砍去树没有罪过,知道人不曾说出的心思,这罪过就大了!所以不再去砍这树。"

杨子(即杨朱)走过宋国东境的旅舍中,旅舍主人有两个妾,主人喜欢丑陋的,不喜欢貌美的。杨子问是什么缘故,旅舍主人道:"那个美丽的,自以为美丽而骄傲,可是我并不知道她美在何处;那个丑陋的,自以为丑陋而恭顺,可是我却不知她的丑陋。"杨子乃向学生们道:"学生记着,行为良好,再去掉自己矜恃的心,何往而不受人爱重呢?"

卫国有个人,嫁女儿时,教她道:"必须私自积蓄!做人妻子的,被人家休出,乃是常事;至于同居到老,那实在是幸事。"他的女儿因私自积蓄,婆婆以为她多聚私财,将她休了。女儿带回来的积蓄,要比她的嫁妆多一倍。父亲不责备自家教错了女儿,反得意自己的聪明,以为更较从前富足了。现在一班人臣行事,都是这一类。

鲁丹三次去向中山君献计,都不接受,乃散五十金,分给君的左右亲近的人,更去进见,尚不曾开口,中山君就赐他饮食。鲁丹出来后,不回到旅舍,就离开中山。驾车子的道:"见到国君,方觉得我们好,为何要走呢?"鲁丹说:"因旁人的话而觉得我好的,必定会因旁人的话而罪我。"鲁丹尚不曾出国境,而一班公子恶嫌他的都说:"他必是替赵国来刺探的!"中山君乃令搜捕鲁丹,办他的罪。

　　田伯鼎好养士,而保全了他的国君;白公好养士,而扰乱楚国,喜欢养士是相同的,但是养士的用意就两样了。公孙友砍断自己的腿去提拔百里奚,竖刁自己情愿受宫刑,去谄媚齐桓公。毁残自己的身体是相同的,但是毁残自己身体的用意就两样了。惠子说:"狂人朝东跑,追的人也向东跑。同是朝东跑,但是向东跑的用意不同。"所以说看人同做一样事时,不可不加以审察。

说林下

　　伯乐教二人相踶马,相与之简子厩观马。一人举踶马,其一人从后而循之,三抚其尻而马不踶,此自以为失相。其一人:"子非失相也。此其为马也,踒肩而肿膝。夫踶马也者,举后而任前,肿膝不可任也,故后不举。子巧于相踶马,而拙于任肿膝。"夫事有所必归,而以有所。肿膝而不任,智者之所独知也。惠子曰:"置猿于柙中,则与豚同。"故势不便,非所以逞能也。

　　卫将军文子见曾子。曾子不起,而延于坐席,正身于奥。文子谓其御曰:"曾子愚人也哉!以我为君子也,君子安可毋敬也?以我为暴人也,暴人安可侮也?曾子不戮,命也。"

　　鸟有翢翢者,重首而屈尾,将欲饮于河,则必颠,乃衔其羽而饮之。人之所有饮不足者,不可不索其羽也。

　　鳝似蛇,蚕似蠋,人见蛇则惊骇,见蠋则毛

起。渔者持鳝,妇人拾蚕,利之所在,皆为贲、诸。

伯乐教其所憎者相千里之马,教其所爱者相驽马。千里之马时一,其利缓;驽马日售,其利急。此《周书》所谓"下言而上用者惑也"。

桓赫曰:"刻削之道,鼻莫如大,目莫如小。鼻大可小,小不可大也。目小可大,大不可小也。"举事亦然,为其不可复者也,则事寡败矣。

崇侯、恶来知不适纣之诛也,而不见武王之灭之也。比干、子胥,知其君之必亡也,而不知身之死也。故曰:"崇侯、恶来,知心而不知事;比干、子胥,知事而不知心。"圣人其备矣。

宋太宰贵而主断。季子将见宋君,梁子闻之曰:"语必可与太宰三坐乎,不然,将不免。"季子因说以贵主而轻国。

杨朱之弟杨布,衣素衣而出,天雨,解素衣,衣缁衣而反。其狗不知而吠之,杨布怒,将击之。杨朱曰:"子毋击也,子亦犹是。曩者使女狗白而往,黑而来,子岂能毋怪哉?"

惠子曰:"羿执鞅持扞,操弓关机,越人争为持的;弱子扞弓,慈母入室闭户。故曰:可必,则越人不疑羿;不可必,则慈母逃弱子!"

桓公问管仲:"富有涯乎?"答曰:"水之以涯,其无水者也。富之以涯,其富已足者也。人不能自止于足,而亡其富之涯乎!"

宋之富贵有监止子者,与人争买百金之璞玉,因佯失而毁之,负其百金,而理其毁瑕,得千溢焉。事有举之而有败,而贤其毋举之者,负之时也。

有欲以御见荆王者,众驺妒之,因曰:"臣能撽鹿。"见王,王为御,不及鹿,自御及之。王善其御也,乃言众驺妒之。

荆令公子将伐陈,丈人送之曰:"晋强,不可不慎也!"公子曰:"丈人奚忧? 吾为丈人破晋。"丈人曰:"可! 吾方庐陈南门之外。"公子曰:"是何也?"曰:"我笑勾践也,为人之如是其易也,已独何为密密十年难乎?"

尧以天下让许由。许由逃之,舍于家人。家人藏其皮冠。夫弃天下而家人藏其皮冠,是不知许由者也。

三虱食彘，相与讼，一虱过之，曰："讼者奚说？"三虱曰："争肥饶之地。"一虱曰："若亦不患腊之至而茅之燥耳，若又奚患？"于是乃相与聚嘬其母而食之。彘臞，人乃弗杀。

虫有蚘者，一身两口，争食相龁也，遂相杀，因自杀。人臣之争事而亡其国者，皆蚘类也。

宫有垩，器有涤，则洁矣。行身亦然，无涤垩之地，则寡非矣。

公子纠将为乱，桓公使使者视之，使者报曰："笑不乐，视不见，必为乱。"乃使鲁人杀之。

公孙弘断发而为越王骑，公孙喜使人绝之曰："吾不与子为昆弟矣。"公孙弘曰："我断发，子断颈，而为人用兵，我将谓之何？"周南之战，公孙喜死焉。

有与悍者邻，欲卖宅而避之。人曰："是其贯将满也，子姑待之！"答曰："吾恐其以我满贯也。"遂去，故曰："物之几者，非所靡也。"

孔子谓弟子曰："孰能导子西之钓名也？"子

贡曰:"赐也能。"乃导之,不复疑也。子西曰:"宽哉,不被于利,絜哉,民性有恒。曲为曲,直为直。"孔子曰:"子西不免。"白公之难,子西死焉。故曰:"直于行者,曲于欲。"

晋中行文子出亡,过于县邑。从者曰:"此啬夫,公之故人。公奚不休舍,且待后车?"文子曰:"吾尝好音,此人遗我鸣琴;吾好佩,此人遗我玉环,是振我过者也,以求容于我者,吾恐其以我求容于人也。"乃去之。果收文子后车二乘,而献之其君矣。

周趮谓宫他曰:"为我谓齐王曰:'以齐资我于魏,请以魏事王。'"宫他曰:"不可!是示之无魏也。齐王必不资于无魏者,而以怨有魏者。公不如曰:'以王之所欲,臣请以魏听王。'齐王必以公为有魏也,必因公。是公有齐也,因以有齐、魏矣。"

白圭谓宋令尹曰:"君长自知政,公无事矣。今君少主也,而务名,不如令荆贺君之孝也,则君不夺公位,而大敬重公,则公常用宋矣。"

管仲、鲍叔相谓曰："君乱甚矣,必失国。齐国之诸公子,其可辅者,非公子纠,则小白也,与子人事一人焉,先达者相收。"管仲乃从公子纠,鲍叔从小白。国人果弑君。小白先入为君。鲁人拘管仲而效之,鲍叔言而相之。故谚曰:"巫咸虽善祝,不能自祓也;秦医虽善除,不能自弹也。"以管仲之圣,而待鲍叔之助,此鄙谚所谓"虏自卖裘而不售,士自誉辩而不信"者也。

荆王伐吴,吴使沮卫、蹶融犒于荆师,而将军曰:"缚之! 杀以衅鼓。"问之曰:"汝来卜乎?"答曰:"卜。""卜吉乎?"曰:"吉。"荆人曰:"今荆将与女衅鼓,其何也?"答曰:"是故其所以吉也。吴使人来也,固视将军怒。将军怒,将深沟高垒,将军不怒,将懈怠。今也将军杀臣,则吴必警守矣。且国之卜,非为一臣卜。夫杀一臣而存一国,其不言吉,何也? 且死者无知,则以臣衅鼓,无益也;死者有知也,臣将当战之时,臣使鼓不鸣。"荆人因不杀也。

知伯将伐仇由,而道难不通,乃铸大钟遗仇

由之君。仇由之君大说,除道将内之。赤章曼枝曰:"不可! 此小之所以事大也,而今也大以来,卒必随之,不可内也。"仇由之君不听,遂内之。赤章曼枝因断毂而驱,至于齐,七月而仇由亡矣。

越已胜吴,又索卒于荆,而攻晋。左史倚相谓荆王曰:"夫越破吴,豪士死,锐卒尽,大甲伤,今又索卒以攻晋,示我不病也,不如起师与分吴。"荆王曰:"善!"因起师而从越。越王怒,将击之,大夫种曰:"不可! 吾豪士尽,大甲伤,我与战,必不克,不如赂之。"乃割露山之阴五百里以赂之。

荆伐陈,吴救之,军间三十里,雨十日。夜星,左史倚相谓子期曰:"雨十日,甲辑而兵聚,吴人必至,不如备之。"乃为陈。陈未成也,而吴人至,见荆陈而反。左史曰:"吴反复六十里,其君子必休,小人必食,我行三十里击之,必可败也。"乃从之,遂破吴军。

韩、赵相与为难,韩子索兵于魏,曰:"愿借师以伐赵。"魏文侯曰:"寡人与赵兄弟,不可以从。"

赵又索兵攻韩。文侯曰:"寡人与韩兄弟,不敢从。"二国不得兵,怒而反,已乃知文侯以讲于已,乃皆朝魏。

齐伐鲁,索谗鼎,鲁以其赝往,齐人曰:"赝也。"鲁人曰:"真也。"齐曰:"使乐正子春来,吾将听子。"鲁君请乐正子春。乐正子春曰:"胡不以其真往也?"君曰:"我爱之。"答曰:"臣亦爱臣之信。"

韩咎立为君,未定也,弟在周,周欲重之,而恐韩咎不立也。綦毋恢曰:"不若以车百乘送之,得立,因曰'为戒',不立,则曰'来效贼'也。"

靖郭君将城薛,客多以谏者。靖郭君谓谒者曰:"毋为客通!"齐人有请见者曰:"臣请三言而已,过三言,臣请烹。"靖郭君因见之。客趋进曰:"海大鱼!"因反走。靖郭君曰:"请闻其说。"客曰:"臣不敢以死为戏。"靖郭君曰:"愿为寡人言之!"答曰:"君闻大鱼乎?网不能止,缴不能绁也。荡而失水,蝼蚁得意焉。今夫齐,亦君之海也,君长有齐,奚以薛为?君失齐,虽隆薛城至于天，犹无益也。"靖郭君曰："善！"乃辍，不城薛。

荆王弟在秦，秦不出也。中射之士曰："资臣百金，臣能出之。"因载百金之晋，见叔向曰："荆王弟在秦，秦不出也。请以百金委叔向。"叔向受金，而以见之晋平公曰："可以城壶丘矣。"平公曰："何也？"对曰："荆王弟在秦，秦不出也。是秦恶荆也，必不敢禁我城壶丘。若禁之，我曰：'为我出荆王之弟，吾不城也。'彼如出之，可以得荆；彼不出，是卒恶也，必不敢禁我城壶丘矣。"公曰："善！"乃城壶丘，谓秦公曰："为我出荆王之弟，吾不城也。"秦因出之，荆王大说，以炼金百镒遗晋。

阖庐攻郢，战三胜，问子胥曰："可以退乎？"子胥对曰："溺人者，一饮而止，则无逆者，以其不休也。不如乘之以沉之。"

郑人有一子将宦，谓其家曰："必筑坏墙，是不善人将窃。"其巷人亦云。不时筑，而人果窃之，以其子为智，以巷人告者为盗。

译解：

伯乐教二人鉴别爱踢人的马，二人乃往赵简子的马房内去看马。一人举出一匹马来,以为是爱踢人的,另一人从后面顺着抚摩此马的尻部,摩了三次,而马并不踢他。相马的自以为看差了,此人道:"你并不曾看差,这匹马正是爱踢人的马,但是它的项下受伤,膝盖肿了,马踢人时,须举起后蹄,立起前蹄。膝盖既肿,就站不住,所以后面不能举起。你巧于鉴别踢人的马,但是尚不精于看肿的膝盖。"膝盖肿了,不能前足站立,只有聪明人才晓得。惠子说:"将猴子关在笼子里,就和小猪一样了。"所以形势不便时,就不能逞能。

卫将军文子去见曾子,曾子不起来,请他到坐席间相见,自己对着室中的西南角。文子后来对他驾车的说道:"曾子实在是一个蠢人,假使以我为君子,君子怎能不加以敬重呢?若以我是暴戾的人,暴戾的人怎可以侮辱呢?曾子可谓不知命的了。"

鳝鱼像蛇,蚕像毛虫。人看见蛇就害怕,看见毛虫就寒毛竖起,然而渔人捉鳝鱼,妇人拾蚕。凡是利益所在的地方,大家就变成孟贲、专诸了。

伯乐教他所不喜的人去鉴别千里马,教他所喜欢的人去相平常的马。千里马偶然一有,其利甚少;平常的马日日交易,其利甚厚。这就是《周书》所谓"下言而上用之者,是没有一定的"。

桓赫说:"雕刻的方法,鼻子最好刻得大,眼睛最好刻得小,鼻子大尚可以修小,刻小了就不能使它更大了;眼睛小尚可以刻大，大了就不能更令它小了。做事也是如此，留有退步，事情就不常失败。"

崇侯和恶来不曾被纣诛戮，但是不曾料到被周武王所灭；比干和伍子胥知道他们的国必要灭亡，但是不知道自己的死运。所以说：崇侯和恶来知道人君的心理，而不知道国事的废兴；比干、伍子胥知道国的废兴，而不知道人君的心理。只有圣人兼知这二者。

宋太宰擅权专政，季子将去见宋君。梁子听了道："你的话必须使太宰和宋君坐在一起听了都满意才行，不然，你要不免于祸呢！"季子乃劝宋君，注重养生，轻视国事。

杨朱的兄弟杨布穿着素色的衣服出门，遇着下雨，乃脱去素衣，穿着黑色的衣服回来。他的狗不认识了，向他乱叫，杨布发怒，要打它，杨朱道："你不必打它，你也是这样的，适才假使你的狗跑出去时是白色的，回来时变成黑色，你能不觉得奇怪吗？"

惠子说："羿佩着钩弦的玦，拿着扞弦的韝，持着扳机齿时，虽是越人，都争着替他拿箭靶子。小孩子扳弓射箭，虽是慈母，都逃进房把门关起。"所以说，可以相信，则越人不疑惑羿；不可以相信，就是慈母也躲开她的孩子。

齐桓公问管仲道："富有边际吗？"管仲对道："水之有边际，是因为有地方没有水；富之有边际，是因为有时觉得财富满足了。人不能满足，所以忘记富有边涯了！"

宋国有个富商名叫监止子，他和人家争买一售价百金的璞玉，乃假装失手，将它跌碎，然后赔售主百金，自己再整碎璞，获利千金。凡事有做时故意加以破坏，以便禁止旁人再做，这就是赔钱的这类事。

有人想去替楚王驾车子，但是一班驾车的妒忌他，他便说道："我能从旁面追击鹿子。"于是才得见楚王。王替他驾车，他追不着鹿子，更自己驾着车子，遂击着鹿子。王很赏识他的驾御，说一班驾车的妒忌他。

楚国派公子领去打陈国，有个老人送他，说道："攻打陈国，要防备晋国的干预。晋国强，不可不当心！"公子道："丈人何必多虑，我替你攻破晋国。"老人道："太好了！我正在陈国都城的南门外造一所房子。"公子道："这是怎讲呢？"老人道："我笑勾践。为人既然这般容易，为何他独默默的十年然后成功，显着那么难法呢！"

尧把天下让给许由，许由逃去，寄宿在人家屋内，这家的人将他的皮帽藏起来。许由弃去天下，而这家人却只收藏他的皮帽，真是不知道许由的为人了。

三个虱子寄生在猪身上，互相争执，另一个虱子走过，问道："争执些什么？"三个虱子道："争肥饶的地方。"这个虱子说："你们不怕腊祭到临，人烧茅草来烤猪肉吗？又何必争这些呢？"三个虱子听了，乃联合起来，一齐吸吮猪身上的养分。猪瘦了，人也不再杀猪了。

有一种虫名叫蚘,一个身子两张嘴,争食互相龁啮,遂互相残杀,便将自己咬死了。人臣争事,以致亡国的,都是蚘虫这一类。

宫室加以粉刷,器具加以洗涤,就清洁了。人的行为也这样,没有可以清洁粉刷之处过失就少了。

公子纠将作乱时,桓公派使者去探视。回来报告道:"笑时并不欢乐,注视时如同不曾看见一样。必定要作乱!"乃使鲁人将公子纠杀了。

公孙弘剪去头发,去做越王的骑士。公孙喜令人往公孙弘处去,声明断绝兄弟之关系,公孙弘道:"我剪去头发而已!而你割断你的颈项,替人用兵,我讲你什么呢?"周南那场战事,公孙喜果然被打死了。

有一人和一个凶悍的人做邻居,想将房子卖掉,迁移他处避开他。有人道:"他就要恶贯满盈,你姑且等一等好了。"此人道:"我恐怕他拿我来完成他的恶贯满盈呢!"乃搬家他去。所以说事物几微的,不可以忽视。

孔子对他的门人说:"谁人能去劝导子西,使他沽名钓誉呢?"子贡道:"赐能够。"乃去劝子西,但是子西不为他的言语所动,子西说:"多么宽大呀!不被于利,何必沽名钓誉呢?多么清高呀!我有常性,何用你劝导呢?曲的就是曲的,直的就是直的。"孔子听了道:"子西将不免于难。"白公作乱,子西果然被杀死了。所以说,直于行的,就曲于欲。

晋中行文子逃走,经过县邑,随从的人道:"这个啬夫(官名)是你的旧友,你何不在此稍息,等待后面的车子呢?"文子道:"我当初好音乐时,此人便送我鸣琴;我喜佩玉,此人便赠我玉环。他助长我的过失,求我容纳他,我恐怕他要利用我去求更多的人容纳他呢!"乃赶快离开。此人果然截取文子的后车八辆,献给他的国君去了。

周趮向宫他道:"替我去向齐王说:'以齐国为我的后援,让我在魏国去活动,我能让魏国来臣事大王。'"宫他道:"不可以,这样是明示他你没有魏国的势力了。齐王必不肯援助不曾掌握魏国势力的人,而去和已掌有魏国势力的结怨。你不如说:'王既然想这样,臣请以魏国臣事大王。'齐王必以为你已得着魏的政权了,必是赞助你,你就得着齐国的政权了,也就可以获得魏国的政权。"

白圭对宋令尹说:"君(宋君)年纪既长,将自己治理国政,你就没有事做了。现在君的年纪尚小,又好名,不如令楚国贺你孝顺,则君不会夺去你的职位,而要大敬重你,你就可以永远地治理宋国了。"

管仲和鲍叔商议道:"国君昏乱极了,必要失去君位。齐国的公子,可以辅佐的,不是公子纠,就是小白,我们各伺候一人,先得意的,不忘提携。"管仲乃跟从公子纠,鲍叔跟从小白。齐人果然杀了国君,小白先入齐国为君,鲁人将管仲捉获,献给齐国,鲍叔荐他为相。所以俗语说:"巫咸虽然善于祝祷,不能被除自己的灾祸;秦医虽善然于治病,不能医治自己的疾病。"以管仲之贤明,仍须鲍叔帮助,这就是俗话说的:"用人自己卖皮衣,没有人买。士人自己称赞他的言论对,无人肯相信。"

楚王起兵去打吴国,吴遣沮卫和蹶融往楚军中去犒师。楚国的将军道:"捆起来!杀了,拿他们的血来涂鼓!"问道:"你们来时曾问过卜吗?"答道:"卜过的。""吉利吗?"道:"吉利的。"楚人说:"现在楚军将要杀你们,用你们的血涂鼓,卜筮为何不灵验呢?"对道:"这正是吉利啊!吴国差人来,原来是要探视将军是否发怒,将军既愤怒,则将深沟高垒以防备;若见将军不愤怒,就懈怠不以为意。现在将军杀了我们,吴国必定好好的防守了。而且国家占卜,并非为一个臣子,杀一个臣子而保全了一国,怎么说不吉利呢?并且死人若无知,则以臣的血涂鼓是没有益处的;死人倘若有知,在交战之际,臣就要叫鼓不响!"楚人乃不杀害他们。

知伯将攻打仇由,而道路不通,乃铸一大钟,赠给仇由的君主。仇由君大喜,修整道路,预备将大钟运回来。赤章曼枝道:"不可以!这钟是应当小国用来献给大国的,现在大国反送来给小国,军队必定跟着来了!不可以运进来。"仇由君不听,把钟运回来。赤章曼枝乃将车毂斩断,疾速逃往齐国去。七个月后,仇由果然被灭了。

越既战胜吴,又向楚借兵去攻打晋国。左史倚相对楚王说:"越攻破吴后,精兵锐卒,死伤略尽,现在又来借兵,去攻打晋国,乃是对我们表示他不曾困顿。我们不如起兵,与他分占吴国。"楚王道:"对的。"乃起兵掩击越国。越王发怒,将击楚师,大夫文种道:"不可以如此。我国精锐的兵士已死伤殆尽,我同他开战,必不能胜,不如赠给他土地。"乃割让露山北面的地五百里给楚国。

楚攻打陈,吴国起兵去救陈,两军相隔三十里,连着下了十天雨。一天晚上晴了,左史倚相对子期说:"连下十天雨,兵杖俱已完备,兵卒亦已聚齐,吴人必来袭击,不如加以提防。"乃摆成阵势。尚不曾完毕,吴人果然来到,看见楚军的阵势,乃相率退去。左史道:"吴人来回走六十里,他们的将领必要休息,兵士必将进食了,我军行三十里追击之,必可以打败他们。"遂进兵追击,大破吴军。

韩和赵发生冲突,韩向魏借兵,说道:"想借兵攻打赵国。"魏文侯道:"寡人和赵君为兄弟,不能从命。"赵又向魏求兵去攻打韩国。文侯道:"寡人和韩侯同属兄弟,不敢从命。"韩、赵二国未借着兵,愤恨不已,后来才知道是魏文侯从中斡旋,使二国免于战争,乃同去朝事魏国。

齐攻打鲁,向鲁国要谗鼎(是鼎的名字,禹在甘谗铸造九个鼎,所以叫作谗鼎)。鲁国乃拿假的送去。齐人道:"这是假的。"鲁人说:"是真的。"齐人道:"叫乐正子春来说,我们就相信你。"鲁君请乐正子春去,乐正子春道:"为何不将真的送去呢?"鲁君道:"我爱真的,不舍得给他。"答道:"臣也爱臣的信实。"

韩咎将被立为君,尚不曾定。韩咎的兄弟在周,周预备优待他,又恐怕韩咎不得做国君。綦母恢道:"不如用一百辆兵车将他送往韩国。若韩咎得立为君,就说保护他的兄弟来的;若韩咎不曾得做国君,就说押送贼来了。"

靖郭君将在薛筑城,客多谏止。靖郭君对谒者说:"不要替客通报!"齐国有个人求见,说:"臣请但说三个字,多说一个字,请将臣煮杀好了。"靖郭君乃接见他。客急忙走向前说道:"海大鱼!"说完反身便走,靖郭君道:"告诉我,你讲些什么?"客说:"臣不敢拿死当儿戏。"靖郭君道:"愿你讲给我听!"客乃道:"君听说大鱼吗?网不能止住它,绳不能牵动它,自己放肆,离开了水,蚂蚁就得意了。现在齐国也是君的海,君若永远保有齐国,要薛何用呢?君若失去齐国,虽将薛的城墙增高至天,也没有用处!"靖郭君说:"不错。"乃将在薛筑城的计划打消了。

楚王的兄弟在秦国,秦国不放他出来。楚国有个中级的弓箭手说:"给臣百金,臣能使他出来。"乃带着百金往晋国去,见叔向道:"楚王的兄弟在秦国,秦国不肯放他出来,请以黄金百金赠给你。"叔向受了金子,引他去见晋平公,说:"可以在壶丘筑城了。"平公道:"为何呢?"对道:"楚王的兄弟在秦国,秦国不肯放他出来,秦国和楚国结怨,必定不敢干涉我国在壶丘筑城。秦倘若干涉我，我们就说："替我把楚王的兄弟放出来，我就不筑城。'他倘使果然将楚王的兄弟放出，我们可以结纳楚国；他若不肯放出来，仍和楚结怨，必不敢来干涉我们在壶丘筑城。"晋平公觉得对，乃在壶丘筑城，向秦国宣言道："替我把楚王的兄弟放出，我就不筑城。"秦国只得将他放出。楚王大喜，以炼金百斤赠送晋国。

阖庐攻打楚国，战胜三次，问伍子胥道："可以退兵了吗?"子胥对道："要淹杀人，但使他喝一口水就停止，那他终不会淹死的。不如使他连着紧喝不停，使他沉没水中，他才会淹死。"

郑国有一个人，他的儿子要出外做事去了，向他家内的人说："坏墙必须修理。坏人要来行窃呢!"有个邻人也说："墙要趁早修理!"后来果然被贼偷了。郑人以为他的儿子聪明，可是疑惑劝他修墙的邻人是贼!

观行

　　古之人目短于自见，故以镜观面；智短于自知，故以道正己。故镜无见疵之罪，道无明过之怨。目失镜，则无以正须眉，身失道，则无以知迷惑。西门豹之性急，故佩韦以缓己；董安于之心缓，故佩弦以自急。故以有余补不足，以长续短，之谓明主。

　　天下有信数三：一曰智有所不能立，二曰力有所不能举，三曰强有所不能胜。故虽有尧之智，而无众人之助，大功不立；有乌获之劲，而不得人助，不能自举；有贲、育之强，而无法术，不得长生。故势有不可得，事有不可成。故乌获轻千钧而重其身，非其身重于千钧也，势不便也；离朱易百步而难眉睫，非百步近而眉睫远也，道不可也。故明主不穷乌获，以其不能自举；不困离朱，以其不能自见。因可势，求易道，故用力寡而功名立。时有满虚，事有利害，物有生死，人主为三者发喜怒之色,则金石之士离心焉,圣贤之扑浅深矣。故明主观人,不使人观己,明于尧不能独成,乌获不能自举,贲、育之不能自胜以法术,则观行之道毕矣。

译解:

　　古来的人因为自己的眼睛不便察看自己的容貌,乃用镜子来照他。因为自己的智力很难发觉自己的过失,乃用道法矫正自己。镜子不以显露瑕疵见罪,道法不以表明过失见怪。眼睛若没有镜子,人就不能对着镜子修整须眉;人若失去道法,就无从因应道法,知道迷惑。西门豹的性情急,所以他佩戴熟皮(有柔和的意思),意欲提醒自己,使性情趋于和缓;董安于的性情迂缓,所以他佩带弓弦(有刚急的意思),意思提醒自己,使性情略为疾率点。所以用有余去补不足的,拿长的去接续短的,这才算得明主。

　　天下有三桩必然之理:一是虽然聪明,有的事业仍不能做成;二是虽然力大,有的物件仍不能举起;三是虽然强壮,有的事情仍不能胜过。所以虽有尧、舜那般聪明,若没有众人的辅助,大功业终不能够做成;虽像乌获那般有气力,若没有旁人帮助,终不能将自己举起来;虽如贲、育一般强壮,若没有法术,终不能够在世间长久地活下来。所以形势有不可得到的,事情就有不能成功的。乌获可以轻举千钧的重量，而举不起自家的身体，并非他的身体比千钧还重，因为形势不便啊！离朱看百步以外微细的东西是极容易的，但是要看自己的眉毛倒觉困难了，并非百步以外的东西近，而眉毛远，因为目光不及啊！所以明主不使乌获为难，因为他有时也不能够将自己举起；不令离朱受困，因为他也有看不见的东西——自己的面貌。因着可得之势，去求易行之道，所以用力甚少，而功名树立。时日有盈虚盛衰，事情有利害的关系，人物有生死的变化。人主若为这三者发喜怒之色，那虽像金石一般忠诚的人都要变心了。惟有圣贤朴质深藏，人不能窥其底蕴。所以明主观察人的情实，而不让人观察出他自己的情实来，知道尧不能独自成功事业，乌获不能独自将自己举起，贲、育不能胜过法术，如此，观察臣下行为的方法就完备了。

守道

圣王之立法也,其赏足以劝善,其威足以胜暴,其备足以必完。法治世之臣,功多者位尊,力极者赏厚,情尽者名立。善之生如春,恶之死如秋,故民劝极力而乐尽情,此之谓上下相得。上下相得,故能使用力者自极于权衡,而务至于任鄙;战士出死,而愿为贲育;守道者,皆怀金石之心,以死子胥之节。用力者为任鄙,战如贲、育,中为金石,则君人者高枕,而守已完矣。

古之善守者,以其所重,禁其所轻;以其所难,止其所易;故君子与小人俱正,盗跖与曾、史俱廉。何以知之?夫贪盗不赴溪,而掇金则身不全。贲、育不量敌,则无勇名,盗跖不计可,则利不成。

明主之守禁也,贲、育见侵于其所不能胜,盗跖见害于其所不能取。故能禁贲、育之所不能犯,守盗跖之所不能取,则暴者守愿,邪者反正,大勇愿,巨盗贞,则天下公平,而齐民之情正矣。

人主离法失人,则危于伯夷不妄取,而不免于田成、盗跖之耳可也。今天下无一伯夷,而奸人不绝世,故立法度量。度量信,则伯夷不失是,而盗跖不得非。法分明,则贤不得夺不肖,强不得侵弱,众不得暴寡。托天下于尧之法,则贞士不失分,奸人不侥幸;寄千金于羿之矢,则伯夷不得亡,而盗跖不敢取。尧明于不失奸,故天下无邪;羿巧于不失发,故千金不亡。邪人不寿而盗跖止,如此,故图不载宰予,不举六卿,书不著子胥,不明夫差,孙、吴之略废,盗跖之心伏,人主甘服于玉堂之中,而无瞋目切齿,倾取之患;人臣垂拱金城之内,而无扼腕、聚唇、嗟唶之祸。

服虎而不以柙,禁奸而不以法,塞伪而不以符,此贲、育之所患,尧、舜之所难也。故设柙非所以备鼠也,所以使怯弱能服虎也;立法非所以避曾、史也,所以使庸主能止盗跖也;为符非所以豫尾生也,所以使众人不相谩也。不独恃比干之死节,不幸乱臣之无诈也。恃怯之所能服,握庸主之所易守。当今之世，为人主忠计，为天下结德者，利莫长于此。故君人者无亡国之图，而忠臣无失身之画。明于尊位必赏，故能使人尽力于权衡，死节于官职；通贲、育之情，不以死易生；惑于盗跖之贪，不以财易身，则守国之道毕备矣。

译解：

　　圣王立法，赏赐足以劝勉为善，威刑足以禁止强暴，防备极其完密。治世的臣子，功劳多的，位分就高，极力做事的，赏赐就厚，尽忠纳诚的，就有名望。善事滋生，像草木逢着春天一般；邪恶的事消灭，像草木逢着秋天一样。所以人都极力互相勉励，都乐于向主上尽忠输诚。这就叫作上下相得。上下相得，就能使用力的都谨守法度，都务要使自己像任鄙一般有力；战士出外死战，情愿做孟贲、夏育；守道的都怀抱忠贞之心，有如金石，愿效伍子胥的死节。用力的像任鄙，战士像孟贲、夏育，守道的心如金石，如此，人君就可以高枕而卧，守备自然完密。

　　古来善于守国的，用严重的刑罚去禁止轻而易犯的事。重刑是人民所畏惧而难侵的，小过是人民所轻视而易止的，所以君子和小人都正直，盗跖和曾、史（曾参、史鱼）都清廉了。何以见得呢？虽是贪戾的强盗，都不肯往山涧边拾取金子，因为往山涧边拾取金子,必定要跌死的。所以贲、育若不量敌而行,就没有勇名;盗跖若不计可否而动,就不能得利。

当明主谨守禁令时,虽是贲、育之勇,都不能以勇力胜人,反见侵夺;虽以盗跖之贪,都不能以诈巧取利,反而受害。禁令既加,虽贲、育都不能犯;有所防守,虽盗跖都不能取。如此,则强暴的人变为谨饬,邪僻的人反归正直,勇士不敢妄为,巨盗自然贞良,天下都公平,所有人民的性情都正了。

人主若违背法度,用人失当,自己虽像伯夷一般清高不妄取,终不免有田成、盗跖的祸事! 这是何故呢? 现在天下没有一个伯夷,而为奸作恶的人,总是有的,所以要立法制度。法度如果能一定,伯夷和盗跖自然是非分明;法度如果够严明,贤人就不能侵夺无能的人,强者就不能侵凌弱者,人多的不能欺负人少的。将天下寄托给尧的法度,正人君子就不会失去位分,为奸作恶的人也不能侥幸图进取;将千金寄托给羿的箭(羿的箭每发必中,此喻峻法不能苟免),虽是伯夷,无所丧失,而盗跖也无所获取。尧明于治民,在他治下,奸邪不会幸免,所以天下没有奸邪;羿巧于射箭,箭无虚发,所以把千金绑在箭上也不会丢失。邪人不能长存,盗跖止息,如此,所以图书上不载宰予和六卿争权的事,不记伍子胥和吴王夫差不相能的事,孙武、吴起的谋略废置不用,盗跖为恶的心慑伏消灭,人主可以宽缓衣服,处于后宫内,而不用瞪着眼睛,咬紧牙关,愤怒不息,致有倾覆的祸患。人臣垂着衣裳,拱着手,处于都城内,不用扼着手腕,骨都着嘴唇,嗟叹怨恨,酿成叛逆之祸。

　　要制服老虎,却不用笼子,要禁止奸邪,却不用法度,要防塞诈伪,却不用符节,这乃是贲、育所忧患,舜、尧所感觉困难的。所以准备笼子,并非是防备老鼠,乃是要使懦弱的人能够制服老虎;建立法度,并非是防备曾参、史鱼,乃是要使庸暗的人主能够禁止盗跖;制造符节,并非想让人人都像尾生一样守信,乃是要使众人不互相欺诈。不希冀每一个人都像比干尽忠死节,不侥幸乱臣不行欺诈,是要使怯懦的人都能制服强暴,庸暗的君主都能保守国家。现今替人主忠心设计,为天下广结恩德,收利没有比这个更长的了。这样一来,人君不致亡国,忠臣不致失身,他们知道保持尊位,必有厚利能使众人都谨守法度,尽死以期不失职守。通晓贲、育的心理,不肯以死易生,知道怎样限制盗跖的贪戾,他们不肯以财易身,守国的方法就算得上完备了。

功名

　　明君之所以立功成名者四：一曰天时，二曰人心，三曰技能，四曰势位。非天时，虽十尧，不能冬生一穗；逆人心，虽贲、育，不能尽人力。故得天时，则不务而自生；得人心，则不趣而自劝；因技能，则不急而自疾；得势位，则不进而名成；若水之流，若船之浮，守自然之道，行毋穷之令，故曰明主。

　　夫有材而无势，虽贤不能制不肖。故立尺材于高山之上，下临千仞之溪，材非长也，位高也。桀为天子，能制天下，非贤也，势重也；尧为匹夫，不能正三家，非不肖也，位卑也。千钧得船则浮，锱铢失船则沉。非千钧轻、锱铢重也，有势之与无势也。故短之临高也以位，不肖之制贤也以势。人主者，天下一力以共载之，故安，众同心以共立之，故尊。人臣守所长，尽所能，故忠以尊主；主御忠臣，则长乐生而功名成。名实相持而成,形影相应而立,故臣主同欲而异使。人主之患,在莫之应,故曰:"一手独拍,虽疾无声。"人臣之忧,在不得一,故曰:"右手画圆,左手画方,不能两成。"故曰至治之国,君若桴,臣若鼓,技若车,事若马。故人有余力,易于应,而技有余巧,便于事。立功者不足于力,亲近者不足于信,成名者不足于势。近者已亲,而远者不结,则名不称实者也。圣人德若尧、舜,行若伯夷,而位不载于世,则功不立,名不遂。故古之能致功名者,众人助之以力,近者结之以成,远者誉之以名,尊者载之以势。如此,故太山之功长立于国家,而日月之名久著于天地。此尧之所以南面而守名,舜之所以北面而效功也。

译解:

明君之所以能够立功成名,其道有四:一是天时,二是人心,三是技能,四是势位。若不因天时,虽有十个尧,在冬天也不能生出一根麦穗来;若违反人心,虽是贲、育,也不能尽胜人力。既得天时,虽不用力,而草木自然生长;既得人心,虽不加督促,而人民自然劝勉。因技能去治事,不必急迫,而事情自然会速成；得势位为助后，不必进取，而功名自然会成就；像水之流行，船之浮起，守着自然的大道，推行没有穷尽的命令，这样，所以称为明主。

若但有才能，而没有势位，虽是贤人，亦不能制伏坏人。将一尺长的木头竖立在高山的上面，下面临着千仞深的溪谷，这木头并不长，无非因为它的地位高了。桀做天子，能够制服天下，并非因为桀贤能，因为他的势位重要；尧做平民时，不能整治三家人家，这不是尧无用，因为他的地位太低了。千钧重的东西，若得着船，就可以浮起来；锱铢轻的东西，若失去船，反沉下水去。这并非千钧轻而锱铢重，乃是得势和失势的缘故啊！

短的东西所以能够处于高的上面，是因地位好；坏人之所以能够统治贤人，是因为形势优越。人主因为天下人一致出力拥护他，所以他的地位稳固；因为众人都同心辅佐他，所以他的地位尊显。人臣但谨守他的所长，尽力行他所能够做的，所以人臣若忠心，人主也尊显。人主有忠臣在下，则快乐可以永远地保持，功名也可以成就，名声和实际互相倚恃而成，形和影互相感应而生，正如臣子和主上的欲望相同，而职司两样。

人主所患的在于无人响应他，所以说："用一只手掌拍，虽然用力，终没有声音。"臣子所忧的在于不能专一，所以说："右手画圆的，左手画方的，两个不能一齐画成功。"治理得最佳的国中,国君譬若船上的桨,臣子譬若鼓,技能有如车子,事情有如马。所以人有余力,易于应对;技有余巧,便于治事。立功的若不明法术,亲近的若不为主上所信,成名的若地位卑低,近的已经亲附,而远的不曾结纳,名声和实际就不相符合了。圣人的道德有如尧、舜,操行有如伯夷,但是地位若不在世人之上,则功业终不能够建立,名声终不能够成就。

所以古人之能够立功成名,都因为众人出力辅助他。亲近的人互相团结,一致赞助他;远方的人都称誉他,令他的名声好听;在上位的人又将他地位提高。由于这样,所以太山的功劳,能够长远立于国家;日月的大名,能够永久著于天地。尧做天子,所以能够保持他贤圣的名望;舜做人臣,所以能够尽忠建立他的功业,也都是由于这个道理。

大体

古之全大体者，望天地，观江海，因山谷，日月所照，四时所行，云布风动。不以智累心，不以私累己。寄治乱于法术，托是非于赏罚，属轻重于权衡。不逆天理，不伤情性，不吹毛而求小疵，不洗垢而察难知。不行绳之外，不推绳之内。不急法之外，不缓法之内。守成理，因自然。祸福生乎道法，而不出乎爱恶；荣辱之责在乎己，而不在乎人。故至安之世，法如朝露，纯朴不散；心无结怨，口无烦言；故车马不疲弊于远路，旌旗不乱于大泽，万民不失命于寇戎，雄骏不创寿于旗幢，豪杰不著名于图书，不录功于盘盂，记年之牒空虚。故曰：利莫长乎简，福莫久于安。

使匠石以千岁之寿，操钩视规矩，举绳墨而正太山，使贲、育带干将而齐万民，虽尽力于功，极盛于寿，太山不正，民不能齐。故曰：古之牧天下者，不使匠石极巧，以败太山之体，不使贲、育尽威，以伤万民之性。因道全法，君子乐而大奸止。澹然闲静，因天命，持大体。故使人无离法之罪，鱼无失水之祸，如此，故天下少不可。

上不天，则下不遍覆；心不地，则物不必载。太山不立好恶，故能成其高；江海不择小助，故能成其富。故大人寄形于天地，而万物备；历心于山海，而国家富；上无忿怒之毒，下无伏怨之患，上下交扑，以道为舍；故长利积，大功立，名成于前，德垂于后，治之至也。

译解：

  古代人君，能保持大体的，治理天下的大体，像天地之覆载万物，像江海一般广大，山谷一般高深，像日月的光辉普照，四时运行不穷，德化及人，像云霓布合，四方风动。不以机智累心，不以私意累己。将治乱寄托给法术，将是非寄托给赏罚，用权衡来定轻重。不违逆天理，不损伤性情，不吹毛求疵，不苛察隐微之事。像木匠用绳墨斫木，不将绳子引却向外，也不将绳子推进到里面。不使法度过于峻急，也不令法度过于松缓，固守定理，因任自然。祸福之生，皆由于道理法度，而不出自治者爱恶的感情；荣辱之责，在乎自己，而不在乎人。所以国内治理得最好的时候，法度像早晨的露水一样，纯朴不散;人民的心中没有怨恨,口里没有忿争。车马不因驰驱过度疲敝于道路中;旌旗不因掌执无度,纷乱于大泽内;万民不致被寇贼戎狄所戕害;勇力之士不至于牺牲在战事中;豪杰不会让名字记在图书,功业刻在盘盂上,以致编年纪事的册子上,都空着无事可记。所以说:简略最能使利益长久,安定最能令福禄久长。

给匠石千岁的寿命,令他拿着钩,照着规矩,引用绳墨,去修正太山;令贲、育带着干将的剑,去整齐万民。匠石、贲、育虽极尽机巧,寿命延长,太山终不能够改正,万民终不能够整齐。所以说,古时治理天下的,不使匠石极尽机巧,败坏了太山的形体,不使贲、育极尽威力,损伤了万民的性情。因任着道理,保全法度,君子快乐,而大奸也止息了。淡泊闲静,因任天命,保持大体,所以人没有违法的罪过,鱼没有失水的祸灾,这样,所以天下大半是平治的。

在上之人若不像天一般无私心,就不能覆盖在下的一切人民;他们的心若不像地一般不辞卑污,就不能尽载万物。太山因为不立好恶的标准,所以能成就它的高大;江海因为不择小的河流,所以能成就它的富藏。所以大人体会天地的功用,而万物都完成;立心如山海般广大,而国家自然富庶;上面没有愤怒之隙,下面没有伏怨为患,上下相交不逆,一归于道;所以有长久的利益,博大的功业,名声先已成就,德惠更流传到后世,这才是治世最盛的阶段。

内储说上七术

主之所用也七术，所察也六微。七术：一曰众端参观，二曰必罚明威，三曰信赏尽能，四曰一听责下，五曰疑诏诡使，六曰挟知而问，七曰倒言反事，此七者，主之所用也。

观听不参，则诚不闻；听有门户，则臣壅塞；其说在侏儒之梦见灶，哀公之称"莫众而迷"。故齐人见河伯，与惠子之言"亡其半"也，其患在竖牛之饿叔孙，而江乙之说荆俗也，嗣公欲治不知，故使有敌。是以明主推积铁之类，而察一市之患。

参观一

爱多者则法不立，威寡者则下侵上，是以刑罚不必，则禁令不行。其说在董子之行石邑，与子产之教游吉也。故仲尼说陨霜，而殷法刑弃灰，将行去乐池，而公孙鞅重轻罪。是以丽水之金不守，而积泽之火不救。成欢以太仁弱齐国，卜皮以慈惠亡魏王。管仲知之，故断死人。嗣公知之，故买胥靡。

必罚二

赏誉薄而谩者，下不用；赏誉厚而信者，下轻死。其说在文子称若兽鹿。故越王焚宫室，而吴起倚车辕；李悝断讼以射，宋崇门以毁死。勾践知之，故式怒蛙；昭侯知之，故藏弊袴。厚赏之，使人为贲、诸也。妇人之拾蚕，渔者之握鳝，是以效之。

赏誉三

一听则愚智不分，责下则人臣不参。其说在索郑与吹竽，其患在申子之以赵绍、韩沓为尝试。故公子氾议割河东，而应侯谋弛上党。

一听四

数见久待而不任，奸则鹿散，使人问他，则不蓄私。是以庞敬还公大夫，而戴谨诏视辒车。周主亡玉簪，商太宰论牛矢。

诡使五

挟智而问，则不智者至，深智一物，众隐皆

变。其说在昭侯之握一爪也。故必南门而三乡得，周主索曲杖，而群臣惧，卜皮事庶子，西门豹详遗辖。

挟智六

倒言反事，以尝所疑，则奸情得。故阳山谩樛竖，淖齿为秦使，齐人欲为乱，子之以白马，子产离讼者，嗣公过关市。

倒言七

右经

〔一〕卫灵公之时，弥子瑕有宠，专于卫国。侏儒有见公者曰："臣之梦贱矣！"公曰："何梦？"对曰："梦见灶，为见公也。"公怒曰："吾闻见人主者梦见日，奚为见寡人而梦见灶？"对曰："夫日兼烛天下，一物不能当也；人君兼烛一国，一人不能拥也。故将见人主者梦见日。夫灶一人炀焉，则后人无从见矣。今或者一人有炀君者乎？则臣虽梦见灶，不亦可乎！"

鲁哀公问于孔子曰："鄙谚曰：'莫众而迷。'今寡人举事与群臣虑之，而国愈乱，其故何也？"

孔子对曰："明主之问臣，一人知之，一人不知也。如是者，明主在上，群臣直议于下。今群臣无不一辞同轨乎季孙者，举鲁国尽化为一，君虽问境内之人，犹之人，不免于乱也。"

一曰：晏子聘鲁，哀公问曰："语曰：'莫三人而迷。'今寡人与一国虑之，鲁不免于乱，何也？"晏子曰："古之所谓莫三人而迷者，一人失之，二人得之，三人足以为众矣，故曰：'莫三人而迷。'今鲁国之群臣以千百数，一言于季氏之私，人数非不众，所言者一人也，安得三哉？"

齐人有谓齐王曰："河伯，大神也，王何不试与之遇乎？臣请使王遇之！"乃为坛场大水之上，而与王立之焉。有间，大鱼动，因曰："此河伯。"

张仪欲以秦、韩与魏之势伐齐、荆，而惠施欲以齐、荆偃兵。二人争之，群臣左右皆为张子言，而以攻齐、荆为利，而莫为惠子言。王果听张子，而以惠子言为不可。攻齐、荆事已定，惠子入见，王言曰："先生毋言矣！攻齐、荆之事果利矣，一国尽以为然。"惠子因说："不可不察也！夫齐、荆之事也诚利，一国尽以为利，是何智者之众也？攻齐、荆之事诚不利，一国尽以为利，何愚者之众也？凡谋者，疑也，疑也者，诚疑，以为可者半，以为不可者半。今一国尽以为可，是王亡半也！劫主者固亡其半者也。"

叔孙相鲁，贵而主断。其所爱者曰竖牛，亦擅用叔孙之令。叔孙有子曰壬，竖牛妒而欲杀之，因与壬游于鲁君所，鲁君赐之玉环，壬拜受之，而不敢佩，使竖牛请之叔孙。竖牛欺之曰："吾已为尔请之矣，使尔佩之。"壬因佩之。竖牛因谓叔孙："何不见壬于君乎？"叔孙曰："孺子何足见也？""壬固已数见于君矣，君赐之玉环，壬已佩之矣。"叔孙召壬见之，而果佩之，叔孙怒而杀壬。壬兄曰丙，竖牛又妒而欲杀之，叔孙为丙铸钟，钟成，丙不敢击，使竖牛请之叔孙。竖牛不为请，又欺之曰："吾已为尔请之矣，使尔击之。"丙因击之。叔孙闻之，曰："丙不请而擅击钟。"怒而逐之。丙出走齐，居一年，竖牛为谢叔孙。叔孙使竖牛召之，又不召，而报之曰："吾已召之矣，丙怒甚，不肯来。"叔孙大怒，使人杀之。二子已死，叔孙有病，竖牛因独养之，而去左右，不内人，曰："叔孙不欲闻人声。"因不食而饿杀。叔孙已死，竖牛因不发丧也，徙其府库重宝，空之而奔齐。夫听其所信之言，而子父为人僇，此不参之患也。

江乙为魏王使荆，谓荆王曰："臣入王之境内，闻王之国俗曰：'君子不蔽人之美，不言人之恶。'诚有之乎？"王曰："有之。""然则若白公之乱，得庶无危乎？诚得如此，臣免死罪矣。"

卫嗣君重如耳，爱世姬，而恐其皆因其爱重以壅己也，乃贵薄疑以敌之如耳，尊魏姬以耦世姬，曰："以是相参也。"嗣君知欲无壅，而未得其术也。夫不使贱议贵，下必坐上，而必待势重之钧也，而后敢相议，则是益树壅塞之臣也。嗣君之壅乃始。

夫矢来有乡，则积铁以备一乡；矢来无乡，则为铁室以尽备之。备之则体不伤。故彼以尽备之不伤，此以尽敌之无奸也。

庞恭与太子质于邯郸，谓魏王曰："今一人言市有虎,王信之乎?"曰:"不信。""二人言市有虎,王信之乎?"曰:"不信。""三人言市有虎,王信之乎?"王曰:"寡人信之。"庞恭曰:"夫市之无虎也明矣,然而三人言而成虎。今邯郸之去魏也,远于市,议臣者过于三人,愿王察之。"庞恭从邯郸反,竟不得见。

〔二〕董阏于为赵上地守,行石邑山中,涧深,峭如墙,深百仞,因问其旁乡左右曰:"人尝有入此者乎?"对曰:"无有。"曰:"婴儿痴聋狂悖之人,尝有入此者乎?"对曰:"无有。""牛马犬彘,尝有入此者乎?"对曰:"无有。"董阏于喟然太息曰:"吾能治矣! 使吾治之无赦,犹入涧之必死也,则人莫之敢犯也,何为不治?"

子产相郑,病将死,谓游吉曰:"我死后,子必用郑,必以严莅人。夫火形严,故人鲜灼,水形懦,人多溺。子必严子之形,无令溺子之懦!"故子产死,游吉不肯严形。郑少年相率为盗,处于萑泽,将遂以为郑祸。游吉率车骑与战,一日一夜,仅能克之。游吉喟然叹曰:"吾蚤行夫子之教,必不悔至于此矣。"

鲁哀公问于仲尼曰:"《春秋》之记曰:'冬十二月,陨霜不杀菽,'何为记此?"仲尼对曰:"此言可以杀而不杀也。夫宜杀而不杀,桃李冬实。天失道,草木犹犯干之,而况于人君乎?"

殷之法,刑弃灰于街者。子贡以为重,问之仲尼。仲尼曰:"知治之道也! 夫弃灰于街,必掩人,掩人,人必怒,怒则斗,斗必三族相残也。此残三族之道也,虽刑之可也。且夫重罚者,人之所恶也;而无弃灰,人之所易也;使人行之所易,而无离所恶,此治之道。"

一曰:殷之法,弃灰于公道者,断其手。子贡曰:"弃灰之罪轻,断手之罚重,古人何太毅也?"曰:"无弃灰,所易也;断手,所恶也。行所易,不关所恶,古人以为易,故行之。"

中山之相乐池,以车百乘使赵,选其客之有智有能者,以为将行,中道而乱。乐池曰:"吾以公为有智,而使公为将行,今中道而乱,何也?"客因辞而去,曰:"公不知治,有威,足以服之人,而利足以劝之,故能治之。今臣,君之少客也。夫从少正长,从贱治贵,而不得操其利害之柄以制之,此所以乱也。尝试使臣,彼之善者,我能以为卿相,彼不善者,我得以斩其首,何故而不治?"

公孙鞅之法也,重轻罪。重罪者,人之所难犯也,而小过者,人之所易去也。使人去其所易,无离其所难,此治之道。夫小过不生,大罪不至,是人无罪,而乱不生也。

一曰:公孙鞅曰:"行刑,重其轻者,轻者不至,重者不来,是谓以刑去刑。"

荆南之地,丽水之中生金,人多窃采金。采金之禁,得而辄辜磔于市,甚众,壅离其水也,而人窃金不止。夫罪莫重辜磔于市,犹不止者,不必得也。故今有于此,曰:"予汝天下而杀汝身。"庸人不为也。夫有天下,大利也,犹不为者,知必死,故不必得也,则虽辜磔,窃金不止;知必死,则天下不为也。

鲁人烧积泽,天北风,火南倚,恐烧国,哀公惧,自将众辄救火,左右无人,尽逐兽而火不救。

乃召问仲尼，仲尼曰："夫逐兽者乐而无罚，救火者苦而无赏，此火之所以无救也。"哀公曰："善！"仲尼曰："事急，不及以赏，救火者尽赏之，则国不足以赏于人，请徒行罚！"哀公曰："善！"于是仲尼乃下令曰："不救火者，比降北之罪，逐兽者，比入禁之罪。"令下未遍，而火已救矣。

成骥谓齐王曰："王太仁，太不忍人。"王曰："太仁，太不忍人，非善名邪？"对曰："此人臣之善也，非人主之所行也。夫人臣，必仁而后可与谋，不忍人，而后可近也。不仁，则不可与谋，忍人，则不可近也。"王曰："然则寡人安所太仁？安不忍人？"对曰："王太仁于薛公，而太不忍于诸田。太仁薛公，则大臣无重，太不忍诸田，则父兄犯法。大臣无重，则兵弱于外，父兄犯法，则政乱于内。兵弱于外，政乱于内，此亡国之本也。"

魏惠王谓卜皮曰："子闻寡人之声闻，亦何如焉？"对曰："臣闻王之慈惠也。"王欣然喜曰："然则功且安至？"对曰："王之功，至于亡。"王曰："慈惠，行善也，行之而亡，何也？"卜皮对曰："夫慈者不忍,而惠者好与也。不忍,则不诛有过,好予,则不待有功而赏。有过不罪,无功受赏,虽亡,不亦可乎?"

齐国好厚葬,布帛尽于衣衾,材木尽于棺椁。桓公患之,以告管仲曰:"布帛尽,则无以为蔽,材木尽,则无以为守备。而人厚葬之不休,禁之奈何?"管仲对曰:"凡人之有为也,非名之,则利之也。"于是乃下令曰:"棺椁过度者,戮其尸,罪夫当丧者。"夫戮死无名,罪当丧者无利,人何故为之也?

卫嗣君之时,有胥靡逃之魏,因为襄王之后治病。卫嗣君闻之,使人请以五十金买之,五反,而魏王不予,乃以左氏易之。群臣左右谏曰:"夫以一都买胥靡,可乎?"王曰:"非子之所知也。夫治无小而乱无大,法不立而诛不必,虽有十左氏,无益也。法立而诛必,虽失十左氏,无害也。"魏王闻之,曰:"主欲治而不听之,不祥。"因载而往,徒献之。

〔三〕齐王问于文子曰:"治国何如?"对曰:

"夫赏罚之为道,利器也。君固握之,不可以示人。若如臣者,犹兽鹿也,唯荐草而就。"

越王问于大夫文种曰:"吾欲伐吴,可乎?"对曰:"可矣。吾赏厚而信,罚严而必,君欲知之,何不试焚宫室?"于是遂焚宫室,人莫救之。乃下令曰:"人之救火者死,死比敌之赏。救火而不死者,比胜敌之赏。不救火者,比降北之罪。"人涂其体、被濡衣而走火者,左三千人,右三千人。此知必胜之势也。

吴起为魏武侯西河之守,秦有小亭临境,吴起欲攻之。不去,则甚害田者,去之,则不足以征甲兵,于是乃倚一车辕于北门之外,而令之曰:"有能徙此南门之外者,赐之上田、上宅。"人莫之徙也,及有徙之者,还,赐之如令。俄又置一石赤菽东门之外,而令之曰:"有能徙此于西门之外者,赐之如初。"人争徙之,乃下令曰:"明日且攻亭,有能先登者,仕之国大夫,赐之上田宅。"人争趋之,于是攻亭,一朝而拔之。

李悝为魏文侯上地之守,而欲人之善射也,

乃下令曰："人之有狐疑之讼者，令之射的，中之者胜，不中者负。"令下，而人皆疾习射，日夜不休；及与秦人战，大败之，以人之善射也。

宋崇门之巷人服丧，而毁甚瘠，上以为慈爱于亲，举以为官师。明年，人之所以毁死者，岁十余人。子之服亲丧者，为爱之也，而尚可以赏劝也，况君上之于民乎？

越王虑伐吴，欲人之轻死也，出见怒蛙，乃为之式。从者曰："奚敬于此？"王曰："为其有气故也。"明年请以头献王者，岁十余人。由此观之，誉之足以杀人矣。

一曰：越王勾践见怒蛙，而式之。御者曰："何为式？"王曰："蛙有气如此，可无为式乎？"士人闻之曰："蛙有气，王犹为式，况士人有勇者乎？"是岁，人有自刭死，以其头献者。故曰：王将复吴，而试其教。燔台而鼓之，使人赴火者，赏在火也；临江而鼓之，使人赴水者，赏在水也；临战而使人绝头刳腹，而无顾心者，赏在兵也；又况据法而进贤，其助甚此矣。

韩昭侯使人藏弊裤。侍者曰:"君亦不仁矣!弊裤不以赐左右而藏之。"昭侯曰:"非子之所知也。吾闻明主之爱,一颦一笑,颦有为颦,而笑有为笑。今夫裤,岂特颦笑哉!裤之与颦笑,相去远矣,吾必待有功者,故收藏之,未有予也。"

鳣似蛇,蚕似蠋,人见蛇则惊骇,见蠋则毛起。然而妇人拾蚕,渔者握鳣,利之所在,则忘其所恶,皆为贲、诸。

〔四〕魏王谓郑王曰:"始郑、梁一国也,已而别。今愿复得郑而合之梁。"郑君患之,召群臣而与之谋所以对魏。郑公子谓郑君曰:"此甚易应也。君对魏曰:'以郑为故魏,而可合也,则弊邑亦愿得梁,而合之郑。'"魏王乃止。

齐宣王使人吹竽,必三百人,南郭处士请为王吹竽,宣王说之,廪食以数百人。宣王死,湣王立,好一一听之,处士逃。

一曰:韩昭侯曰:"吹竽者众,吾无以知其善者。"田严对曰:"一一而听之。"

赵令人因申子于韩请兵,将以攻魏。申子欲

言之君，而恐君之欲疑己外市也，不则恐恶于赵，乃令赵绍、韩沓，尝试君之动貌，而后言之。内则知昭侯之意，外则有得赵之功。

三国兵至韩，秦王谓楼缓曰："三国之兵深矣，寡人欲割河东而讲，何如？"对曰："夫割河东，大费也，免国于患，大功也。此父兄之任也。王何不召公子氾而问焉？"王召公子氾而告之。对曰："讲亦悔，不讲亦悔。王今割河东而讲，三国归，王必曰：'三国固且去矣，吾特以三城送之。'不讲，三国也入韩，则国必大举矣。王必大悔，王曰：'不献三城也。'臣故曰：王讲亦悔，不讲亦悔。"王曰："为我悔也，宁亡三城而悔，无危乃悔。寡人断讲矣。"

应侯谓秦王曰："王得宛、叶、蓝田、阳夏，断河内，困梁、郑，所以未王者，赵未服也。弛上党在一而已，以临东阳，则邯郸口中虱也。王拱而朝天下，后者以兵中之。然上党之安乐，其处甚剧，臣恐弛之而不听，奈何？"王曰："必弛易之矣。"

〔五〕庞敬,县令也,遣市者行,而召公大夫而还之,立有间,无以诏之,卒遣行。市者以为令与公大夫有言,不相信,以至无奸。

戴驩、宋太宰夜使人曰:"吾闻数夜有乘辒车至李史门者,谨为我伺之。"使人报曰:"不见辒车,见有奉笥而与李史语者。有间,李史受笥。"

周主亡玉簪,令吏求之,三日不能得也。周主令人求,而得之家人之屋间。周主曰:"吾知吏之不事事也!求簪,三日不得之,吾令人求之,不移日而得之。"于是吏皆耸惧,以为君神明也。

商太宰使少庶子之市。顾反,而问之曰:"何见于市?"对曰:"无见也。"太宰曰:"虽然,何见也?"对曰:"市南门之外甚众牛车,仅可以行耳。"太宰因诫使者,无敢告人吾所问于女;因召市吏,而诮之曰:"市门之外,何多牛屎?"市吏甚怪太宰知之疾也,乃悚惧其所也。

〔六〕韩昭侯握爪,而佯亡一爪,求之甚急。左右因割其爪而效之,昭侯以此察左右之诚不。

韩昭侯使骑于县,使者报,昭侯问曰:"何见也?"对曰:"无所见也。"昭侯曰:"虽然,何见?"曰:"南门之外有黄犊食苗道左者。"昭侯谓使者:"毋敢泄吾所问于女!"乃下令曰:"当苗时,禁牛马入人田中,固有令,而吏不以为事,牛马甚多入人田中,亟举其数上之,不得,将重其罪!"于是三乡举而上之。昭侯曰:"未尽也。"复往审之,乃得南门之外黄犊。吏以昭侯为明察,皆悚惧其所,而不敢为非。

周主下令索曲杖,吏求之,数日不能得。周主私使人求之,不移日而得之,乃谓吏曰:"吾知吏不事事也!曲杖甚易也,而吏不能得。我令人求之,不移日而得之,岂可谓忠哉?"吏乃皆悚惧其所,以君为神明。

卜皮为县令,其御史污秽,而有爱妾。卜皮乃使少庶子佯爱之,以知御史阴情。

西门豹为邺令,佯亡其车辖,令吏求之,不能得;使人求之,而得之家人屋间。

〔七〕阳山君相卫,闻王之疑己也,乃伪谤樛竖以知之。

淖齿闻齐王之恶己也,乃矫为秦使以知之。

齐人有欲为乱者,恐王知之,因诈逐所爱者,令王知之。

子之相燕,坐而佯言曰:"走出门者何白马也?"左右皆言不见。有一人走追之,报曰:"有!"子之以此知左右之不诚信。

有相与讼者,子产离之,而无使得通辞,倒其言以告而知之。

卫嗣公使人为客过关市,关市苛难之。因事关市以金,关吏乃舍之。嗣公为关吏曰:"某时有客过而所,与汝金,而汝因遣之。"关吏乃大恐,而以嗣公为明察。

译解:

人主所用以治国的,有七种治术;所考察臣下的,有六种隐微。七种治术:一是头绪众多,必须遍观,不可偏听;二是使刑罚严明,以重威势;三是令赏赐确定,以尽才能;四是不可但听一说,而不反复推求,须督责臣下专司的事;五是使人疑虑,因此不敢为非,差遣人时用诡诈,以探得人的隐情;六是倚恃自己已经知道,更去问别人,别人不知道,就来妄说,以探人的诚伪；七是故意倒过来说，反过来做，以探人的奸情。这七种方法，乃是人主用来治国的。

〔一参观〕若不参考众说，只偏听一人，忠诚的话就听不到了！听话时但听从某一类的话，像有一定的门户似的，人主就要被臣下所欺骗了！其说俱见于矮人的梦见灶；（编者按：具体事实见下文分论，余同。）哀公所说的"不和众人谋事，就要迷惑"的话；齐人说看见河伯和惠子说"丧失了一半"的话。其患必至如竖牛饿死叔孙；江乙所说的楚国的风俗。卫嗣公欲图治国，而不知治术，所以令贵臣宠妾的势力平均。唯有明主知道推求"积铁为室"之类，审察"一市有虎"的患处。

〔二必罚〕仁爱太过，法度就不能成立；威严不足，臣下就侵凌主上，所以刑罚若不坚决，禁令就不能通行。其说俱见董子的行经石邑，子产教游吉的话；孔子的解说陨霜，殷法罚弃灰的人，将行离去乐池，公孙鞅重罚轻罪，丽水的金子不能免于盗窃，积泽的火灾不能救熄；成欢以为齐王太仁爱，齐国必要微弱；卜皮以为魏王太慈惠，终久必至危亡；管仲知道治国应当尚严，所以定死人的罪；卫嗣公知道刑罚须坚决，所以用左氏一个城去买逃亡的罪犯。

〔三赏誉〕奖赏既薄而又不确实，下人就不肯为主上所用；奖赏若厚，而又确实，臣下就肯拼死地做。其说俱见于文子比人为兽鹿；越王的焚烧宫室；吴起赏赐移车辕的人；李悝用射箭决断讼狱；宋国崇门的人以居丧毁瘠而死。勾践知道奖赏的重要,所以在车上看见发怒的青蛙时,便扶着车前的横木板立起来致敬;昭侯知道奖赏的重要,所以将破裤子收藏起来,厚赏能使人变为孟贲和专诸一般勇敢。试看妇人的拾取蚕,渔人的捕捉鳝鱼,就可明白此言之不虚了。

〔四一听〕但听一说,则愚智不分;若督责臣下专司的事,则人臣不得参杂。其说俱见于魏王索取郑地,潜王令人吹竽,其患必至像申子用赵绍、韩沓去试探韩君,所以会有公子氾主张割让河东之地和应侯减少上党兵力的计划。

〔五诡使〕常常召见一人,令他久待,并不派他做事,但是其余的人以为此人受了秘密的使命了,于是终不敢为奸,像鹿子般四散分走了。要使人去探听一事,不明说出来,却故意命他去探听一件我已经知道的事情,这样,此人就不敢私自诳报了。所以庞敬故意召还公大夫,戴谨命人去看辊车,周主失去玉簪,商太宰诡论牛屎。

〔六挟知〕自己已经知道了,更假作不知道去问别人,别人若不知道就妄说,诚伪就可以立辨。精通一样事物,则其余许多隐伏的事都可以显露。其说俱见于昭侯握着一片指甲,假作失落了;必须知道南门外的牛,才能尽获三乡的情实;周主索求曲杖,而群臣畏惧;卜皮令少庶子去交好御史的爱妾,西门豹假意失落车轴上的铁键。

〔七倒言〕故意使言语倒错,事情反转来做,以试探所疑的人,奸情就可以探得。所以阳山故意辱骂樛竖;淖齿假装秦国的使者;齐人想为乱,乃先驱逐他所爱的人;子之要试左右的诚伪,乃假称看见白马;子产分开诉讼的人;嗣公令人行过关市,以察官吏。

以上是经。

〔一〕卫灵公的时候,弥子瑕有宠,在卫国专权。有个矮子去见灵公,说道:"臣的梦验了!"公说:"什么梦?"答道:"梦见了炉灶,就见到了公。"灵公生气道:"我听说:要见到人主的,先梦见太阳。为何见寡人先梦见炉灶呢?"矮子对道:"太阳普照全天下,一样物件,是遮不住它的光辉的。人君普照全国,一个人是壅塞不住他的。所以将看到人主的,先梦见太阳。至于炉灶,一个人在生火,后面的人就看不见火光了。现在或者有一个人在烧君的火吧? 那臣虽梦见炉灶,不也很对吗?"

鲁哀公问孔子道:"俗语曾说:'做事若不和众人商议,必定要迷惑的。'现在寡人做事总和群臣考虑,但是国家更乱,这是什么缘故呢?"孔子对道:"明主询问群臣,总有一些人知道,一些人不知道。所以明主在上,群臣在下才有话可说。现在群臣不都众口一词,勾结一气吗? 季孙将全鲁国尽化为一,君虽去问境内的庶民,仍不能免于乱啊!"

一说:晏婴出聘鲁国,哀公问他道:"俗语说:'做事不和三个人计议,必至迷惑。'现在寡人和一国的人虑事,鲁国仍不免于乱,这是何故呢?"晏子道:"古人所谓'不和三个人计议,必至迷惑'。意思是一个人错误了,第二个人对的,第三个人再加以考虑,事情就议定了。所以说:'没有三个人虑事,必至迷惑。'现在鲁国的群臣以千百数,众口同声,都是季氏的传声筒,人数并非不多,但是说话的,只像是一个人,哪里来的三个人呢?"

齐国有个人向齐王说道:"河伯是个大神,王何不去见一见他呢?臣能使王会见他。"乃在大水上面设一坛场,和王立在上面,稍停,有条大鱼游动,就说:"这就是河伯。"

张仪主张以秦、韩、魏的兵共打齐、楚,而惠施主张以齐、楚为援,停止战争,二人争论不决。群臣左右都替张仪说,说攻打齐、楚有利,没有人说惠施对。王果然听张仪的话,以为惠子的话不可行。攻打齐、楚的事既已议定,惠施进见,王说:"先生不必再讲了! 攻打齐、楚的事果然有利,一国的人都以为然。"惠施因道:"王不可不细加审察! 攻打齐、楚若果然有利,一国的人尽以为有利,难道会有这许多聪明人吗? 攻打齐、楚若真没有利益,而一国的人尽以为有利,难道会有这许多愚笨的人吗? 大凡要考虑,是因为有疑点,倘若真有疑点,必定一半人以为可以,一半的人以为不可以。现在一国的人尽以为可以,王就失去了一半的人了! 为臣下所迫胁的人主,都失去了一半的臣民!"

叔孙为鲁相国,地位高贵,专权擅政。他有个宠爱的人,名叫竖牛,也擅用他的命令。叔孙的儿子名叫壬,竖牛妒忌他,想杀掉他,乃和壬往鲁君处。鲁君赐壬玉环,壬拜受后,不敢就佩戴,使竖牛去向叔孙请示。竖牛欺骗他道:"我已替你问过了,叫你佩戴哩。"壬就佩戴起来,竖牛便去对叔孙说:"何不引壬去见君呢?"叔孙道:"小孩子何足去见。"竖牛道:"壬已经见过国君好几次了!君赐他的玉环,壬已经佩戴起来!"叔孙召壬来一看,见他果然佩着玉环,叔孙发怒,遂将他杀了。壬的哥哥名叫丙,竖牛又妒忌他,想杀掉他。叔孙替丙铸一个钟,钟制成后,丙不敢敲,使竖牛去向叔孙请示。竖牛不替他去请示,又骗他道:"我已经替你请过示了,叫你敲哩。"丙乃敲钟。叔孙听见,道:"丙不来请命,就擅自敲钟!"发怒将丙赶走。丙逃往齐国,住了一年,竖牛去替他向叔孙谢罪,叔孙乃命竖牛召他回来。竖牛不去召他,向叔孙复命道:"我已召过他,他很生气,不肯来。"叔孙大怒,使人去将他杀了。壬和丙既死,叔孙有病,竖牛乃独自看护他,遣去左右的人,不让人进去,说:"叔孙不要听人的声音!"遂不给叔孙饮食,将他饿死。叔孙既死,竖牛不报丧,将他的府库重宝搬走一空,逃往齐国去了。听从所信任之人的话,以至父子都被人害死,这都是不参听众说的害处!

江乙为魏王出使于楚,对楚王说:"臣进王的国境内,听见贵国的习俗是:'君子不掩蔽人的善处,不谈说人的恶处。'真有这话吗?"王说:"有的。"江乙道:"那么像白公那样的叛乱,焉得不成功,令楚国危乱呢? 不过,果然有恶都不言,臣说这话,倒可以免去死罪了。"

卫嗣君重用如耳,宠爱世姬,又恐怕臣下因此二人壅蔽自己,乃贵重薄疑,使他和如耳对持,尊宠魏姬,使他和世姬相比,说道:"以此相参。"嗣君知道应该使自己不被壅蔽,但是不曾得到适宜的办法。嗣君欲使卑贱的人不得訾议贵人,可是,下人是一定要干扰在上的人的判断的,这样,他们必须等待自己获得均衡的力量,然后才敢一起迷乱人生,那么这样,壅蔽人主的臣子实际上更多了。嗣君被壅蔽,实从此开始!

箭来时若有一定的方向,就聚铁于一处,以防备那方;箭来时若没有一定的方向,就制一铁房子(完全的铠甲,从头到脚都是铁,所以叫铁房子)防备四方的箭。这样防备,身体方才不会受伤。所以人对于箭,若四面尽加防范,就不会受伤;君对于臣,若人人尽加防范,就无人为奸。

庞恭将同太子往邯郸去为质,就向魏王说道:"现在有一个人说街上有老虎,王相信吗?"王说:"不相信。"庞恭道:"两个人说街上有老虎,王相信吗?"王说:"不相信。"庞恭道:"三个人说街上有老虎,王相信吗?"王道:"寡人相信了。"庞恭道:"街上明明没有老虎,然而三个人说有老虎就成功了。现在邯郸离开大梁,比街市为远,而议论臣的人不止三个人,希望王加以考虑!"庞恭从邯郸回来时,竟不能再见到魏君。

〔二〕董阏于做赵国的上地守,行经石邑山中,看见深涧笔直得像墙,下面有百仞深浅,因问左右的人道:"乡民曾有跌进这个深涧的吗?"答道:"没有。"又问:"小孩子、瞎子、聋子和神智不清的人,曾有跌进去的吗?"答道:"没有。"又问:"牛马猪狗,曾有跌下去的吗?"答道:"没有。"董阏于乃叹息道:"我能治理人民了!使我的刑法必行,没有赦免,犯了法有如跌进涧去,必死无疑,就没有人敢犯法了,地方怎么会不治理呢?"

子产为郑国的宰相,病重要死之时,对游吉说:"我死之后,你必定治理郑国,你必须以严厉治人。火的形近严厉,所以人少有灼伤的;水的形近懦弱,所以人多淹死;你必须使你的刑罚严厉,不要令人民因你懦弱而淹死!"子产死后,游吉不忍行严刑。郑国的少年大家都做盗匪,聚集在萑泽,将侵犯郑国。游吉率领车骑战士,和他们交战,一天一夜,才能把他们打平。游吉叹息道:"我若早行夫子的话,必不至于这般懊悔了!"

鲁哀公问孔子道:"《春秋》上记载:'冬十二月下霜,草不枯败。'为何要记载这事?"孔子对道:"这是说:可以杀而不杀。应当杀而不杀,桃李冬天就会结实,天若失常道,草木尚要干犯,何况人君呢?"

殷的法度,弃灰在街道上的受刑!子贡以为太重,去问孔子,孔子道:"这很懂得怎样治国!弃灰在街上,必定掩翳别人,别人被灰掩翳,必定发怒,发怒就要争斗,争斗的结果必至三族相残,弃灰能令三族相残,那么虽加以刑罚,也不为过。

并且重刑是人所畏惧的,不弃灰在街上是人所易做的事。使人行其容易做到的事,而不干犯他所畏惧的刑罚,这乃是治国之道。"

一说:殷的法度,弃灰在公路上的,切去他的手!子贡说:"弃灰的罪甚轻,断手的罚过重,古人怎么这样残酷!"孔子道:"不弃灰是容易做到的,切断手是人所难犯的,行容易做到的事,不犯难得犯的刑法,古人觉得容易,所以行这个法度。"

中山的相国乐池,带领一百辆兵车,去出使赵国,在他的客人中,选择一有智能的,命他做将行(官名)。走到半路上,车骑扰乱,乐池道:"我以为公聪明,使公做将行。现在走到半路上就扰乱,却是为何呢?"客人乃告辞而去,说:"公不知道治人的方法!有威足以制服人,有利足以鼓励人也,双管齐下,才能治人。现在臣在君的客人中年最少,以年少的去干涉年长的,以卑贱的去治理尊贵的,而不曾操有利害之权柄以制服他们,这自然要乱了。若当时任用臣时,他们好的,我能使他们做卿相;他们不好的,我可以斩他们的头;这样,怎么会不治理呢?"

公孙鞅定的法,重罚轻罪。重罪是人所难犯的,小过是人所易去的。使人去掉他容易去掉的小过,不要犯他难得干犯的重罪,这乃是治国之道。小过若不生,大罪就不会来,所以人都不犯罪,而祸乱也无从发生了。

一说:公孙鞅说:"行刑罚时,重罚犯轻罪的。轻罪无人犯，重罪更无人敢犯了。这就叫作用轻刑去掉重刑。"

　　楚国的南部，丽水中产金子，人多去偷采金子。官方禁止，捉住就把他们在街上分尸，杀死的人很多，将丽水都壅遏住了，但人还是偷采金子不止。定罪没有比在街市上分尸更重的了，但是仍旧不能禁止，这就是因为犯罪的不必定都被捉获，有的仍可逃脱。现在假使此地有人说："给你天下，随即将你杀死！"虽是平常的人都不肯这样做。拥有天下，是极大的利益，但是尚且不肯做，因为知道虽得有天下，自己必定要被杀死。所以若不一定获得，虽有分尸的酷刑，偷金子仍继续不止；若知道必定要死，虽可以取有天下，也都没有人肯尝试了。

　　鲁国人放火烧积泽，时值北风大作，火势南倾，恐怕延烧着国。哀公恐惧，亲自率领众人去救火，左右没有人，都去赶野兽去了。火救不熄，乃召孔子来问计，孔子道："赶野兽是件快乐的事，又没有惩罚，救火是一件劳苦的事，又不得赏赐，所以没有人去救火了。"哀公说："对的。"孔子道："事情紧急了，来不及行赏。若尽赏救火的人，则举国尚不够赏人，请但行罚！"哀公道："对的。"于是孔子乃下令道："不救火的，等于投降敌人的罪，赶野兽的，应受犯禁的罪！"令既下，尚不曾传扬开来，火已经救熄了。

　　成骧对齐王说："王太仁爱，太不忍人！"齐王说："太仁爱，太不忍人，这不是好话吗？"成骧道："这是人臣的好处，不是人主所宜行的。人臣必须仁慈，然后可与之计事；必须不忍人,然后可与之亲近。若不仁慈,就不可和他共事;若忍人,就不可和他亲近。"齐王道:"那么,寡人何处太仁爱,何处不忍人呢?"成骥道:"王对于薛公太仁慈,对于田氏的族人太不忍。对于薛公太仁慈,大臣的权势就更重;对于田氏族人太不忍,父兄必随意犯法。大臣专权,外面的兵力必渐微弱;父兄犯法,国内的政治必定要混乱。外面兵力微弱,内里政治混乱,这乃是亡国的根本!"

魏惠王问卜皮道:"你在外面所听到的寡人的声名如何?"卜皮道:"臣听很多人说王为人慈惠。"王听了高兴道:"那么,我将做成怎样的功业呢?"卜皮道:"功业必至于灭亡!"王说:"慈惠是好事,行慈惠,怎么会灭亡呢?"卜皮对道:"慈是不忍心,惠是好施恩德。不忍心,就不肯诛戮有罪的人;好施恩德,不等待有功便行赏。有罪不罚,无功受赏,还不会灭亡吗?"

齐国人好厚葬,布帛尽用去做寿衣,木材尽用去造棺材。桓公忧虑,去告诉管仲道:"布帛用尽了,就没有东西制货币,木材用完了,就没有东西充防守之具。然而国人仍厚葬不已,怎样方可禁止住呢?"管仲对道:"大凡人做一事,不是为名,便是为利。"于是乃下令道:"棺椁过度的,将尸身诛戮,定守丧人的罪!"诛戮死者,是不名誉的事,惩罚守丧的人,是没有利益的事。这样,还有谁去厚葬呢?

卫嗣君的时候,有个罪犯逃到魏国去,因替襄王后治病。卫嗣君闻知,差人往魏国去交涉,请用五十金赎这犯人回来,往返五次,魏王仍不肯给,乃用左氏去掉换。群臣左右都进谏道:"用一个大城去买一个犯人,可以这样吗?"卫嗣君道:"这不是你们懂得的。小罪若不即治,大乱必定成功。法度不立,诛戮没有一定,虽有十个左氏,也没有益处;法度既立,诛戮必定,虽失去十个左氏,也不为害。"魏王闻听此说,道:"人主欲图治理,而我不听从他,这必有祸殃。"乃将这犯人交去,献给卫君,不要左氏和金子。

〔三〕齐王问文子道:"治国应当怎样?"答道:"赏罚的权柄是国君的利器,国君应当善加执掌,不可轻以示人。臣子趋就厚赏,犹同鹿子一样,看见草料,总是趋就的。"

越王问大夫种道:"我想去打吴国,可以吗?"答道:"可以的! 我们的赏赐甚厚,又很确实;刑罚严厉,又极坚决。君若欲去打吴国,何不先试烧宫室呢?"于是遂纵火烧宫室,人民不敢去救,乃下令道:"人救火而被烧死的,应受杀敌致死的赏赐;救火没有被烧死的,应受战胜敌人的赏赐;不救火的,应处以投降敌人的罪!"号令既下,人都将身体涂湿,披着湿的衣裳,奔去救火;左面有三千人,右面有三千人,这可以知道越国必定可以战胜。

吴起做魏武侯的西河守,秦国有个小的堡垒,正当边界上。吴起想攻打这堡垒,因为若不去掉它,它对军事有害,但是若要去掉它,又因为它太小,不足以征募甲兵。于是乃将一车上驾马的横木立在北门的外面,下一令道:"有人能将这个移到南门去的,赐他上等的田宅!"人都不去移它。后来有一人将它移到南门,遂赏赐他田宅,一如命令中所许。稍停,又放一石红豆在东门外面,下一令道:"有人能将这个移到西门外去的,赏赐如前。"人争去移。乃更下令道:"明天去攻打那堡垒,有人能够先上去的,封他做国大夫,赐他上等的田宅。"人争着应募,于是出令攻打堡垒,一天就打下了。

李悝做魏文侯上地的守,想人民都精于射箭,乃下令道:"人民中有诉讼,凡是可疑不能决断的,都令他们射箭比赛,射中的胜,不中的输。"令一下,人都赶紧练习,日夜不息。及至和秦人开战,大败秦兵,因为人民都精于射箭。

宋国崇门的居民,有一人因为守丧哀毁过甚,身体瘦瘠,官长以为他孝顺,举他做官师。明年以后,人以哀毁而死的,每年有十多个人。人子之服亲丧,出于情爱,然而尚且可以用奖赏劝免,何况君上之于人民咧!

越王谋伐吴国,想人民都轻死力战。于是出去时看见发怒的蛙,乃扶着车上的木板,起立致敬。侍从的人问道:"为何向这个致敬呢?"越王道:"因为它尚气。"从明年起,自动请将头献给王的,每年都有十多个人。这样看来,称誉人能够使人为名誉牺牲。

一说:越王勾践看见发怒的蛙,扶着车上的木板,立起来致敬。驾车的问道:"为何要致敬?"王道:"蛙这样尚气,可以不对它致敬吗?"士人闻听这事,都说:"蛙尚气,王尚且向它致敬,何况士人有勇气的呢!"这一年,便有人自刎而死,遗命旁人将他的头献给越王。越王将伐吴报仇,先要试试人民,于是放火烧台,击鼓令人奔赴救火,人民不畏避,因为有赏;临着江边,击鼓令人奔赴投水,人民不畏避,因为这样也可以得赏;开战时使人割断颈项,划破肚子,一些都不迟疑,因为这样可以获赏,何况依着法度,进用贤人,其鼓励的效力必更甚于此了。

韩昭侯使人收藏破裤子,侍者说:"君也太不仁慈了! 破裤子不赏给左右的人,还要收藏起来。"昭侯道:"你们不懂得。我听说明主一颦眉一笑,都爱惜不肯轻用,颦眉和笑尚且不肯妄为,现在裤子怎比得颦眉和笑哩? 裤子和颦眉笑,差得远了,我必定要将它收起来,等待有功的人,现在还不给人呢!"

鳝鱼像蛇,蚕像毛虫。人看见蛇就害怕,看见毛虫,寒毛就竖起。然而妇人拾蚕,渔人捕捉鳝鱼,利之所在,就忘去了厌恶的心,都变成孟贲、专诸了。

〔四〕魏王对郑王说:"当初郑和梁(魏国)原是一国,后来才分开。现在想再将郑合并归梁。"郑君忧急,乃召群臣来,共谋应付魏国。郑公子对郑君说道:"这很容易回答。君可对魏王说:'以郑国原来和梁是一国,可以合并,那敝国也愿梁合并于郑。'"魏王闻听这话,方才作罢。

齐宣王使人吹竽,必须三百人一齐吹。南郭的处士请为王吹竽,宣王觉得好,供给他数百人的口粮。宣王死后,湣王即位,吹竽时,喜欢分开来一个个地听,处士就逃走了。

一说:韩昭侯说:"吹竽的人甚多,我不知道谁吹得好。"田严道:"一个一个地分开来听。"

赵令人因申子(申不害)向韩国求兵,预备去攻打魏国。申子想去对昭侯说,又恐怕昭侯疑心他勾结外国图利,若不去说,又恐得罪赵国。乃令赵绍和韩沓去试探昭侯的态度如何,然后再去说。内里知道昭侯的意思,外面更立下收服赵国的功劳。

齐、韩、魏三国的兵侵入秦境。秦王向楼缓道:"三国的兵患深了!寡人想割河东的地,与他们讲和,你以为何如?"楼缓道:"割去河东的地,这损失很大;但是免去国家的患难,这功劳也很大。解决这事,乃是长者的责任,王何不召公子氾来,问问他呢?"王乃召公子氾来问这事。公子氾对道:"讲和后要悔恨,不讲和,随后也要悔恨。王现在若分割河东的地方讲和,三国的兵退去后,王必定要说:'三国的兵本要退去,我独以三个城送给他们!'现在若不讲和,等三国的兵深入国境,国家被占领,王必定又要悔恨道:'就是不曾献这三国城所致啊!'臣所以说:王讲和要悔恨,不讲和也要悔恨。"王说:"都是悔恨,宁可失去三个城而悔恨,不要让国家危险而悔恨。寡人决定讲和了!"

应侯对秦王说:"王已得有宛、叶、蓝田和阳夏,切断河内之地,追胁梁、郑,然而仍未成功王业,就是因为赵不曾服。若减轻上党的兵力,所弃的不过一郡,将军队移往东阳,邯郸就危险了,就像放在嘴里的虱子一样。王拱着手令天下朝服,谁后服,就出兵去打他。但是上党的地方甚安乐,又烦剧难治,臣恐怕减轻该处的兵力,王不听哩!怎么办呢?"王说:"决定减少上党的兵力了。"

〔五〕庞敬做县令时,派市者先行,召公大夫回来,站了一会,不同他说什么话,又把他遣开。市者以为县令和公大夫讲了什么话,不敢相信公大夫,遂不敢作弊。

戴驩做宋国的太宰,夜里命令人道:"有几天夜里,我听见有人乘坐辒车到李史的门口,你替我看看!"使者看后,回报道:"不曾看见辒车,但见有人拿着装衣裳的竹器,在和李史讲话。稍停,李史接过装衣裳的竹器去。"

周主失落玉簪,令吏人去找,找了三天都找不着。周主更令人去寻找,在一处平民的屋里找着了。周主说:"我知道吏人不肯认真办事!簪子寻了三天,都寻不着,我令人去寻,不到一天就找着了!"于是官吏尽皆恐惧,以为国君神明。

商太宰差少庶子往街上去,等他回来时,问他道:"在街上看见些什么?"回道:"没有看见什么。"太宰道:"虽然如此,到底看见些什么?"道:"南门的外面,有很多牛车,仅可通行。"太宰乃关照使者,不许告诉人我问你的话,乃召市吏来,诃责他道:"市门的外面,为何有那么多牛屎?"市吏很奇怪太宰怎么知道得这样快,都畏惧他的明察。

〔六〕韩昭侯剪指甲,假装掉了一片,其实握在手里。催着人去找,左右乃剪一片指甲,献给他,昭侯因此知道左右的诚伪。

韩昭侯派人往县邑视察,使者回报,昭侯问道:"看见些什么?"回道:"没有看见什么东西。"昭侯道:"但是,究竟看见了什么东西?"道:"在南门的外面,有匹黄色的小牛,在吃路边初生的谷子。"昭侯对使者道:"不许将我问你的话泄漏出去!"乃下令道:"当谷子初生时,禁止牛马到人的田里去,已有明令在先,然而吏人仍疏忽职守,不注意这事,有许多牛马跑到人的田里去。如今赶紧将牛马的数目奏上,若查不出,要严重地处罚!"于是三乡举出牛马的数目奏上,昭侯说:"尚不曾全举出,再去查查看!"在南门的外面,果然发现了黄色的小牛。大家以昭侯为明察,都畏惧他,不敢做非分的事。

周主下令搜求一根弯曲的拐杖,吏去寻找,找了几天都找不着。周主私自差人去寻,不到一天便寻着了。乃对吏人说道:"我知道吏人忽视职守,不肯认真办事。一根弯曲的拐杖是很容易寻找的,可是吏人都寻不着,我派人去寻找,不到一天便寻着了。这还算得忠心吗!"吏人以为周主神明,都畏惧不敢为非。

卜皮做县令时,他的御史为人贪鄙卑污,有一个宠爱的姜。卜皮乃令他的少庶子(官名)假作和这姜相好,以此尽知御史的隐情。

西门豹做邺令时,有一次假装失落了车轴上的铁键,令吏人去寻找,找不着,自己更派人去寻找,在一户平民的屋里找着了。

〔七〕山阳君为韩相国时,听说王疑心他,他想探知究竟,乃故意辱骂樛竖,以探知王对自己的态度。

淖齿听说齐王恶恨他,乃令人假作秦国的使臣去见王,以探知王的隐情。

齐国有个人想造反,恐怕齐王知道,遂假意将他所亲爱的人驱逐走,使齐王知道这事,更不疑心他。

子之做燕相国时,有一次和众人坐着,忽然假装看见了什么,说:"走出门去的一匹什么白马?"左右的人都说不曾看见。有一人走出去追看,回报道:"有的。"子之因此知道左右谁对他不诚实。

有人互相争讼,子产乃将他们隔别分开,使他们不能互相知道彼此说的什么话,更将甲的话告诉乙,将乙的话告诉甲,以探知彼此的真情。

卫嗣公使人假扮客人,行经关市,关市苛难他,不放他过去。此人乃疏通关市,得见关吏,更用金子贿赂关吏,乃得通过。卫嗣公乃召这关吏来,对他说道:"某时,有个客人行经你管的地方,给你些金子,你便放他过去!"关市大惊,以嗣公为明察。

内储说下六微

六微：一曰权借在下，二曰利异外借，三曰托于似类，四曰利害有反，五曰参疑内争，六曰敌国废置。此六者，主之所察也。

权势不可以借人，上失其一，臣以为百。故臣得借，则力多，力多，则内外为用，则人主壅，其说在老聃之言失鱼也。是以人主久语，而左右鬻怀刷，其患在胥僮之谏厉公，与州侯之一言，而燕人浴矢也。

权借一

君臣之利异，故人臣莫忠，故臣利立而主利灭。是以奸臣者，召敌兵以内除，举外事以眩主，苟成其私利，不顾国患，其说在卫人之妻夫祷祝也。故戴歇议子弟，而三桓攻昭公；公叔内齐军，而翟黄召韩兵；太宰嚭说大夫种，大成牛教申不害，司马喜告赵王，吕仓规秦、楚，宋石遗卫君书，白圭教暴谴。

利异二

似类之事，人主之所以失诛，而大臣之所以成私也。是以门人捐水而夷射诛，济阳自矫而二人罪，司马喜杀爰骞，而季辛诛；郑袖言恶臭，而新人劓；费无忌教郤宛，而令尹诛，陈需杀张寿，而犀首走；故烧刍廥而中山罪，杀老儒而济阳赏也。

似类三

事起而有所利，其尸主之；有所害，必反察之。是以明主之论也，国害则省其利者，臣害则察其反者。其说在楚兵至而陈需相，黍种贵而廪吏覆。是以昭奚恤执贩茅，而不僖侯谯其次，文公发绕炙，而穰侯请立帝。

有反四

参疑之势，乱之所由生也，故明主慎之。是以晋骊姬杀太子申生，而郑夫人用毒药，卫州吁杀其君完，公子根取东周，王子职甚有宠，而商臣果作乱，严遂、韩廆争，而哀侯果遇贼，田常、阚止、戴驩、皇喜敌，而宋君、简公杀。其说在狐突之称二好，与郑昭之对未生也。

参疑五

敌之所务在淫察而就靡，人主不察，则敌废置矣。故文王资费仲，而秦王患楚使，黎且去仲尼，而干象沮甘茂。是以子胥宣言而子常用，内美而虞、虢亡，佯遗书而苌弘死，用鸡猳而郐桀尽。

废置六

参疑废置之事，明主绝之于内，而施之于外，资其轻者，辅其弱者，此谓庙攻。参伍既用于内，观听又行于外，则敌伪得。其说在秦侏儒之告惠文君也，故襄疵言袭邺，而嗣公赐令席。

庙攻

右经

〔一〕势重者，人主之渊也，臣者，势重之鱼也。鱼失于渊，而不可复得也；人主失其势，重于臣，而不可复收也。古之人难正言，故托之于鱼。

赏罚者，利器也，君操之以制臣，臣得之以拥主。故君先见所赏，则臣鬻之以为德；君先见所罚,则臣鬻之以为威。故曰:"国之利器,不可以示人。"

靖郭君相齐,与故人久语,则故人富;怀左右刷,则左右重。久语怀刷,小资也,犹以成富,况于吏势乎?

晋厉公之时,六卿贵。胥僮长鱼矫谏曰:"大臣贵重,敌主争事,外市树党,下乱国法,上以劫主,而国不危者,未尝有也。"公曰:"善!"乃诛三卿。胥僮长鱼矫又谏曰:"夫同罪之人,偏诛而不尽,是怀怨而借之间也。"公曰:"吾一朝而夷三卿,予不忍尽也。"长鱼矫对曰:"公不忍之,彼将忍公。"公不听,居三月,诸卿作难,遂杀厉公,而分其地。

州侯相荆,贵而主断,荆王疑之,因问左右,左右对曰"无有",如出一口也。

燕人惑易,故浴狗矢。燕人其妻有私通于士,其夫早自外而来,士适出,夫曰:"何客也?"其妻曰:"无客。"问左右,左右言无有,如出一口。其妻曰:"公惑易也。"因浴之以狗矢。

一曰：燕人李季好远出，其妻私有通于士，季突至，士在内中，妻患之，其室妇曰："令公子裸而解发，直出门，吾属佯不见也。"于是公子从其计，疾走出门。季曰："是何人也？"家室皆曰："无有。"季曰："吾见鬼乎？"妇人曰："然！"，"为之奈何？"曰："取五牲之矢浴之。"季曰："诺！"乃浴以矢。一曰浴以兰汤。

〔二〕卫人有夫妻祷者，而祝曰："使我无故，得百束布。"其夫曰："何少也？"对曰："益是，子将以买妾。"

荆王欲宦诸公子于四邻，戴歇曰："不可！"，"宦公子于四邻，四邻必重之。"曰："子出者重，重则必为所重之国党，则是教子于外市也，不便。"

鲁孟孙、叔孙、季孙相戮力劫昭公，遂夺其国而擅其制。鲁三桓公逼，昭公攻季孙氏，而孟孙氏、叔孙氏相与谋曰："救之乎？"叔孙氏之御者曰："我，家臣也，安知公家？凡有季孙与无季孙，于我孰利？"皆曰："无季孙必无叔孙。""然则救之。"于是撞西北隅而入，孟孙见叔孙之旗入，亦

217

救之。三桓为一,昭公不胜,逐之,死于乾侯。

公叔相韩而有攻齐,公仲甚重于王,公叔恐王之相公仲也,使齐、韩约而攻魏。公叔因内齐军于郑,以劫其君,以固其位,而信两国之约。

翟璜,魏王之臣也,而善于韩,乃召韩兵令之攻魏,因请为魏王构之以自重也。

越王攻吴,吴王谢而告服,越王欲许之,范蠡、大夫种曰:"不可!昔天以越与吴,吴不受,今天反夫差,亦天祸也,以吴予越,再拜受之,不可许也。"太宰嚭遗大夫种书曰:"狡兔尽则良犬烹,敌国灭则谋臣亡。大夫何不释吴而患越乎?"大夫种受书读之,太息而叹曰:"杀之,越与吴同命。"

大成牛从赵,谓申不害于韩曰:"以韩重我于赵,请以赵重子于韩。是子有两韩,我有两赵。"

司马喜,中山君之臣也,而善于赵,尝以中山之谋,微告赵王。

吕仓,魏王之臣也,而善于秦、荆,微讽秦、荆,令之攻魏,因请行和,以自重也。

宋石，魏将也。卫君，荆将也。两国构难，二子皆将。宋石遗卫君书曰："二军相当，两旗相望，唯毋一战，战必不两存，此乃两主之事也，与子无有私怨，善者相避也。"

白圭相魏，暴谴相韩。白圭谓暴谴曰："子以韩辅我于魏，我以魏待子于韩。臣长用魏，子长用韩。"

〔三〕齐中大夫有夷射者，御饮于王，醉甚而出，倚于郎门。门者刖跪请曰："足下无意赐之余沥乎？"夷射叱曰："去！刑余之人，何事乃敢乞饮长者！"刖跪走退。及夷射去，刖跪因捐水郎门霤下，类溺者之状。明日，王出而诃之曰："谁溺于是？"刖跪对曰："臣不见也。虽然，昨日中大夫夷射立于此。"王因诛夷射而杀之。

魏王臣二人不善济阳君，济阳君因伪令人矫王命，而谋攻己。王使人问济阳君，曰："谁与恨？"对曰："无敢与恨。虽然，尝与二人不善，不足以至于此。"王问左右，左右曰："固然。"王因诛二人者。

季辛与爱骞相怨。司马喜新与季辛恶,因微令人杀爱骞。中山之君以为季辛也,因诛之。

荆王所爱妾有郑袖者。荆王新得美女,郑袖因教之曰:"王甚喜人之掩口也,为近王,必掩口。"美女入见,近王,因掩口。王问其故,郑袖曰:"此固言恶王之臭。"及王与郑袖、美女三人坐,袖因先诫御者曰:"王适有言,必亟听从王言。"美女前,近王,甚数掩口,王悖然怒曰:"劓之!"御因揄刀,而劓美人。

一曰:魏王遗荆王美人,荆王甚悦之。夫人郑袖知王悦爱之也,亦悦爱之,甚于王,衣服玩好,择其所欲为之。王曰:"夫人知我爱新人也,其悦爱之,甚于寡人。此孝子所以养亲,忠臣之所以事君也。"夫人知王之不以己为妒也,因为新人曰:"王甚悦爱子,然恶子之鼻。子见王,常掩鼻,则王长幸子矣。"于是新人从之,每见王,常掩鼻。王谓夫人曰:"新人见寡人,常掩鼻,何也?"对曰:"不己知也。"王强问之,对曰:"顷尝言,恶闻王臭。"王怒曰:"劓之!"夫人先诫御者曰:"王适有言，必可从命。"御者因揄刀，而劓美人。

费无极，荆令尹之近者也。郤宛新事令尹，令尹甚爱之。无极因谓令尹曰："君爱宛甚，何不一为酒其家？"令尹曰："善！"因令之为具于郤宛之家。无极教宛曰："令尹甚傲而好兵，子必谨敬，先亟陈兵堂下及门庭。"宛因为之。令尹往而大惊曰："此何也？"无极曰："君殆去之，事未可知也。"令尹大怒，举兵而诛郤宛，遂杀之。

犀首与张寿为怨，陈需新入，不善犀首，因使人微杀张寿，魏王以为犀首也，乃诛之。

中山有贱公子，马甚瘦，车甚弊，左右有私不善者，乃为之请王曰："公子甚贫，马甚瘦，王何不益之马食？"王不许，左右因微令夜烧刍厩，王以为贱公子也，乃诛之。

魏有老儒而不善济阳君，客有与老儒私怨者，因攻老儒杀之，以德于济阳君曰："臣为其不善君也，故为君杀之。"济阳君因不察而赏之。

一曰：济阳君有少庶子，有不见知，欲入爱于君者。齐使老儒掘药于马梨之山，济阳少庶子欲以为功，入见于君曰："齐使老儒掘药于马梨之山，名掘药也，实间君之国，君杀之，是将以济阳君抵罪于齐矣，臣请刺之。"君曰："可！"于是明日得之城阴而刺之，济阳君还益亲之。

〔四〕陈需，魏王之臣也，善于荆王，而令荆攻魏。荆攻魏，陈需因请为魏王行解之，因以荆势相魏。

韩昭侯之时，黍种常贵甚。昭侯令人覆廪，吏果窃黍种，而粜之甚多。

昭奚恤之用荆也，有烧仓廥窌者，而不知其人。昭奚恤令吏执贩茅者而问之，果烧也。

昭僖侯之时，宰人上食，而羹中有生肝焉。昭侯召宰人之次，而诮之曰："若何为置生肝寡人羹中？"宰人顿首，服死罪曰："窃欲去尚宰人也。"

一曰：僖侯浴，汤中有砾，僖侯曰："尚浴免，则有当代者乎？"左右对曰："有。"僖侯曰："召而来。"谯之曰："何为置砾汤中？"对曰："尚浴免，则臣得代之，是以置砾汤中。"

文公之时，宰臣上炙，而发绕之。文公召宰

人,而谯之曰:"女欲寡人之哽邪? 奚为以发绕炙?"宰人顿首,再拜请曰:"臣有死罪三:援砺砥刀,利犹干将也,切肉,肉断而发不断,臣之罪一也;援锥贯脔而不见发,臣之罪二也;奉炽炉,炭火尽赤红,而炙熟,而发不烧,臣之罪三也。堂下得无微有疾臣者乎?"公曰:"善!"乃召其堂下而谯之,果然,乃诛之。

一曰:晋平公觞客,少庶子进炙而发绕之,平公趣杀炮人,毋有反令。炮人呼天曰:"嗟乎! 臣有三罪,死而不自知乎!"平公曰:"何谓也?"对曰:"臣刀之利,风靡骨断,而发不断,是臣之一死也;桑炭炙之,肉红白而发不焦,是臣之二死也;炙熟,又重睫而视之,发绕炙而目不见,是臣之三死也。意者堂下其有翳憎臣者乎? 杀臣,不亦蚤乎?"

穰侯相秦而齐强。穰侯欲立秦为帝,而齐不听,因请立齐为东帝,而不能成也。

〔五〕晋献公之时,骊姬贵,拟于后妻,而欲以其子奚齐代太子申生,因患申生于君而杀之,遂立奚齐为太子。

郑君已立太子矣，而有所爱美女，欲以其子为后。夫人恐，因用毒药贼君杀之。

卫州吁重于卫，拟于君，群臣百姓尽畏其势重，州吁果杀其君而夺之政。

公子朝，周太子也，弟公子根甚有宠于君，君死，遂以东周叛，分为两国。

楚成王以商臣为太子，既而又欲置公子职。商臣作乱，遂攻杀成王。

一曰：楚成王商臣为太子，既欲置公子职。商臣闻之，未察也，乃为其傅潘崇曰："奈何察之也？"潘崇曰："飨江芈而勿敬也。"太子听之。江芈曰："呼，役夫！宜君王之欲废女而立职也。"商臣曰："信矣！"潘崇曰："能事之乎？"曰："不能。""能为之诸侯乎？"曰："不能。""能举大事乎？"曰："能。"于是乃起宿营之甲，而攻成王。成王请食熊膰而死，不许，遂自杀。

韩廆相韩哀侯，严遂重于君，二人甚相害也。严遂乃令人刺韩廆于朝。韩廆走君而抱之，遂刺韩庞而兼哀侯。

田恒相齐，阚止重于简公，二人相憎而欲相贼也。田恒因行私惠，以取其国，遂杀简公，而夺之政。

戴驩为宋太宰，皇喜重于君，二人争事而相害也，皇喜遂杀宋君而夺其政。

狐突曰："国君好内则太子危，好外则相室危。"

郑君问郑昭曰："太子亦何如？"对曰："太子未生也。"君曰："太子已置，而曰未生何也？"对曰："太子虽置，然而君之好色不已，所爱有子，君必爱之，爱之则必欲以为后，臣故曰：'太子未生也。'"

〔六〕文王资费仲，而游于纣之旁，令之谏纣，而乱其心。

荆王使人之秦，秦王甚礼之。王曰："敌国有贤者，国之忧也。今荆王之使者甚贤，寡人患之。"群臣谏曰："以王之贤圣，与国之资厚，愿荆王之贤人。王何不深知之，而阴有之，荆以为外用也,则必诛之。"

仲尼为政于鲁,道不拾遗,齐景公患之。犁且谓景公曰:"去仲尼,犹吹毛耳。君何不迎之以重禄高位,遗哀公女乐,以骄荣其意?哀公新乐之,必怠于政,仲尼必谏,谏必轻绝于鲁。"景公曰:"善。"乃令犁且以女乐六遗哀公,哀公乐之,果怠于政,仲尼谏,不听,去而之楚。

楚王谓干象曰:"吾欲以楚扶甘茂而相之秦,可乎?"干象对曰:"不可也!"王曰:"何也?"曰:"甘茂少而事史举先生,史举,上蔡之监门也,大不事君,小不事家,以苛刻闻天下,茂事之顺焉。惠王之明,张仪之辨也,茂事之,取十官而免于罪,是茂贤也。"王曰:"相人敌国而相贤,其不可,何也?"干象曰:"前时王使邵滑之越,五年而能亡越,所以然者,越乱而楚治也。日者知用之越,今亡之秦,不亦太亟亡乎?"王曰:"然则为之奈何?"干象对曰:"不如相共立。"王曰:"共立可相,何也?"对曰:"共立少见爱幸,长为贵卿,被王衣,含杜若,握玉环,以听于朝,且利以乱秦矣。"

吴攻荆，子胥使人宣言于荆曰："子期用，将击之。子常用，将去之。"荆人闻之，因用子常而退子期也。吴人击之，遂胜之。

晋献公伐虞、虢，乃遗之屈产之乘，垂棘之璧，女乐二八，以荣其意，而乱其政。

叔向之谗苌弘也，为书曰："苌弘谓叔向曰：'子为我谓晋君，所与君期者时可矣，何不亟以兵来？'"因佯遗其书周君之庭，而急去行。周以苌弘为卖周也，乃诛苌弘而杀之。

郑桓公将欲袭邻，先问邻之豪杰、良臣、辩智、果敢之士，尽与其姓名，择邻之良田赂之，为官爵之名而书之，因为设坛场郭门之外而埋之，衅之以鸡豭，若盟状。邻君以为内难也，而尽杀其良臣。桓公袭邻，遂取之。

〔七〕秦侏儒善于荆王，而阴有善荆王左右，而内重于惠文君，荆适有谋，侏儒常先闻之，以告惠文君。

邺令襄疵，阴善赵王左右，赵王谋袭邺，襄疵常辄闻，而先言之魏王。魏王备之，赵乃辄还。

卫嗣君之时,有人于县令之左右,县令发蓐,而席弊甚。嗣公还,令人遗之席曰:"吾闻汝今者发蓐,而席弊甚,赐汝席。"县令大惊,以君为神也。

译解:

臣下六样隐微之情:一是主上的权势移归臣下;二是君臣的利害不同,臣下借外国的势力迫胁人主;三是臣子借相类的事,蒙混人主,以成其私;四是设计陷害某人,或破坏某事,结果使自己得到相当的利益;五是臣下互相疑妒,争夺政权;六是敌国利在我国政治隳坏,设法使我废弃贤臣,任用奸臣。这六样隐微之情,乃是人主所应当提防的。

〔一权借〕权势不可以转借给别人,主上失去一分权势,臣子就拥有百倍的权势。所以臣子若得有权势,势力就大了,势力既大,内外的人都将听彼使用,内外都受彼驱使,人主就为之壅塞。其说俱见于老聃鱼失了水的比喻;靖郭君和故人谈话稍久,给左右拭衣的刷子;其患必至如胥僮的谏止厉公;左右众口一词的卫护州侯;以及燕人用狗屎洗澡。

〔二利异〕君臣的利害点不同,所以臣子不肯尽忠。臣子有利益时,主上就没有利益,所以奸臣召引敌兵,以除国内的私仇,举外面的事情,来眩惑人主。若能成功他的私利,国家虽有祸患,他是不管的。其说俱见于衡人夫妻的祷祝;戴歇的议论诸公子;三桓攻打鲁昭公;公叔请齐兵;翟黄召韩兵;太宰嚭游说大夫种;大成牛指教申不害;司马喜将中山的事报告赵王;吕仓规劝秦、楚;宋石给卫君书信;白圭教暴谴互相提携。

〔三似类〕互相类似的事,每易眩惑人主,使其诛戮失当,使大臣得以任意营私。所以门者泼水在堂前,而夷射被诛,济阳君私传君命,而二人被戮。司马喜杀爱骞后,季辛被中山君杀死,郑袖说新人怕臭,新人就被割去鼻子。费无忌教郤宛陈兵堂下,令尹遂杀郤宛,陈需刺杀张寿,犀首遂被驱逐,焚烧积聚马的草料,中山君遂处罚贱公子,刺杀年老的儒生,济阳君遂赏赐行刺的客人。

〔四有反〕凡是一件事情发生后,若是有利的,这是国君主使的;若是有害的,国君应当反察是谁人所为的。所以明主推求事物的本原,若一事对于国家有害,就反想这事对于何人有利;若一事对于臣子某人有害,就反想这结果对于何人有相反的影响。其说俱见于楚兵一到,陈需遂为相国;黍种价贵,廪吏果然被查到有罪;昭奚恤捉贩卖茅草的;昭僖侯责问宰人的次级的官;晋文公审问发绕烤肉的事;穰侯请齐王自立为东帝。

〔五参疑〕臣下若互相疑妒,国中必有祸乱,明主对于这事最当心。所以晋骊姬杀太子申生,郑夫人用毒药弑君,卫州吁杀卫君完,公子根取东周。王子职甚被宠爱,商臣遂作乱,严遂与韩廆相争,哀公便被刺,田常和阚止争权,简公遂被杀,戴驩与皇喜争权,宋君便遇害。其说俱见于狐突所说"二好"的危险,郑昭回答太子未生的讽刺。

〔六废置〕敌国希望我国的国君视听错乱,国事日非,人主若不明白敌人的意思,敌人就可以任意使我国举用奸邪,废弃贤臣了。所以文王利用费仲,秦王忧楚国的使臣为患,犁且阻止孔子在鲁国为官,干象阻止用甘茂。伍子胥使楚国受骗,子常遂被任用,晋献公馈送美人,虞虢遂被灭亡,造假信给周君,周君遂将苌弘杀死,假用鸡和猪盟誓,鄏君遂尽杀国中的豪杰。

国内臣子互相疑妒争权,以及敌国操纵我国人才的任用或废免,这些事情,明主务使他的国内不发生,更利用敌国有这类事情。敌国有这类事,当加以利用,加以赞助,这就叫作庙攻——于庙堂之上设计攻击敌国内里。既将事情参比考验,外面又遣人四下观察探听,敌国的虚实就可以晓得了。其说俱见于秦国的矮人将楚国之情实报告惠文君,襄疵预言赵国袭取邺的阴谋,卫嗣公赐县令席子。

以上是经

〔一〕权势是人主的深渊,臣子是权势中的鱼。纵鱼逃入深渊中,就再捉不到了。人主失去权势,为人臣所有,就再收复不回来了。古人不好直说,乃用鱼来比喻。

赏罚是一国的利器,人君操此以制臣子,臣子得此以壅塞人主。所以人君意欲行赏,若事前表示出来,臣子就可以因此假意施恩惠;人君意欲行刑,若事前表示出来,臣子就可以因此妄作威福。所以说,国家的利器不可以让人看见。

靖郭君为齐相国,与故人谈话,历时稍久,故人遂因此致富;给左右拭衣的刷子,左右人的势力因此更隆重。谈话稍久,给拭衣的刷子,这都是极小的凭借,然而臣下尚且因之致富,何况给他们权势呢?

晋厉公的时候,六卿贵重。胥僮长鱼矫进谏道:"大臣贵重,敌主争事,外面树立私党,下面扰乱国法,上面迫胁人主,国家这样还不危亡,那是没有的事!"厉公道:"很对。"乃诛戮三卿。胥僮长鱼矫又谏道:"同罪的人,但诛戮数人,又不一齐诛戮,这乃是令他怨恨,更给他们间隙。"厉公说:"我一天就杀了三卿,我不忍全杀他们。"长鱼矫对道:"公不忍杀他们,他们却忍心伤害公!"厉公不听,过了三个月,诸卿作乱,便杀了厉公,分有其地。

州侯为楚相国,贵重专权主断。楚王疑心他不忠,去问左右的人,他是否专权,左右的人都回说:"没有的事。"众人都这样回答,好像从一张嘴里说出来的话。

燕人容易被人迷惑,所以结果至于用狗屎洗澡。燕人的妻子和一士人私通,燕人早晨从外面归来,士人适从内里走出,燕人问:"什么客人?"妻子说:"没有客呀!"再问左右,左右都说没有,像一张嘴里说出来似的。妻子因道:"公容易迷惑。"乃令他用狗屎洗澡。

一说:燕人李季喜欢往远方去。他的妻子和一士人私通,李季一天忽然回来,士人正在屋内,妻子着急,妾说:"可令公子赤身露体,解散头发,直走出门去,我们都假装不曾看见。"于是士人乃依计而行,急忙走出门去。李季道:"这是什么人?"妻和妾都说:"没有人呀!"李季道:"难道我看见了鬼吗?"妻子说:"是的。"李季道:"怎么办呢?"妻子道:"可用牛、羊、鸡、狗、猪的屎沐浴,以被除邪祟。"李季道:"是了。"乃照着妻子的话,用屎沐浴。一说,是用兰汤沐浴的。

〔二〕卫人有夫妻二人在祈祷,妻子祷告道:"使我无故得一百束布。"夫道:"为何只要这么少?"妻道:"再多,你要买妾了!"

楚王要令诸公子往邻国去做官,戴歇道:"不可以。"楚王说:"他们在四面的邻国为官,邻国必将倚重他们。"戴歇道:"公子既出,邻国倚重他,他必和倚重他的国结党,这乃是教子弟勾结外国,为祸国家,这对于本国是很不利的!"

鲁国的孟孙、叔孙和季孙三家,勠力迫胁昭公,遂篡夺了鲁国的政权,政权归三家执掌。

一说:鲁国孟孙等三家侵凌公室,昭公去攻打季孙氏,孟孙氏和叔孙互相计议道:"救不救他呢?"叔孙的御者说道:"我是家臣,怎么知道公家的事? 有没有季孙,对于我又有什么关系?"众人都说:"没有季孙氏,必定也没有叔孙氏,那么去救他们吧！"于是撞开西北重围进去,孟孙见叔孙的旗帜进去,也率兵去救。三家的兵聚合为一,昭公不能抵敌,乃逃往齐国,死在乾侯。

公叔为韩相国,又和齐国亲善。公仲甚为韩王所重,公叔恐怕公另委他做相国,乃使齐、韩二国联兵去攻打魏国,却乘此将齐兵引进韩国,以要挟韩王,使他的地位稳固,又实践了两国的约定。

翟璜在魏国为臣,又和韩国亲善,乃去请韩国的兵来攻打魏国,他再去替魏王向韩国讲和,地位因此更增高了。

越王攻打吴王,吴王谢罪投降,越王将要允许。范蠡和大夫种谏道:"不可以,从前,天把越赐给吴,吴不接受,现在我们若把夫差放回,也要受天祸的！天把吴给越,应当再拜接受,不可允许他的要求。"吴国的太宰嚭乃写封信给大夫种道:"狡兔既完,猎犬就要被煮死了;敌国既灭,谋臣也就要被杀戮了。大夫何不释去吴国,来让越国感到危机呢！"大夫种接到书信,看罢,叹息道:"将使者杀了。越国和吴国的命运相同。"

大成牛在赵国为臣,去对韩国的申不害说:"你以韩国援助我,增加我在赵国的势力;我以赵国援助你,增加你在韩国的势力。这样一来,你等于有两个韩国,我等于有两个赵国了。"

司马喜是中山君的臣子,又和赵国亲善,于是常常将中山的计划暗地去报告给赵王。吕仓是魏王的臣子,又和秦、楚二国亲善,于是乃挑拨秦、楚,令他们出兵攻打魏国,他再去替魏国讲和,以增进他自己的地位。

　　宋石在魏国做将官,卫君在楚国做将官,魏、楚两国开战,宋石和卫君都领兵出征。宋石写封信给卫君道:"两面的军队相遇,两军的旗帜相对,一定不要开战,交战就不能两存。这乃是两国人主的事情,我和你又没私仇,漂亮点的还是避开吧!"

　　白圭为魏国的相国,暴谴为韩国的相国。白圭遂对暴谴说道:"你以韩国辅助我,使我在魏国的势力增强;我以魏国扶持你,使你在韩国的地位稳固。如此,我可永远治理魏国,你可永远治理韩国。"

　　〔三〕齐国有个中大夫名叫夷射的,齐王赐他饮宴,吃得大醉出来,倚着郎门站立。看门的是一个断了脚的人,向他请求道:"足下就不肯赏我点酒喝吗?"夷射骂道:"滚开!受过刑的人怎敢向长者讨酒吃!"看门的乃避开。等夷射走后,他遂捧些水泼在郎门的堂前,类似便溺了的样子。明天王出来看见,诃责道:"谁在这里便溺的?"看门的回道:"臣不曾看见,昨天只有中大夫夷射曾在此地站过。"王乃责问夷射,将他杀死。

　　魏王有两个臣子都和济阳君有仇怨,济阳君乃令人假传王命,准备攻打自己。魏王使人去问济阳君道:"你和谁有仇恨?"对道:"不敢和谁结仇恨。但是曾和某某二人不和睦,可是也不至于此。”王询问左右的人，左右都回说：“实有这事。”
王便把这两人杀了。

　　季辛同爱骞有仇恨，而司马喜又新近和季辛不相得，乃暗
地派人刺杀爱骞。中山君以为系季辛主使，遂杀季辛。

　　楚王有个爱妾名叫郑袖，楚王新得着一个美女，郑袖去教
她道：“王很喜欢人掩着嘴，你走近王时，务必掩着你的嘴。”美
女进见，走近王时，因掩住嘴。王问什么缘故，郑袖道：“她不
止一次说怕闻王的气味！”及至王与郑袖、美女三人并坐时，郑
袖预先招呼御者道：“等王说话时，你必须立刻听从！”王看见
美女，叫她上前，美女走近王时，更时刻掩住嘴，王大怒道：“将
她鼻子割了！”御者遂抽出刀来，将美女的鼻子割了。

　　一说：魏王赠送楚王一个美貌的女子，楚王很喜欢。夫人
郑袖知道楚王喜欢新人，也极爱新人，比楚王更甚，衣服和装
饰品，都挑她所喜欢的选置。楚王说：“夫人知道我爱新人，她
也爱新人，比寡人还要甚，这简直是孝子侍奉父母，忠臣侍奉
君主。”夫人知道王当她不妒嫉了，乃去对新人说：“王很喜欢
你，但是不喜欢你的鼻子，你见王时，常掩住你的鼻子，王就永
远宠幸你了。”于是新人照着这话做，每见王时，常掩住鼻子。
王问夫人道：“新人看见寡人时，常掩住鼻子，这是什么缘故？”
夫人道：“不晓得。”王更追问她，她才回道：“适才听她说怕闻
王的臭气。”王发怒道：“将她的鼻子割了！”夫人事先曾招呼
御者：“等王有命令时，你必须服从！”御者所以抽出刀来，将美

人的鼻子割了。

费无极同楚国的令尹甚为亲近，郤宛新事令尹，令尹很喜欢他。无极乃去对令尹说："君喜欢郤宛，何不往他家内设酒饮宴呢？"令尹说："好的。"因令他在郤宛的家中预备酒席。费无极教郤宛道："令尹人很傲慢，又喜欢兵，你必须小心恭敬，先在堂下及庭中陈列兵士。"郤宛果然这样做。令尹一到，见了大惊，问道："这是为什么？"无极道："你快点离开此地，事情不可测哩！"令尹大怒，起兵来责问郤宛，遂将他杀了。

犀首和张寿有仇怨，陈需新来作官，又和犀首不睦，乃暗中使人刺杀张寿。魏王以为系犀首所为，乃将犀首赶走。

中山有个贱公子，养的马很瘦，车子很破旧。左右的人有同他不睦的，乃替他去向王请求道："公子很贫苦，养的马很瘦，王何不稍加他马的草料呢？"王不允许，左右的人遂暗中令人半夜里纵火，将屯草料处烧了，王以为系贱公子所为，便将他杀死。

魏国有个年老的儒生，和济阳君有嫌隙。有个客人恨这儒生，乃将他害死，去讨济阳君的好，说道："臣因为他对你不好，所以替你将他杀了。"济阳君不知就里，遂赏赐此人。

一说：济阳君面前有个少庶子，因为未被注意到，又想得济阳君的爱幸。齐国那时恰巧使一个年老的儒生在马梨山下掘药，少庶子想立功，乃去进见国君道："齐国遣一年老的儒生在马梨山下掘药，名为掘药，实际是在刺探我国。君若不杀掉他，就要将济阳抵罪于齐国了！臣请去刺杀他。"君说："可以。"明天，少庶子在城僻静处寻着儒生，就将他杀了。济阳君回来后，遂和少庶子亲近。

〔四〕陈需是魏王的臣子，又和楚王亲善，乃令楚国去攻打魏国。楚国既出兵攻打魏国，陈需再出来替魏王调解，因以楚国的势力得为魏国的相国。

韩昭侯的时候，黍种常常短少，价格因之甚贵。昭侯令人去检查，果然发现廪吏偷窃黍种，卖出去很多。

昭奚恤治楚国时，有一次收藏的草料被烧，不知系何人纵的火。昭奚恤令吏人捉贩卖茅草的人来审问，果然是他烧的。

昭僖侯的时候，宰人上食，肉羹中有生肝。昭僖侯召宰人次级的官来，责问他道："你为何将生肝放在寡人的肉羹里？"此人叩头服死罪，说："我想除去宰人。"

一说：昭僖侯沐浴，水里有小石子。僖侯问："尚浴若革除，有人代他的吗？"左右对道："有的。"僖侯道："召他来。"遂诃责他道："你为何将石子放在水中？"回说："尚浴若被革除，臣就可以替代他，所以将石子放在水里。"

晋文公的时候，宰臣上烤肉，上面有根头发绕着。文公召宰人来，责备他道："你想寡人哽着吗！为何将头发绕在烤肉上？"宰人叩头谢罪道："臣有三项死罪。拿磨刀石磨刀，像干将一般锐利，切肉时，肉断而发不断，这是臣的第一项罪；用锥子穿过肉时，看不见头发，这是臣的第二项罪；烧燃炉炭，肉都烤红了,但肉虽烤熟,发仍不焦,这是臣的第三项罪。堂下不会有人恨臣吧?"文公说:"有道理。"乃召唤宰人的副手来,加以诃责,果然是他,乃将他杀了。

一说:晋平公设宴,少庶子上烤肉,上面有头发绕着,平公命立刻将烤肉的人杀了,不许违命。烤肉的人喊天道:"唉!臣有三件死罪,死了自己都不明白呀!"平公道:"你这是何意?"答道:"臣的刀极快,风披骨断,而发不断,这是臣的第一桩死罪;在桑炭上熏烤,肉都烧红了,但是发反不曾烧焦,这是臣的第二桩罪;肉烤熟后,又觑着眼睛细看,有发绕在烤肉上,而眼睛会看不见,这乃是臣的第三桩罪。堂下大约不会有人憎恨臣的吧? 此时杀臣,不太早了吗!"

穰侯为秦相国,那时齐国甚强,穰侯想立秦王为帝,齐国不肯。他遂请立齐王为东帝,秦王为西帝,方才成功。

〔五〕晋献公的时候,骊姬贵重,等于后妻,想以她的儿子奚齐替代太子申生。因在献公面前毁谤申生,申生遂被赐死,奚齐遂被立为太子。

郑君已立太子,又宠一个美女,想更立她的儿子为后。夫人心中恐惧,乃用毒药将郑君害死。

卫州吁贵重,权势等于人君,群臣百姓都怕他的势力。后来州吁果然杀了卫君,夺获卫国的政权。

公子朝是周君的太子,他的兄弟公子根甚得周君的宠爱。周君死后,公子根遂以东周独立,周于是分为两国。

楚成王立商臣为太子,后又预备更立公子职。商臣闻知,遂作乱,将成王杀了。

一说:楚成王既立商臣为太子,又预备更立公子职。商臣闻知此事,但是尚不曾打听确实,乃去问他的师傅潘崇道:"怎样去探听这事是否确实呢?"潘崇道:"请江芈(江芈是商臣的姑姑)来赴宴但不要对她有礼貌。"商臣果然照着这话做,江芈发怒骂道:"呸!你这个奴才!活该君王要废掉你改立职了!"商臣道:"消息证实了。"潘崇道:"你能伺候职吗?"道:"不能。"又问:"你能投奔他国吗?"道:"不能。""能举大事吗?"回说:"能。"于是乃起宿卫御营的兵,去攻成王。成王请让他吃完熊肉再死,不许,成王乃自杀。

韩傀为韩哀侯的相国,严遂也为哀侯所重用,二人互相排挤,严遂乃令人伺韩傀上朝时刺杀他。韩傀见刺客来时,乃向哀侯跑去,抱住哀侯,刺客就将韩傀和哀侯一齐刺死。

田恒为齐相国,阚止那时也被简公重用,二人互相仇恨,都想陷害对方。田恒乃行私惠,收服民心,取有齐国,遂杀了简公,夺去他的政权。

戴驩为宋太宰,皇喜那时适为宋君重用,二人乃争相弄权,互相陷害。皇喜遂杀了宋君,夺取他的政权。

狐突说:"国君内里若喜欢宠幸姬妾,太子就危险了!国君外面若喜欢听信敌国,相国就危险了!"

郑君问郑昭道:"太子怎样?"郑昭道:"太子尚不曾生

呢!"郑君道:"太子已经立定,你说尚不曾生,你这是什么意思?"郑昭道:"太子虽然已立,但是君仍好色不已,所爱的姬妾若生了儿子,君必定爱他,既然爱他,必欲立以为后。臣所以说太子尚不曾生呢。"

〔六〕文王利用费仲,令他游于纣的近侧,乘间进邪说,使纣惑乱。

楚王遣使者到秦国去,秦王甚加敬礼,对群臣说道:"敌国有贤人,乃是我国的忧患。现在楚王的使者甚贤,寡人颇忧他为患。"群臣道:"以王的贤圣和国家的财富,若愿除去楚王的贤人,王何不和他深加交结,外面更假装表示他已为王所用?楚王不察,信以为真,以为他勾结外国,必将他诛戮了。"

孔子治理鲁国时,街上有人遗失了东西,都没有人去拾取,齐景公引为忧患。犁且对景公说:"要去掉仲尼,和吹毛一般容易。君何不用重禄高位去迎他来,更赠送鲁君女乐,使他骄纵惑乱?鲁君新迷于女乐,必定怠荒政事,仲尼必定去谏诤,谏而不听,必定离开鲁国了。"景公说:"你说得对。"乃命犁且以女乐十六人去送给哀公,哀公乐此,果然不顾国政。孔子进谏不听,便离开鲁国,往楚国去了。

楚王对干象说:"我想以楚国扶持甘茂,使他得在秦国为相国,可以吗?"干象对道:"不可以。"王问:"为何不可以?"干象道:"甘茂年少时伺候史举先生,史举是上蔡的监门,大处不知道伺候国君,小处连家务都不会处理,以苛刻闻名于天下,而甘茂侍候他,能够和顺。像惠王之精明,张仪之诡谲,甘茂侍奉他们,仍封过十个官,未曾得罪,甘茂实在是个贤人。"楚王说:"立一人在敌国为相国,此人既是贤人,为何反不可以用呢?"干象道:"从前王派邵滑往越国任事,五年而能亡越。所以能够如此,就是越国内乱,楚国治理的缘故。当初王知道对越施用这种政策,现在对秦就忘了,王忘记得不太快了吗!"王说:"那么怎么办呢?"干象道:"不如立共立为秦国的相国。"王说:"共立就可以立做相国,这是什么缘故呢?"干象道:"共立小时即为秦王所爱幸,年长又被封为贵卿。穿着精美的衣服,嘴里含着香草,手里拿着玉环,听理朝政,若立以为相,楚国必可利用他扰乱秦国的政治。"

吴国攻打楚国,伍子胥使人向楚国宣言道:"楚国若用子期,我们就可以进兵攻击,若用子常,我们只得退去。"楚人闻知,因用子常为将,罢免子期。吴人乃起兵进击,战胜楚军。

晋献公要去打虞、虢,乃赠送虞公屈地产的良马,垂地出的玉璧,以及女乐十六人,使他的意志骄淫,政治混乱。

叔向潛毁苌弘,写一封假信,具名苌弘写给叔向的。信上写着:"你替我去对晋君说:'与君约的时候已经可以了,何不快领兵来?'"叔向故意将这封信落在周君的庭中,急忙离开。周君拾着书信,以为苌弘背叛祖国,乃将他杀了。

郑桓公将要袭取郐,先问郐地的豪杰、贤臣,以及聪明善辩、勇敢之士,将他们的姓名都记下来,伪言选择郐的好田贿赂他们。又在他们的名下写些官爵的名字，在邻的城外设一坛场，把这纸埋在地下，洒些鸡和猪的血，假作盟誓过的样子。邻君发现此事，以为国内这班人要作乱，响应郑国，遂将这班贤臣都杀了，郑桓公遂起兵袭邻，取有邻国。

秦国有个矮人和楚王很好，又暗中结交楚王的左右侍臣，因此为秦惠文君所重。楚国一有计谋，矮人常先知道，还去报告惠文君。

襄疵为邺令时，暗中结交赵王左右的近侍。赵王偶欲袭击邺，襄疵每先闻知，就去告诉魏王，魏王立刻防备，赵只能退兵而去。

卫嗣君的时候，有人受命专在县令的左右伺察，县令有一次揭开褥子，看见席子很破。嗣公回来后，令人送他张席子，说："我闻知你揭开褥子时，看见席子破旧了，赐你张席子。"县令大惊，以卫君为神。

卷下

外储说左上

〔一〕明主之道，如有若之应密子也。明主之听言也，美其辩；其观行也，贤其远。故群臣士民之道言者迂弘，其行身也离世。其说在田鸠对荆王也。故墨子为木鸢，讴癸筑武宫。夫药酒用言，明君圣主之以独知也。

〔二〕人主之听言也，不以功用为的，则说者多"棘刺""白马"之说；不以仪的为关，则射者皆如羿也。人主于说也，皆如燕王学道也；而长说者，皆如郑人争年也。是以言有纤察微难，而非务也，故李、惠、宋、墨，皆画策也；论有迂深闳大，非用也，故畏、震、瞻车状，皆鬼魅也；言而拂难坚确，非功也，故务、卞、鲍、介、墨翟，皆坚瓠也。且虞庆诎匠也，而屋坏，范且穷工，而弓折。是故求其诚者，非归饷也不可。

〔三〕挟夫相为，则责望，自为，则事行。故父子或怨噪，取庸作者进美羹。说在文公之先宣言，与勾践之称如皇也。故桓公藏蔡怒而攻楚，吴起怀瘳实而吮伤。且先王之赋颂，钟鼎之铭，皆"播吾之迹""华山之博"也。然先王所期者，利也，所用者，力也，筑社之谚，目辞说也。请许学者而行宛曼于先王，或者不宜今乎！如是不能更也。郑县人得车厄也，卫人佐弋也，卜子妻写弊袴也，而其少者也。先王之言，有其所为小而世意之大者，有其所为大而世意小者，未可必知也。说在宋人之解书，与梁人之读记也。故先王有郢书，而后世多燕说。夫不适国事而谋先王，皆归取度者也。

〔四〕利之所在，民归之；名之所彰，士死之。是以功外于法，而赏加焉，则上不信得所利于下；名外于法，而誉加焉，则士劝名，而不畜之于君。故中章、胥己仕，而中牟之民弃田圃，而随文学者邑之半；平公腓痛足痹，而不敢坏坐，晋国之辞仕托者国之锤。此三士者，言袭法，则官府之籍也，行中事，则如令之民也，二君之礼太甚。若言离法而行远功，则绳外民也，二君又何礼之，礼之当亡？且居学之士，国无事不用力，有难不被甲，礼之，则惰修耕战之功，不礼，则周主上之法。国安则尊显，危则为屈公之威。人主奚得于居学之士哉？故明王论李疵视中山也。

〔五〕《诗》曰："不躬不亲，庶民不信。"傅说之以无衣紫。缓之以郑简、宋襄，责之以尊厚耕战。夫不明分，不责诚，而以躬亲位下，且为下走睡卧，与夫掩弊微服。孔丘不知，故称犹盂；邹君不知，故先自僇。明主之道，如叔向赋猎，与昭侯之奚听也。

〔六〕小信成则大信立，故明主积于信。赏罚不信，则禁令不行。说在文公之攻原，与箕郑救饿也。是以吴起须故人而食，文侯会虞人而猎。故明主表信，如曾子杀彘也，患在尊厉王击警鼓，与李悝谩两和也。

右经

〔一〕宓子贱治单父。有若见之曰："子何臞也？"宓子曰："君不知贱不肖，使治单父，官事急，心忧之，故臞也。"有若曰："昔者舜鼓五弦之琴，歌《南风》之诗，而天下治。今以单父之细也，治之而忧，治天下将奈何乎？"故有术而御之，身坐于庙堂之上，有处女子之色，无害于治；无术而御之，身虽瘁臞，犹未有益。

楚王谓田鸠曰："墨子者，显学也。其身体则可，其言多而不辩，何也？"曰："昔秦伯嫁其女于晋公子，令晋为之饰装，从衣文之媵七十人。至晋，晋人爱其妾而贱公女，此可谓善嫁妾，而未可谓善嫁女也。楚人有卖其珠于郑者，为木兰之柜，熏以桂椒，缀以珠玉，饰以玫瑰，辑以翡翠。郑人买其椟而还其珠，此可谓善卖椟矣，未可谓善鬻珠也。今世之谈也，皆道辩说文辞之言，人主览其文而忘有用。墨子之说，传先王之道，论圣人之言，以宣告人。若辩其辞，则恐人怀其文，忘其直，以文害用也。此与楚人鬻珠、秦伯嫁女同类，故其言多不辩。"

墨子为木鸢，三年而成，蜚一日而败。弟子曰："先生之巧，至能使木鸢飞！"墨子曰："不如为车辕者巧也。用咫尺之木，不费一朝之事，而引三十石之任,致远力多,久于岁数。今我为鸢,三年成,蜚一日而败。"惠子闻之曰:"墨子大巧,巧为輗,拙为鸢。"

宋王与齐仇也,筑武宫,讴癸倡,行者止观,筑者不倦。王闻,召而赐之,对曰:"臣师射稽之讴,又贤于癸。"王召射稽,使之讴,行者不止,筑者知倦。王曰:"行者不止,筑者知倦,其讴不胜如癸美,何也?"对曰:"王试度其功,癸四板,射稽八板。擿其坚,癸五寸,射稽二寸。"

夫良药苦于口,而智者劝而饮之,知其入而已己疾也;忠言拂于耳,而明主听之,知其可以致功也。

〔二〕宋人有请为燕王以棘刺之端为母猴者,必三月斋,然后能观之。燕王因以三乘养之。右御冶工言王曰:"臣闻人主无十日不燕之斋。今知王不能久斋,今以观无用之器也,故以三月为期。凡刻削者,以其所以削,必小。今臣冶人也,无以为之削,此不然物也,王必察之!"王因囚而问之,果妄,乃杀之。冶人谓王曰:"计无度量,言谈之士，多棘刺之说也。"

一曰：燕王好微巧，卫人曰："能以棘刺之端为母猴。"燕王说之，养之以五乘之奉。王曰："吾试观客为棘刺之母猴。"客曰："人主欲观之，必半岁不入宫，不饮酒食肉，雨霁日出，视之晏阴之间，而棘刺之母猴乃可见也。"燕王因养卫人，不能观其母猴。郑有台下之冶者，谓燕王曰："臣为削者也，诸微物必以削削之，而所削必大于削。今棘刺之端不容削锋，难以治棘刺之端。王试观客之削，能与不能可知也。"王曰："善。"谓卫人曰："客为棘削之？"曰："以削。""吾欲观见之。"客曰："臣请之舍取之。"因逃。

儿说，宋人，善辩者也，持"白马非马也"，服齐稷下之辩者。乘白马而过关，则顾白马之赋。故籍之虚辞，则能胜一国，考实按形，不能谩于一人。

夫新砥砺杀矢，彀弩而射，虽冥而妄发，其端未尝不中秋毫也。然而莫能复其处，不可谓善射，无常仪的也。设五寸之的，引十步之远，非羿、逢蒙不能必全者，有常仪的也。有度难而无度易也。有常仪的，则羿、逢蒙以五寸为巧，无常仪的，则以妄发而中秋毫为拙。故无度而应之，则辩士繁说，设度而持之，虽知者犹畏失也，不敢妄言。今人主听说，不应之以度，而说其辩，不度以功，誉其行而不入关，此人主所以长欺，而说者所以长养也。

客有教燕王为不死之道者，王使人学之，所使学者未及学，而客死。王大怒，诛之。王不知客之欺己，而诛学者之晚也。夫信不然之物，而诛无罪之臣，不察之患也。且人所急，无如其身，不能自使其无死，安能使王长生哉！

郑人有相与争年者。一人曰："吾与尧同年。"其一人曰："我与黄帝之兄同年。"讼此而不决，以后息者为胜耳。

客有为周君画策者，三年而成，君观之，与髹策者同状。周君大怒，画策者曰："筑十版之墙，凿八尺之牖，而以日始出时，加之其上而观。"周君为之，望见其状，尽成龙蛇禽兽车马，万物之状

251

备具，周君大悦。此策之功，非不微难也，然其用与素髹策同。

客有为齐王画者，齐王问曰："画孰最难者？"曰："犬马最难。""孰最易者？"曰："鬼魅最易。夫犬马，人所知也，旦暮罄于前，不可类之，故难。鬼魅，无形者，不罄于前，故易之也。"

齐有居士田仲者，宋人屈榖见之曰："榖闻先生之义，不恃仰人而食。今榖有树瓠之道，坚如石，厚而无窍，献之。"仲曰："夫瓠所贵者，谓其可以盛也。今厚而无窍，则不可剖以盛物，而任重如坚石，则不可以剖而以斟，吾无以瓠为也。"曰："然！榖将弃之。今田仲不恃仰人而食，亦无益人之国，亦坚瓠之类也。"

虞庆为屋，谓匠人曰："屋太尊。"匠人对曰："此新屋也，涂濡而椽生。"虞庆曰："不然。夫濡涂重而生椽挠，以挠椽任重涂，此宜卑。更日久，则涂干而椽燥，涂干则轻，椽燥则直，以直椽任轻涂，此益尊。"匠人诎，为之而屋坏。

一曰：虞庆将为屋，匠人曰："材生而涂濡。

夫材生则挠,涂濡则重,以挠任重,今虽成,久必坏。"虞庆曰:"材干则直,涂干则轻。今诚得干,日以轻直,虽久必不坏。"匠人诎,作之成,有间,屋果坏。

范且曰:"弓之折,必于其尽也,不于其始也。夫工人张弓也,伏檠三旬而蹈弦,一日犯机,是节之其始,而暴之其尽也,焉得无折!且(范且)张弓不然,伏檠一日而蹈弦,三旬而犯机,是暴之其始,而节之其尽也。"工人穷也,为之,弓折。

范且、虞庆之言,皆文辩辞胜,而反事之情,人主说而不禁,此所以败也。夫不谋治强之功,而艳乎辩说文丽之声,是却有术之士,而任坏屋折弓也。故人主之于国事也,皆不达乎工匠之构屋张弓也,然而士穷乎范且、虞庆者,为虚辞,其无用而胜,实事,其无易而穷也。人主多无用之辩,而少无易之言,此所以乱也。今世之为范且、虞庆者不辍,而人主说之不止,是贵败折之类,而以知术之人为工匠也。不得施其技巧,故屋坏弓折。知治之人,不得行其方术,故国乱而主危。

夫婴儿相与戏也,以尘为饭,以涂为羹,以木为胾。然至日晚,必归饷者,尘饭涂羹,可以戏而不可食也。夫称上古之传颂,辩而不悫,道先王仁义而不能正国者,此亦可以戏,而不可以为治也。夫慕仁义而弱乱者,三晋也,不慕而治强者,秦也。然而未帝者,治未毕也。

〔三〕人为婴儿也,父母养之简,子长而怨。子盛壮成人,其供养薄,父母怒而诮之。子父至亲也,而或谯或怨者,皆挟相为,而不周于为己也。夫卖庸而播耕者,主人费家而美食、调布而求易钱者,非爱庸客也,曰:“如是,耕者且深,耨者熟耘也。”庸客致力而疾耘耕者,尽巧而正畦陌畦畤者,非爱主人也,曰:“如是,羹且美,钱布且易云也。”此其养功力,有父子之泽矣,而心调于用者,皆挟自为心也。故人行事施予,以利之为心,则越人易和,以害之为心,则父子离且怨。

文公伐宋,乃先宣言曰:“吾闻宋君无道,蔑侮长老,分财不中,教令不信,余来为民诛之!”

越伐吴,乃先宣言曰:“我闻吴王筑如皇之

台,掘深池,罢苦百姓,煎靡财货,以尽民力,余来为民诛之!”

蔡女为桓公妻,桓公与之乘舟,夫人荡舟,桓公大惧,禁之不止,怒而出之,乃且复召之,因复更嫁之。桓公大怒,将伐蔡,仲父谏曰:“夫以寝席之戏,不足以伐人之国,功业不可冀也,请无以此为稽也。”桓公不听,仲父曰:“必不得已,楚之菁茅,不贡于天子,三年矣,君不如举兵,为天子伐楚,楚服,因还袭蔡曰:‘余为天子伐楚,而蔡不以兵听从,因遂灭之。’此义于名而利于实。故必有为天子诛之名,而有报仇之实。”

吴起为魏将而攻中山,军人有病疽者,吴起跪而自吮其脓,伤者之母立泣。人问曰:“将军于若子如是,尚何为而泣?”对曰:“吴起吮其父之创,而父死,今是子又将死也,今吾是以泣。”

赵主父令工施钩梯而缘播吾,刻疏人迹其上,广三尺,长五尺,而勒之曰:“主父常游于此。”

秦昭王令工施钩梯而上华山,以松柏之心为博,箭长八尺,棋长八寸,而勒之曰“昭王尝与天神博于此"矣。

文公反国，至河，令笾豆捐之，席蓐捐之，手足胼胝、面目犁黑者后之。咎犯闻之而夜哭，公曰："寡人出亡二十年，乃今得反国，咎犯闻之，不喜而哭，意不欲寡人反国邪？"犯对曰："笾豆所以食也，席蓐所以卧也，而君捐之；手足胼胝、面目犁黑，劳有功者也，而君后之。今臣有与在后，中不胜其哀，故哭。且臣为君行诈伪以反国者，众矣，臣尚自恶也，而况于君！"再拜而辞。文公止之曰："谚曰：'筑社者，攘掘而置之，端冕而祀之。'今子与我取之，而不与我治之，与我置之，而不与我祀之，焉可？"解左骖而盟于河。

郑县人卜子，使其妻为裤，其妻问曰："今裤何如？"夫曰："象吾故裤。"妻子因毁新令如故裤。

郑县人有得车轭者，而不知其名，问人曰："此何种也？"对曰："此车轭也。"俄又复得一，问人曰："此是何种也？"对曰："此车轭也。"问者大怒曰："曩者曰车轭，今又曰车轭，是何众也？此女欺我也。"遂与之斗。

卫人有佐弋者,鸟至,因先以其裷麾之,鸟惊而不射也。

郑县人卜子妻之市,买鳖以归。过颍水,以为渴也,因纵而饮之,遂亡其鳖。

夫少者侍长者饮,长者饮亦自饮也。

一曰:鲁人有自喜者,见长年饮酒不能釂,则唾之,亦效唾之。

一曰:宋人有少者,亦欲效善,见长者饮无余,非斟酒饮也,而欲尽之。

《书》曰:"绅之束之。"宋人有治者,因重带自绅束也。人曰:"是何也?"对曰:"《书》言之,固然。"

《书》曰:"既雕既琢,还归其朴。"梁人有治者,动作言学,举事于文,曰难之,顾失其实。人曰:"是何也?"对曰:"《书》言之,固然。"

郢人有遗燕相国书者,夜书,火不明,因谓持烛者曰:"举烛。"云而过书举烛。举烛,非书意也。燕相受书而说之,曰:"举烛者,尚明也;尚明也者,举贤而任之。"燕相白王。王大说,国以治。

治则治矣,非书意也。今世举学者,多似此类。

郑人有且置履者,先自度其足,而置之其坐,至之市,而忘操之。已得履,乃曰:"吾忘持度。"反归取之。及反,市罢,遂不得履。人曰:"何不试之以足?"曰:"宁信度,无自信也。"

〔四〕王登为中牟令,上言于襄主曰:"中牟有士曰中章、胥己者,其身甚修,其学甚博,君何不举之?"主曰:"子见之,我将为中大夫。"相室谏曰:"中大夫,晋重列也,今无功而受,非晋臣之意。君其耳而未之目邪?"襄主曰:"我取登,既耳而目之矣;登之所取,又耳而目之,是耳目人绝无已也。"王登一日,而见二中大夫,予之田宅。中牟之人弃其田耘,卖宅圃,而随文学者邑之半。

叔向御坐,平公请事,公腓痛足痹,转筋而不敢坏坐。晋国闻之,皆曰:"叔向贤者,平公礼之,转筋而不敢坏坐。"晋国之辞仕托、慕叔向者,国之锤矣。

郑县人有屈公者,闻敌恐,因死,恐已,因生。

赵主父使李疵视中山可攻不也。还报曰:

"中山可伐也。君不亟伐，将后齐、燕。"主父曰："何故可攻？"李疵对曰："其君好见岩穴之士，所倾盖与车，以见穷闾隘巷之士，以十数，伉礼下布衣之士，以百数矣。"君曰："以子言论，是贤君也，安可攻？"疵曰："不然。夫好显岩穴之士而朝之，则战士怠于行陈；上尊学者，下士居朝，则农夫惰于田。战士怠于行者，则兵弱也，农夫惰于田者，则国贫也。兵弱于敌，国贫于内，而不亡者，未之有也，伐之，不亦可乎？"主父曰："善。"举兵而伐中山，遂灭也。

〔五〕 齐桓公好服紫，一国尽服紫，当是时也，五素不得一紫。桓公患之，谓管仲曰："寡人好服紫，紫贵甚，一国百姓好服紫不已，寡人奈何？"管仲曰："君欲何不试勿衣紫也，谓左右曰：'吾甚恶紫之臭。'于是左右适有衣紫而进者，公必曰：'少却，吾恶紫臭。'"公曰："诺。"于是日郎中莫衣紫，其明日国中莫衣紫，三日境内莫衣紫也。

一曰：齐王好衣紫，齐人皆好也。齐国五素

不得一紫，齐王患紫贵。傅说王曰："《诗》云：'不躬不亲，庶民不信。'今王欲民无衣紫者，王以自解紫衣而朝，群臣有紫衣进者，曰：'益远！寡人恶臭。'"是日也，郎中莫衣紫，是月也，国中莫衣紫，是岁也，境内莫衣紫。

郑简公谓子产曰："国小，迫于荆、晋之间。今城郭不完，兵甲不备，不可以待不虞。"子产曰："臣闭其外也，已远矣，而守其内也，已固矣，虽国小，犹不危之也。君其勿忧！"是以没，简公身无患。

子产相郑，简公谓子产曰："饮酒不乐也。俎豆不大，钟鼓竽瑟不鸣，寡人之事不一，国家不定，百姓不治，耕战不辑睦，亦子之罪。子有职，寡人亦有职，各守其职。"子产退而为政五年，国无盗贼，道不拾遗，桃枣荫于街者，莫有援也，锥刀遗道，三日可反，三年不变，民无饥也。

宋襄公与楚人战于涿谷上，宋人既成列矣，楚人未及济。右司马购强趋而谏曰："楚人众而宋人寡，请使楚人半涉，未成列而击之，必败。"襄公曰:"寡人闻君子曰:'不重伤,不擒二毛,不推人于险,不迫人于厄,不鼓不成列。'今楚未济而击之,害义。请使楚人毕涉,成陈而后,鼓士进之。"右司马曰:"君不爱宋民,腹心不完,特为义耳。"公曰:"不反列,且行法!"右司马反列。楚人已成列撰陈矣,公乃鼓之,宋人大败。公伤股,三日而死。此乃慕自亲仁义之祸。夫必恃人主之自躬亲,而后民听从,是则将令人主耕以为上;服战雁行也,民乃肯耕战,则人主不泰危乎? 而人臣不泰安乎?

齐景公游少海,传骑从中来谒曰:"婴疾甚,且死,恐公后之。"景公遽起,传骑又至。景公曰:"趋驾烦且之乘,使驺子韩枢御之。"行数百步,以驺为不疾,夺辔代之;御可数百步,以马为不进,尽释车而走。以烦且之良,而驺子韩之巧,而以为不如下走也。

魏昭王欲与官事,谓孟尝君曰:"寡人欲与官事。"君曰:"王欲与官事,则何不试习读法?"昭王读法十余简,而睡卧矣。王曰:"寡人不能读此法。"夫不躬亲其势柄,而欲为人臣所宜为者也,睡不亦宜乎!

孔子曰:"为人君者,犹盂也,民犹水也,盂方水方,盂圆水圆。"

邹君好服长缨,左右皆服长缨,缨甚贵。邹君患之,问左右,左右曰:"君好服,百姓亦多服,是以贵。"君因先自断其缨而出,国中皆不服长缨。君不能下令为百姓服度以禁之,乃断缨出以示民,是先戮以莅民也。

叔向赋猎,功多者受多,功少者受少。

韩昭侯谓申子曰:"法度甚不易行也。"申子曰:"法者见功而与赏,因能而受官。今君设法度,而听左右之请,此所以难行也。"昭侯曰:"吾自今以来,知行法矣,寡人奚听矣。"一日,申子请仕其从兄官,昭侯曰:"非所学于子也。听子之谒,败子之道乎? 亡其用子之谒。"申子辟舍请罪。

〔六〕晋文公攻原,裹十日粮,遂与大夫期十日。至原,十日而原不下,击金而退,罢兵而去。

士有从原中出者曰："原三日即下矣。"群臣左右谏曰："夫原之食竭力尽矣,君姑待之。"公曰："吾与士期十日,不去,是亡吾信也。得原失信,吾不为也。"遂罢兵而去。原人闻曰："有君如彼其信也,可无归乎?"乃降公。卫人闻曰："有君如彼其信也,可无从乎?"乃降公。孔子闻而记之曰："攻原得卫者,信也。"

文公问箕郑曰："救饿奈何?"对曰："信。"公曰："安信?"曰："信名。信名,则群臣守职,善恶不逾,百事不怠。信事,则不失天时,百姓不逾。信义,则近亲劝勉,而远者归之矣。"

吴起出,遇故人而止之食。故人曰："诺。今返而御。"吴子曰："待公而食。"故人至暮不来,起不食待之。明日早,令人求故人,故人来,方与之食。

魏文侯与虞人期猎。明日,会天疾风,左右止,文侯不听,曰："不可。以风疾之故而失信,吾不为也。"遂自驱车往,犯风而罢虞人。

曾子之妻之市,其子随之而泣。其母曰："女还。顾反，为女杀彘。"妻适市来，曾子欲捕彘杀之。妻止之曰："特与婴儿戏耳。"曾子曰："婴儿非与戏也。婴儿非有知也，待父母而学者也，听父母之教。今子欺之，是教子欺也。母欺子，子而不信其母，非所以成教也。"遂烹彘也。

楚厉王有警，为鼓以与百姓为戍，饮酒醉，过而击之也，民大惊。使人止之曰："吾醉而与左右戏，过击之也。"民皆罢。居数月，有警，击鼓而民不赴，乃更令明号，而民信之。

李悝警其两和曰："谨警敌人，旦暮且至击汝。"如是者再三，而敌不至，两和懈怠，不信李悝。居数月，秦人来袭之，至，几夺其军。此不信患也。

一曰：李悝与秦人战，谓左和曰："速上！右和已上矣。"又驰而至右和曰："左和已上矣。"左右和曰："上矣。"于是皆争上。其明年与秦人战，秦人袭之，至，几夺其军，此不信之患。

有相与讼者，子产离之，而毋得使通辞，到至其言，以告而知也。

卫嗣公使人伪关市，关市呵难之，因事关市以金，关市乃舍之。嗣公谓关市曰："某时有客过而予汝金。"因谴之。关市大恐，以嗣公为明察。

译解：

〔一〕明主之道，有如有若回答密子的话。人主听人话时，但听他会巧辩夸大，便觉得这话对，看人的品行时，但见他高远放诞，便以为这人好。所以群臣士民说话时都空泛阔大，行事都不和世俗相合。其说俱见于田鸠对答楚王的话，墨子制造木鸢的事，癸唱歌鼓舞建筑武宫的工人。用药酒比喻忠言，只有明君和圣主知道。

〔二〕人主听人进言时，若不以功用为目的，说者就多半喜欢讲"棘刺""白马"之说，射箭时若不以箭靶为标准，射箭的都可以和羿一样了。人主听人的话，都像燕王的学道，长于辩论的，都像郑人争论年龄。有的言语虽然精细深微，但是并非急务。譬如季良、惠施、宋钘和墨翟说的话，都像"精绘的竹简"一样，华丽而无用。有的言论虽然深远阔大，但是没有用处，譬如魏牟、处子、瞻子和陈骈的言论，都和"画中的鬼魅"一样空洞而失真。有的言行虽然正不合世俗，但是实际上没有用处，譬如务光、卞随、鲍焦、介之推和田仲的行事，都和坚硬的实心葫芦一样，厚重而无益。并且虞庆虽说服匠人，匠人照他的话造的屋子还得坍塌，范且虽难倒工人，然而弓反折断。

所以要求实际功用的，必须明白尘土不可充饥，仍须回家吃饭的比喻。

〔三〕若存"互相依赖"的心，必至互相怨望，若存"自己依靠自己"的心，事情就可以做成了。所以父子之间，或怨望遣责，用用人的，为了让用人多干活而供给他们精美的菜蔬。其说俱见于文公伐宋，先宣言宋君的无道，勾践伐吴，先责备吴王不应筑如皇之台。所以齐桓公隐藏对蔡国的愤怒，以攻楚为幌子去灭掉蔡国，吴起心怀医愈兵士的念头，遂替兵士吮痈。并且先王的赋颂和钟鼎上的铭，和赵武灵王在播吾山上刻的大脚印，秦昭襄王在华山上刻的大棋局一样，是虚假的。然而先王所期望的是民众的利益，所用的是民众的力量，运用修筑社坛的谚语，是晋文公为自己辩解而鼓动他人卖力的办法。现在的学者，若过分为先王的言语所拘泥，只知法古，不知稍加变更，使适合现在的环境，这对于现代，是不很合宜的！譬如郑县人得到车上驾马的横木，却误以为被人所欺，卫人襄助射鸟，卜子的妻子做裤子，仿照破旧的做，以及少年伺候长者饮酒，极力地模仿长者。先王说的话，有的用意甚浅，而世人反把它看得太深，有的用意甚深，而世人反把它看得太浅，这都不能一定晓得。其说俱见于宋人的误解书意而做蠢事和梁人的读书而变呆。所以先王有郢人的书信，后世多半会为燕相国的误解。不使其适合国事，而去取法于先王，这都像郑人买鞋不相信自己的脚，却要回家去取量好的尺寸一样。

〔四〕若一事有利益,人民必定趋就;若一事可成名,士人必定尽死。虽有功劳,若不合乎法度,而仍加奖赏,则主上不能得所利于臣下;虽有名声,若不合乎法度,而仍加赞誉,则士人竞趋虚名,主上必为臣下所牵制。所以中章、胥己一做官,中牟的民人一半都委弃田园,致力于文学;平公的脚虽痹麻发痛,仍端正地坐着,于是晋国一半的人都辞去官职,往托归叔向。中章、胥己和叔向这三个人,言语若遵循法度,不过是照官府中的法典讲话,行事若合乎法度,不过是一个守法的良民,二君对他们敬礼过甚了。他们的言语若不合法度,行事若没有用处,那他们乃是绳墨以外的人民,二君又何必去敬礼他们? 若敬礼他们,国家必定要灭亡的。并且那些隐居从事私学的人,国家无事时,他们不出力做事;国家有难时,他们又不被甲当兵。对他们敬礼,那些守法的民众就不再努力从事耕战;对他们不加敬礼,他们就危害主上的法度。国安,他们就尊贵荣显,国危,就像屈公一般贪生怕死。人主对于这些隐居从事私学的人,得到什么好处呢? 所以赵主父听信李疵探听中山后报告的话。

〔五〕《诗经》上说:"君主若不事必躬亲,百姓就不会相信。"所以太傅劝王自己不要穿紫衣。但是郑简公和子产治理郑国,宋襄公和楚人开战,又会让人误以为人主应当亲自去耕战,这样人主又太劳苦,太危险了。齐景公甚至于下车步行,魏昭王读法,困倦只得去睡了。以至于秘密巡视,微服出行,这些都是由于君臣名分不明所造成的。孔子不知道治术,所以说人君像水盂,邹君也不知道治术,所以先"刑戮"自己,以禁止百姓。明主之道,应当像叔向的评判田猎,和韩昭侯的不听人言,一任法度。

〔六〕小的信用若成功,大的信用自然树立,所以明主致力守信。赏罚若不守信,禁令就不行,其说见于晋文公攻打原和箕郑救饥荒的方法。所以吴起定要等候故人,一同进餐,魏文侯定要会晤虞人,延期打猎。明主守信,要像曾子的杀猪,不欺骗小孩子。若不守信,其患必至于像楚厉王的击打警鼓和李悝的欺骗左右两军。

以上是经

〔一〕宓子贱治理单父时,有若看见他问道:"你怎么这般瘦?"宓子道:"君不知道贱齐无用,使治理单父,公事繁急,心中忧虑,所以人就瘦了。"有若说:"从前舜弹着五弦琴,唱着《南风》的诗,而天下治理。现在单父这般小,治理时已感忧虑,那治天下又要怎么样呢?"所以有术而治人民,身虽坐在庙堂之上,脸上丰腴像年轻的姑娘,也无害于治理;若无术就去统治人民,身体虽然瘦弱憔悴,仍旧没有用处。

楚王对田鸠说:"墨子是个声名显赫的学者,他自己处世的道理尚可以,但是他所说的话,多半不注重辞语的文饰,这是为何呢?"田鸠道:"从前秦伯嫁女儿给晋公子,替她预备嫁妆,穿着文绣陪嫁的妾,有七十个人。及至到了晋国后,晋人很喜欢陪嫁来的姬妾，反看轻了秦伯的女儿。这可以算善于嫁妾，不可以算善于嫁女。楚国有个人，到郑国去卖珍珠，用木兰做一个匣子，用桂椒熏香，挂着珠玉，玉石装饰，翠羽点缀。郑人将这匣子买了，把珍珠退还给楚人。这可算得善于卖匣子，但是不能算得善于卖珍珠。当今做说客的人，都喜用巧辩文辞之言，人主见其文辞之美，便忘记它有没有用。墨子之说，传先王的道理，论圣人的名言，以宣告众人。若注重文辞的修饰，就恐怕人专去欣赏文辞，反忘了这学问的实际用途，无异以虚文害实用，这和楚人卖珠、秦伯嫁女同类。所以墨子之言，大半不重文辞，使之动听。"

墨子造一个木鸢，三年才造成，飞了一天就坏了。弟子说："先生之巧，甚至能使木鸢飞翔！"墨子道："我还不如造车辕的巧哩！只用尺把长的木头，不费一天的事，可以拉三十石的货物，走极远的路，用几年都不坏。现在我做木鸢，三年才成功，飞了一天就坏了。"惠子闻知这事说道："墨子大巧，巧于做车辕，拙于做木鸢。"

宋王与齐国冲突，乃筑武宫防备齐人。工程进行时，讴癸在旁边唱歌，行路的都停下来听，工人都不感觉疲倦。宋王闻听这事，召讴癸来赏赐他，讴癸道："臣的师傅射稽唱的歌，又比臣好。"王乃召射稽来，使他去唱歌，行人听了并不止步，工人也感到疲倦。王说："行人听了都不止步，工人也觉得疲倦，射稽唱的歌并不及讴癸好啊！"回道："王请比较二人的成绩，讴癸唱歌时,墙一共修完四丈,射稽唱时,墙一共修完八丈。再比较墙的坚实,讴癸唱歌时工人筑的墙能打进去五寸,射稽唱歌时筑的墙,只能打进去两寸。"

良药吃时嘴里觉得苦,但是聪明人仍旧情愿饮它,因为知道吃后可以去病。忠言听时似觉不顺耳,但是明主肯听从,因为知道用这话就可以立功业。

〔二〕宋国有个人向燕王宣称,可以在棘刺的尖上雕出一个母猴子,但是燕王必须先斋戒三个月,然后才能看见。燕王遂以三乘的俸禄供养他。为燕王驾车的人是个铁匠,对王说道:"臣听说,人主没有十天不宴饮的斋戒。现在他知道王不能长久斋戒,去看这无用的东西,所以以三月为期。大凡雕刻的,他的雕刀必须比刻的东西还要小,现在臣是铁匠,都不知道怎样做这雕刀,这事必是假的,王必须加以审察。"王遂捕获此人,审问后果然是假的,乃将他杀了。铁匠又向王说:"所出的计策自己都没有好好思考过那些徒事言谈的游说之士,说的多半是在棘刺的尖上刻猴子这样的话。"

一说:燕王征求有奇巧技术之士,卫国有个人说能在棘刺尖上刻一只母猴子,燕王心喜,乃用五乘的俸禄供养他。王说:"我想看客在棘刺上刻母猴子。"客道:"人主倘若要看,必须半年不进宫,不饮酒吃肉,要在雨止日出,半阴半晴时观看,棘刺上的母猴才看得出。"燕王遂收养这卫国人,但是不能看见母猴子。郑国有个台下的铁匠,对燕王说道:"臣是造雕刀的,凡是细小的东西,都要用雕刀刻,而刻的物件必须比刀尖大。现在棘刺的尖子不能容受刀锋,更不能在棘刺尖上刻东西了。王可一看客人的雕刀,便可以知道他能不能了。"王说:"对的。"乃对卫人说:"客人用什么东西雕刻母猴子?"道:"用雕刀。"王说:"我想看看。"客人说:"让臣回去取去。"遂逃走了。

兒说是宋国一个善于巧辩的人。他曾以"白马不是马"的言论说服齐国稷下的辩士。但是当他骑着白马过关时,他只好看白马的毛色,照例纳税。所以徒凭空话,可以说服一国,若考求实际,按察形状,一个人都不能欺骗。

新把箭镞磨快,拉开弩来射,虽闭上眼睛乱射,箭镞未尝不可以偶中秋毫,但是再射时,不能更射中原处,所以这不能称为善于射箭,因为没有一定的目标。设一五寸的目标,离开十步远近,非羿和逢蒙,不能一定射中,因为有一定的目标在啊!有法度就难,没有法度就容易。有一定的目标,羿和逢蒙就以五寸为巧,没有一定的目标,虽射中秋毫,仍以为拙。所以没有法度去考察人,游说之士就可以巧辩夸大,若设有法度,虽是聪明人尚且怕有过失,不敢乱说。现在人主听人说话时,不以法度考察,而喜欢他们巧辩,不考求他们的功效,但听旁人赞扬他们的行为,全没有一定取舍的标准,所以人主永远受欺骗,说者永远被供养着了。

有个客人教燕王长生不死的方法,王使人去向他学,此人尚不曾来得及学，客人已经死了，王大怒，诛戮去学的那个人。王不知道客人欺骗自己，而怪罪去学的人学得太晚了。相信绝不可能的事，而诛戮无罪的臣子，这乃是不能明察的危害。并且一人所看重的，总不如自己的生命，不能使自己不死，怎能使王长生呢？

郑国有两个人争论谁的年纪大。一人说："我和尧同年。"一人说："我和黄帝的老兄同年。"二人争论不决，当然以最后停止争论的为胜利。

有个客人替周君画竹简，三年方才画成，周君一看，和用漆漆过的一样，周君大怒。画竹简的说："修十丈高的墙，开一八尺阔的窗户，当太阳初出时，把它放在上面看。"周君果然照着这样做，看见竹简上面，龙蛇、禽兽、车马、万物的形状，一齐现出来，周君大喜。这个竹简用的功夫并非不深，并非不难，但是它的功用无异于未画的和用漆漆过的竹简。

有个客人替齐王作画，齐王问道："画什么最难？"道："狗和马最难画。"王又问："什么最容易？"道："鬼魅最容易画。"狗和马是人所知道的，早晚常可以看见，所以难画得像。鬼魅因为是无形的，不会在面前出现，所以容易画。

齐国有个居士，名叫田仲，宋人屈榖去见他，道："榖闻知先生高义，不倚恃人求食。现在榖有一个大葫芦，像石头一般坚硬，厚而无窍，意欲献给先生。"田仲道："葫芦可贵的，是因为它可以盛东西，现在既然厚而无窍，就不可以剖开来盛东西,既然像石头一般坚硬笨重,就不可以剖开来斟水,我要这个葫芦没有什么用处。"屈穀说:"是,穀要丢掉它。"现在田仲不靠人过活,可是对国家也没有益处,这也和坚硬的葫芦一样。

虞庆造房子时,对工人说:"房子太高了。"工人道:"这是新房子。泥土还是湿的,木头还是生的。"虞庆说:"不对。湿的泥重,生的木头容易折,以易折的木头承受沉重的泥土,房子应当低的。日久后,泥土既干,木头亦燥。泥土干后就轻,木头燥后就直,以直的木头去承受轻的泥土,房子应当更高。"工人无话可说,照着虞庆的话将房子造高,房子倒了。

一说:虞庆将造房子时,工人说:"木料是生的,泥土是湿的。生的木料容易折断,湿的泥土又沉重,以易折的木料去承受沉重的泥土,现在虽然造成,日久必坏。"虞庆道:"木料干后就变直,泥土干后就减轻。现在木和土果然得干,一天比一天变直变轻,虽历久必不会坏。"工人无话可说,照着虞庆的意思做。造成后不久,房子果然坏了。

范且说:"弓折断时,总在用到后来的时候,不在刚用的时节。因为工人张弓时,先要将弓调正,经过三十天后,才去上弓弦,可是再停一天就去扳机括,这样起初时当心,后来滥用,怎么会不折断呢? 我张弓就不这样。只调正一天弓便去上弓弦,再停三十天才去扳机括,起初虽滥用,到后来反而当心。"工人无话可讲,照着他的话去做,一天弓便断了。

　　范且和虞庆说的话,都倚恃巧辩和文辞胜人,实际和事情相反。人主喜欢听这类的话,不加禁止,所以要失败了。不图治强的功效,反觉得巧辩文饰的言语好听,这也和辞退有术之士,任由屋坏弓折一样。人主对于国事,和范、虞二人对于工匠的造房子和张弓,也差不多。然而范且、虞庆能够说服工匠,正因为空话虽无用,但容易说服人,实事虽不可更改,却容易被人难倒。人主无用的空话听得多,平常的言语听得少,国家所以要乱了。当今像范且、虞庆的人屡见不鲜,而人主仍旧喜欢这班人,这无异尊重导致屋毁弓折之类的言论,而将懂得治术的人当作工匠,斥退不用。工匠不得施其技巧,所以房子倒塌,弓也折断;知道治术之人不得行其方略,所以国家混乱,人主危险了。

　　小孩子游戏时,拿尘土当饭,拿烂泥当菜,拿木头当肉。但是到了天黑,仍旧要回家去吃饭,因为土饭和泥菜只可以玩,不可以吃。称说上古传颂的东西,说得好听,实际没有用处,口说先王仁义之说,而不能治理国家,这也是但可以游戏,不可以用来施政啊! 企慕仁义,以致弱乱,这是三晋;不企慕仁义,而致富强,这是秦国。秦国还没有统一天下,只是由于治理还不够完备。

　　〔三〕孩子小时,父母若待他不好,他大了便怨恨;儿子长大成人,对父母的供养若简薄,父母发怒,便要谴责他。父子至亲,然而或谴责或怨恨,都是因为互相存了人须为我的心,而忘去了自己的义务和责任。雇人来耕田时,主人每肯破费供给精美的膳食,不惜给他们钱布,这并不是喜欢用人,而是说:"这样可以使耕田的用力深耕,割草的尽力除草。"用人尽力地除草耕田、整理田地,也并不是爱主人,乃是说:"这样饭菜就可以精美,钱布就容易得到。"所以一方面供养优厚,一方面出力做事,像有父子之恩泽,各尽其义务,各得到利益,皆因各自存了"我为我自己"的心。所以大凡人的行事施予,以自利为心,虽与越人相处,都容易和睦,若以害他为心,则父子之间,仍会分离结怨。

文公讨伐宋国,乃先宣言道:"我听说宋君无道,侮慢长者,分财不公平,教令不守信,我来为人民诛戮他!"

越王要去攻打吴国,乃先宣言道:"我闻听吴王建筑如皇之台,掘渊泉之池,使百姓疲劳困苦,浪费财货,以尽民力,我来替人民诛戮他!"

蔡女嫁给齐桓公,桓公和她乘船游玩,她将船身摇动,桓公大骇,禁止她,她不听,桓公生气,把她送回国去,预备过几时再召她回来,蔡人却把她重新嫁掉了。桓公闻知大怒,就要攻打蔡国。管仲谏道:"以寝席间游戏的小事,不足以攻打别人的国家,这样做去,是没有希望成就功业的。请不要这样打算吧。"桓公不听。管仲道:"必不得已,可图谋楚国。楚国已有三年不向天子进贡菁茅了,君不如起兵去替天子讨伐楚国,楚国若服,因回来袭取蔡国,就说:'我替天子讨伐楚国,而蔡国不以兵听从，所以将他灭了。'这样名分上既合乎义，实际上又得到利益，所以必须先借为天子诛罪之名，然后实际上方可以报复私仇。"

吴起做魏国的将官，去攻打中山。有个军人害痈，吴起跪着，亲自替他吮脓。兵士的母亲见了，不觉哭起来。人问她道："将军这样待你的儿子，你还哭些什么？"她说道："吴起曾吮过他父亲的伤，他的父亲就奋战而死，现在这孩子又要死了，我所以哭泣啊！"

赵主父令工人用钩和梯爬上播吾山，刻人的足迹在上面，三尺宽，五尺长，并刻上字，道："主父曾到此一游。"

秦昭王令工人用钩和梯爬上华山，用松柏心做成一副棋，棋盘有八尺长，棋子有八寸长，并刻上字，道："昭王曾与天神博奕于此。"

晋文公回国，走到河边，下令将笾豆弃去，将席子和褥子弃去，凡是手脚粗厚、面色黄黑的，都留在后面。咎犯听见，夜里啼哭。文公道："寡人出亡二十年，现在才得回国，咎犯闻知，不喜欢而啼哭，意思是不愿寡人回国吗？"咎犯道："笾豆是用来盛食物的，君把它弃去；席褥是用来寝卧的，君也将它弃去；手脚粗厚，面目黄黑，是有功劳的人，然而君将他们丢在后面。现在臣也是要被丢在后面其中一人，哀痛极了，所以啼哭。并且臣为君行诡诈的计谋，以求得返故国，这种事件很多，臣自己尚且讨厌自己，何况君呢？"再拜辞退。文公留他道:"俗语说:'筑社的,修造时大家跌跌撞撞的,只顾建筑,修好后祭祀时,大家都将冠帽戴正,一同行礼。'现在你既和我一同取有国家,而不和我一同治理,就好比和我一齐安置停当,而不和我一齐去祭祀一样。"乃解下左首的马,沉在河里,对着河神起誓。

郑县人有个名叫卜子的,令他的妻子替他做裤子。妻子问道:"新裤子照什么样子做?"卜子说:"照我那条旧裤子做好了。"妻子因将新裤子弄破,使它和旧的一样。

郑县有个人得到一个驾马的横木,他不认识这个东西,乃去问人道:"这是一种什么东西?"回道:"这名叫'车轭'。"不久他又得到一个驾马的横木,又去问人道:"这是一种什么东西?"又回道:"这叫'车轭'。"郑县人遂大怒道:"适才说是车轭,现在又说是车轭,怎么会有这许多车轭呢?分明是你在欺骗我!"遂和此人打起来。

卫国有个管射飞禽的小官,鸟一来,他便先用头巾向鸟挥动,鸟惊飞去,他便不射了。

郑县人卜子,他的妻子上市场去,买了个鳖回来。过颍水时,以为鳖渴了,放它去河里喝水,鳖就逃掉了。

有个少年伺候长者饮酒,长者饮时,他也跟着饮酒。

一说:鲁国有个人很自我欣赏,见长者饮酒,不能干杯时,便吐口唾沫,他也学着吐唾沫。

一说:宋国有个少年,想学礼貌,见长者将酒饮尽,也自己把酒喝完。

《书经》上有句话,说:"像用大带子系在身上。"宋国有个人读《书经》的,因用大带系在身上。有人问道:"这是为什么?"他说:"《书经》上原是这样讲的呀!"

《书经》上说:"既加雕琢后,又反归朴实。"梁人有读《书经》的,于是一举一动都讲学问,做每一桩事都要合乎礼法,他自己也觉得这样太难,失掉了本来的面目。这样有人问:"这是为何?"道:"《书经》上说的话当然是对的。"

郢人写封信给燕相国,半夜里写信,嫌烛光不亮,因向持烛的说:"举烛。"嘴里这样讲,笔底下不觉便将这两字写下来。"举烛"二字并不是写信人的意思,但是燕相国接着信却高兴起来,说:"举烛二字,意思是崇尚光明,崇尚光明的意思是任用贤人。"燕相国因将这一番话去对燕王说了,燕王听了大乐,燕国因之治理。燕国是因此治理了,但是这却不是写信人原来的意思。当代被提拔的学者,大都是这样而荣身的。

郑国有个人要买鞋子,先量好自己脚的尺寸,放在座位上。到市上去时,忘记带了,看见要买的鞋子,说:"我忘记带量好的尺寸了。"乃回家去取,等到再赶回来时,街上已经收摊了,鞋子也不曾买着。有人说:"何不用脚去试试鞋子的大小呢?"他说:"宁可相信量好的尺寸,也不可相信自己的脚。"

〔四〕王登为中牟令,上呈赵襄子,说:"中牟有两个士人,名叫中章和胥己,身体甚魁伟,学问很渊博,君何不用他们?"赵襄子说:"你既然举荐他们,我将用他们做中大夫。"相国谏道:"中大夫是晋国高级的官,现在他们不曾立功,便做这官,这和晋国的官制不合。君不过是耳闻,还不曾亲眼看见。"赵襄子说:"我用王登时,已经亲自视察过,王登现在荐的人,若又要亲自视察,那简直是视察不完了。"王登一天就荐用两个中大夫,又赏赐田宅,中牟的人见了,于是都不务耕种,卖去田宅,以便追随治私学的文士,竟占全县的半数。

叔向和平公讨论国事,平公坐着,腿脚痹痛发麻,以至抽筋,仍端正地坐着不敢乱动。晋国的人闻知这事,都说:"叔向是贤人,平公对他有礼,虽腿脚抽筋都不敢乱动,仍然端正地坐着。"于是晋国有一半人都辞去官职,托归叔向。

郑国有个人名叫屈公的,一听说有敌人要来,心里就害怕,吓得死了过去,害怕的情绪一过去,又活了回来。

赵主父命李疵去视察中山,看可否进兵攻打。李疵回报道:"中山可以攻打,君若不速出兵,齐、燕将先去打了。"主父道:"为何可以攻打呢?"李疵道:"该国的国君喜欢用隐居的处士,他亲自乘车拜访,住在小巷子破屋子里的,有几十个人;他所敬礼的那些穿布衣的士人,有几百人。"主父说:"照你这样说,他是一个贤君,怎么可以攻打他呢?"李疵说:"不然。喜欢用隐居的处士,亲自去朝见他们,战士就不肯出力打仗;上面尊重学者,下面朝见士人,农夫就懒得耕种了。战士不尽力打仗,兵力就衰弱;农夫懒得耕种,国家就贫穷。兵力比敌国弱,内里国家又穷,这样再不危亡,那是绝没有的事,攻打他们,不是很应当的吗?"主父说:"你说得对。"乃起兵攻打中山,果然将中山灭了。

〔五〕齐桓公喜欢穿紫颜色的衣服,于是全国的人都时髦穿紫色,那时五匹素帛都买不到一匹紫色的帛。桓公忧虑,对管仲说:"寡人喜穿紫衣,紫色的衣料就贵得很,一国百姓都喜穿紫衣,怎么办呢?"管仲说:"君倘若要禁止,何不自己先不要穿紫衣,对左右说:'我很嫌紫颜色的气味不好闻。'等左右有穿紫衣进前,公就说:'退后些!我讨厌紫颜色的气味。'"桓公说:"是了。"于是当天郎中就无人穿紫衣,明天都城中就无人穿紫衣,三天后境内全无一人穿紫衣了。

一说:齐王喜欢穿紫衣,齐国的人都喜欢穿紫衣,于是齐国五匹素帛都买不到一匹紫色的衣料。齐王见紫色的衣料价贵,引为忧患,太傅对王说道:"《诗经》上说:'一事君主若不亲自做,百姓就不服。'现在王要百姓不穿紫,请王上朝时脱去紫衣,如果群臣中有穿紫衣的进前,便说:'走远点!寡人嫌紫颜色的气味难闻。'"于是当天郎中就无人再穿紫衣;到了一个月,都城中就无人再穿紫衣;将及一年,境内的人都不穿紫衣了。

郑简公对子产说:"郑国很小,又处于晋、楚二大国之间,现在城郭和兵甲都不完备,不能防备意外的事。"子产说:"臣谨防外来的侵略,已能远拒敌人,治理国内,已能使国内巩固,国虽然小,尚不危险,君不必忧愁。"说完就去世了。简公终身无患。

一说:子产为郑相国,简公对他说道:"若饮酒不乐,俎豆不大,钟鼓竽瑟不鸣,这是寡人用心不一所导致的过错。若国家不安定,百姓不治理,农人战士不协和,这也是你的罪过了。你有职务,寡人也有职务,我们各守自己的职务吧!"子产退而修政,五年以后,国内没有盗贼,路上遗失了东西,都没有人去拾取,桃枣在街边结熟了,都没有人去采折,锥刀落在路上,再过三天,仍旧可以为失主领回,百姓没有因为粮食不足受饿的。

宋襄公与楚人在涿谷交战,宋人已将阵势摆好,楚人尚不曾渡过河。右司马购强走向前献计道:"楚人多,宋人少,不如乘楚人正在渡河,未摆成阵势时,麾兵进击,必定可以将他们打败。"襄公说:"寡人曾听君子说过:'不残害已经受了伤的人,不擒头发斑白的老兵,不迫人于危险的境地,敌人不曾摆成阵势时,不可击鼓进攻。'现在楚人尚不曾渡河,我们掩击他们,这不合乎义。可等楚人渡毕,摆成阵势,然后再击鼓命士卒进攻。"右司马说:"君不爱宋国的人民,不保全宋国的根本,只是为了义气啊!"襄公说:"你不退归队伍,就按军法行事!"右司马退回队伍,楚人已经将阵势摆定了,襄公乃击鼓进兵,宋人大败,襄公大腿受伤,过了三天就死了。这乃是羡慕仁义并亲自实行所受的祸。一事若必须人主亲自率领着去做,然后百姓才肯听从，那么，也要让人主以耕田为首务，到队列里亲自当兵，人民才肯耕田作战了。这样，人主岂不太危险，人臣岂不太安逸了吗？

齐景公往游少海，传骑从国中赶来，请谒道："晏婴病重，要死了，恐怕公去迟了看不见。"景公听说，立刻起身，传骑又到了。景公说："赶快驾起烦且（马名），使驺子韩枢驾车。"走了数百步，以为驺子不快，夺过缰绳，自己驾车。走了数百步，又以为马不前进，乃弃去车子，下来奔跑。以烦且这样好的马，驺子韩枢这样精于驾驭，而景公仍以为不如下来奔跑的好。

魏昭王要兼理官事，对孟尝君说："寡人要兼理官事。"孟尝君说："王若要兼理官事，何不试习读法呢？"昭王只读了十几页，已经困倦，只得去睡了，说："寡人不能读这成法。"人主不亲自执掌大权，而去做人臣所做的事，当然要困倦得睡着了。

孔子说："为人君的，有如水盂，人民如同盂中的水。盂是方的，水也成方形，盂若是圆的，水也变成圆形。"

邹君喜戴长帽缨，左右都学着戴长缨，帽缨的价钱因此很贵。邹君着急，问左右怎么办，左右说："君喜欢戴，百姓也多半爱戴，所以价钱贵了。"邹君遂先截去自己的帽缨，然后再出去，国中的人见了，也都不再戴帽缨了。邹君不能下令禁止，规定人民的服装标准，而截断自己的帽缨出去给百姓看，这乃是先侮辱自己，再治理人民。

　　叔向分配猎物的标准是这样：功多的，得的赏赐多，功少的，得的赏赐少。

　　韩昭侯对申子说："法度很不容易推行。"申子说："法度是见有功劳便加赏赐，知有才能便任他们做官。现在君虽设立法度，而听从左右的请谒，法度所以难行了。"昭侯说："我从此以后，知道怎么行法度，寡人应该听什么意见了。"有一天，申子请求委任他的堂兄为官，昭侯说："这不是你教我的话呀！若听了你的请谒，不是坏了你的治国之道吗？我不能答应你的要求。"申子听了，乃诚惶诚恐地请求处罚。

　　〔六〕晋文公攻打原，带了十天的粮食，遂与大夫约定十天回来。攻打了十天，原仍旧不曾打下来，乃敲锣收兵退去。有人从原出来说："原再过三天就打下了。"群臣左右进谏道："原已食尽力竭，君姑且稍待。"文公说："我已约定十天回去，若不回去，乃是失信。得原失信，我是不做的。"乃收兵退去。原人闻知，说道："有国君像这样守信用，可以不归向他吗？"乃投降文公。卫人闻知，也说："有国君像这样守信从他吗？"乃降服文公。孔子闻知这事，乃记录下来，说道："攻原而得到卫国，这全是因为守信用。"

　　文公问箕郑道："怎样可以救饥荒？"箕郑道："要守信。"文公道："对于什么要守信呢？"箕郑道："对于名分、事情、正义，都要守信。对于名分守信，群臣就各守职务，善恶不得混乱，一切的事业都不会停顿。对于事情守信，就不会违天时，百姓都安分守己。对于正义若守信，亲近的人都勉励为善，远方的人都归服了。"

吴起遇见一个老朋友，乃留他吃饭。友人说："好的。等我回到家就驾车到府上。吴起说："等你来，一齐吃。"友人到天黑都不来，吴起也一直等他到天黑，都不吃饭。明天一早，就令人去寻友人，友人来了，方才和他一齐进食。

魏文侯约虞人打猎，到了明天，适逢起大风。左右劝文侯不要去，文侯不听，说："不可以。因为风大而失信，我不肯行此事。"遂亲自驾车前往，冒着风会晤虞人，告诉他延期打猎。

曾子的妻子到市上去，他的儿子哭闹着要跟着去，妻子说："你回去，等我回来时，杀猪给你吃。"妻子从市上回来，曾子要捉猪杀给儿子吃。妻子叫他不要杀，说："不过和孩子说着玩的。"曾子说："小孩子不可以和他说着玩。他们没有知识，全学父母的样子，听父母的言语，现在你欺骗他，不是教他欺骗吗？母亲欺骗儿子，儿子不相信母亲，这不是教养之道。"乃杀了猪，烧给孩子吃。

楚厉王有面警鼓，和百姓约好，遇着有警便击鼓。有一次他饮酒醉了，走过时便击起鼓来，百姓大惊，使人去止住他。厉王说："我喝醉了，和左右的人击着玩的。"百姓都散去。过了几个月，有警击鼓，百姓都不去救，乃重申号命，百姓这才相信。

李悝警戒左右两营的兵道："当心防备！敌人马上就要来掩袭你们了！"这样警戒了几次，敌人也没有来，两营的兵都懈怠起来，不相信李悝的话了。过了几个月，秦人来袭击，几乎全军覆没，这就是没有信用的危害。

一说：李悝和秦人交战，对左营的兵说："快上前！右营的兵已上前了。"又赶去对右营的兵说："左营的兵已经上前了！"左右两营的兵听闻这话，都争着上前。到了明年，更和秦人交战，秦人袭击，李悝几乎全军覆没，这乃是没有信用的危害。

有两人互相争讼，子产乃将他们隔别分开，使他们不能互相知道彼此说的些什么话。更将甲的话去告诉乙，将乙的话去告诉甲，以勾出彼此的真情来。

卫嗣公令人假扮客人，行过关市。关市故意和他为难，不放他过去，此人乃拿金子贿赂他，关市才让他通过。某日嗣公对关市说："某时，有个客人行经你管辖的地方，曾贿赂你金子！"因谴责关市一番。关市大惊，以嗣公为明察。

外储说左下

〔一〕以罪受诛,人不怨上,刖危坐子皋。以功受赏,臣不德君,翟璜操右契而乘轩。襄王不知,故昭卯五乘而履屩。上不过任,臣不诬能,即臣将为失少室周。

〔二〕恃势而不恃信,故东郭牙议管仲。恃术而不恃信,故浑轩非文公。故有术之主,信赏以尽能,必罚以禁邪。虽有驳行,必得所利。简主之相阳虎,哀公问一足。

〔三〕失臣主之理,则文王自履而矜。不易朝燕之处,则季孙终身庄而遇贼。

〔四〕利所禁,禁所利,虽神不行;誉所罪,毁所赏,虽尧不治。夫为门而不使入,委利而不使进,乱之所以产也。齐侯不听左右,魏主不听誉者,而明察照群臣,则巨不费金钱,屡不用璧。西门豹请复治邺,足以知之。犹盗婴儿之矜裘,与刖危子荣衣。子绰左右画,去蚁驱蝇,安得无桓公之忧索官,与先王之患朦马也。

〔五〕臣以卑俭为行,则爵不足以观赏;宠光无节,则臣下侵逼。说在苗贲皇非献伯,孔子议晏婴。故仲尼论管仲与孙叔敖,而出入之容变;阳虎之言见其臣也,而简主之应人臣也失主术。朋党相和,臣下得欲,则人主孤,群臣公举,下不相和,则人主明。阳虎将为赵武之贤、解狐之公,而简主以为枳棘,非所以教国也。

〔六〕公室卑则忌直言,私行胜则少公功。说在文子之直言,武子之用杖;子产忠谏,子国谯怒;梁车用法,而成侯收玺;管仲以公,而国人谤怨。

右经

〔一〕孔子相卫,弟子子皋为狱吏,刖人足,所刖者守门。人有恶孔子于卫君者曰:"尼欲作乱。"卫君欲执孔子,孔子走,弟子皆逃,子皋从出门,刖危引之,而逃之门下室中,吏追不得。夜半,子皋问刖危曰:"吾不能亏主之法令,而亲刖子之足,是子报仇之时也,而子何故乃肯逃我?

我何以得此于子？"刖危曰："吾断足也，固吾罪当之，不可奈何。然方公之狱治臣也，公倾侧法令，先后臣以言，欲臣之免也甚，而臣知之；及狱决罪定，公憱然不悦，形于颜色，臣见又知之。非私臣而然也，夫天性仁心固然也，此臣之所以悦而德公也。"

田子方从齐之魏，望翟黄乘轩骑驾出，方以为文侯也，移车异路避之，则徒翟黄也。方问曰："子奚乘是车也？"曰："君谋欲伐中山，臣荐翟角而谋得果；且伐之，臣荐乐羊而中山拔；得中山，忧欲治之，臣荐李克而中山治；是以君赐此车。"方曰："宠之称功尚薄。"

秦、韩攻魏，昭卯西说而秦、韩罢，齐、荆攻魏，卯东说而齐、荆罢。魏襄王养之以五乘将军。卯曰："伯夷以将军葬于首阳山之下，而天下曰：'夫以伯夷之贤，与其称仁，而以将军葬，是手足不掩也。'今臣罢四国之兵，而王乃与臣五乘，此其称功，犹嬴胜而履蹻。"

孔子曰："善为吏者树德，不能为吏者树怨。

概者,平量者也;吏者,平法者也;治国者,不可失平也。"

少室周者,古之贞廉洁悫者也。为赵襄主力士,与中牟徐子角力,不若也,入言之襄主以自代也。襄主曰:"子之处,人之所欲也,何为言徐子以自代?"曰:"臣以力事君者也,今徐子力多臣,臣不以自代,恐他人言之而为罪也。"

一曰:少室周为襄主骖乘,至晋阳,有力士牛子耕,与角力而不胜,周言于主曰:"主之所以使臣骑乘者,以臣多力也,今有多力于臣者,愿进之。"

〔二〕齐桓公将立管仲,令群臣曰:"寡人将立管仲为仲父,善者入门而左,不善者入门而右。"东郭牙中门而立,公曰:"寡人立管仲为仲父,令曰:'善者左,不善者右。'今子何为中门而立?"牙曰:"以管仲之智,为能谋天下乎?"公曰:"能。""以断为敢行大事乎?"公曰:"敢。"牙曰:"君知能谋天下,断敢行大事,君因专属之国柄焉。以管仲之能,乘公之势以治,齐国得无危乎?"公曰:"善。"乃令隰朋治内,管仲治外,以相参。

晋文公出亡,箕郑挈壶餐而从,迷而失道,与公相失,饥而道泣,寝饿而不敢食。及文公反国,举兵攻原,克而拔之,文公曰:"夫轻忍饥馁之患,而必全壶餐,是将不以原叛。"乃举以为原令。大夫浑轩闻而非之,曰:"以不动壶餐之故,怙其不以原叛也,不亦无术乎?"故明主者,不恃其不我叛也,恃吾不可叛也;不恃其不我欺也,恃吾不可欺也。"

阳虎议曰:"主贤明则悉心以事之,不肖则饰奸而试之。"逐于鲁,疑于齐,走而之赵,赵简主迎而相之。左右曰:"虎善窃人国政,何故相也?"简主曰:"阳虎务取之,我务守之。"遂执术而御之,阳虎不敢为非,以善事简主,兴主之强,几至于霸也。

鲁哀公问于孔子曰:"吾闻古者有夔一足,其果信有一足乎?"孔子对曰:"不也! 夔非一足也。夔者忿戾恶心,人多不说喜也。虽然,其所以得免于人害者,以其信也。人皆曰:'独此一足矣。'夔非一足也,一而足也。"哀公曰:"审而是,固足矣。"

一曰:哀公问于孔子曰:"吾闻夔一足,信乎?"曰:"夔人也,何故一足?彼其无他异,而独通于声,尧曰:'夔一而足矣。'使为乐正。故君子曰:'夔有一足。'非一足也。"

〔三〕文王伐崇,至凤黄虚,袜系解,因自结。太公望曰:"何为也?"王曰:"君与处皆其师,中皆其友,下尽其使也。今王先君之臣,故无可使也。"

一曰:晋文公与楚战,至黄凤之陵,履系解,因自结之。左右曰:"不可以使人乎?"公曰:"吾闻上君所与居,皆其所畏也;中君之所与居,皆其所爱也;下君之所与居,皆其所侮也。寡人虽不肖,先君之人皆在,是以难之也。"

季孙好士,终身庄,居处衣服,常如朝廷。而季孙适懈,有过失,而不能长为也,故客以为厌易己,相与怨之,遂杀季孙。故君子去泰去甚。

南宫敬子问颜涿聚曰:"季孙养孔子之徒,所朝服与坐者以十数,而遇贼,何也?"曰:"昔周成王近优侏儒以逞其意,而与君子断事,是能成其欲于天下。今季孙养孔子之徒,所朝服而与坐者以十数,而与优侏儒断事,是以遇贼。故曰:不在所与居,在所与谋也。"

孔子御坐于鲁哀公,哀公赐之桃与黍,哀公:"请用。"仲尼先饭黍而后啖桃。左右皆掩口而笑,哀公曰:"黍者,非饭之也,以雪桃也。"仲尼对曰:"丘知之矣! 夫黍者,五谷之长也,祭先王为上盛;果蓏有六,而桃为下,祭先王不得入庙。丘之闻也,君子以贱雪贵,不闻以贵雪贱。今以五谷之长,雪果蓏之下,是从上雪下也。丘以为妨义,故不敢以先于宗庙之盛也。"

赵简子谓左右曰:"车席泰美。夫冠虽贱,头必戴之;屦虽贵,足必履之。今车席如此,太美,吾将何屩以履之? 夫美下而耗上,妨义之本也。"

费仲说纣曰:"西伯昌贤,百姓悦之,诸侯附焉,不可不诛,不诛,必为殷患。"纣曰:"子言义主,何可诛?"费仲曰:"冠虽穿弊,必戴于头;履虽五采,必践之于地。今西伯昌,人臣也,修义而人向之,卒为天下患,其必昌乎! 人人不以其贤为其主,非可不诛也。且主而诛臣,焉有过?"纣曰:"夫仁义者,上所以劝下也。今昌好仁义,诛之不可。"三说不用,故亡。

齐宣王问匡倩曰:"儒者博乎?"曰:"不也。"王曰:"何也?"匡倩对曰:"博者贵枭,胜者必杀枭。杀枭者,是杀所贵也,儒者以为害义,故不博也。"又问曰:"儒者弋乎?"曰:"不也。弋者从下害于上者也,是从下伤君也,儒者以为害义,故不弋。"又问:"儒者鼓瑟乎?"曰:"不也。夫瑟以小弦为大声,以大弦为小声,是大小易序,贵贱易位。儒者以为害义,故不鼓也。"宣王曰:"善!"仲尼曰:"与其使民谄下也,宁使民谄上。"

〔四〕钜者,齐之居士,屏者,魏之居士,齐、魏之君不明,不能亲照境内,而听左右之言,故二子费金璧而求入仕也。

西门豹为邺令,清克洁悫,秋毫之端无私利

也,而甚简左右。左右因相与比周而恶之。居期年,上计,君收其玺,豹自请曰:"臣昔者不知所以治邺,今臣得矣,愿请玺复以治邺。不当,请伏斧锧之罪。"文侯不忍而复与之,豹因重敛百姓,急事左右。期年上计,文侯迎而拜之。豹对曰:"往年臣为君治邺,而君夺臣玺,今臣为左右治邺,而君拜臣,臣不能治矣。"遂纳玺而去。文侯不受,曰:"寡人曩不知子,今知矣,愿子勉为寡人治之。"遂不受。

齐有狗盗之子,与刖危子戏而相夸。盗子曰:"吾父之裘独有尾。"危子曰:"吾父独冬不失裤。"

子绰曰:"人莫能左画方而右画圆也。"

以肉去蚁,蚁愈多,以鱼驱蝇,蝇愈至。

桓公谓管仲曰:"官少而索者众,寡人忧之。"管仲曰:"君无听左右之谓请,因能而受禄,录功而与官,则莫敢索官,君何患焉?"

韩宣子曰:"吾马菽粟多矣,甚臞,何也?寡人患之。"周市对曰:"使驺尽粟以食,虽无肥,不可得也。名为多与之，其实少，虽无曜，亦不可得也。主不审其情实，坐而患之，马犹不肥也。"

桓公问置吏于管仲，管仲曰："辩察于辞，清洁于货，习人情，夷吾不如弦商，请立以为大理。登降肃让，以明礼待宾，臣不如隰朋，请立以为大行。垦草仞邑，辟地生粟，臣不如甯戚，请以为大田。三军既成阵，使士视死如归，臣不如公子成父，请以为大司马。犯颜极谏，臣不如东郭牙，请立以为谏臣。治齐，此五子足矣。将欲霸王，夷吾在此。"

〔五〕孟献伯相鲁，堂下生藿藜，门外长荆棘，食不二味，坐不重席，无衣帛之妾，居不粟马，出不从车。叔向闻之，以告苗贲皇。贲皇非之，曰："是出主之爵禄以附下也。"

一曰：孟献伯拜上卿，叔向往贺，门有御，马不食禾。向曰："子无二马二舆，何也?"献伯曰："吾观国人尚有饥色，是以不秣马。班白者多徒行，故不二舆。"向曰："吾始贺子之拜卿，今贺子之俭也。"向出，语苗贲皇曰："助吾贺献伯之俭也。"苗子曰："何贺焉？夫爵禄旂章，所以异功伐、别贤不肖也。故晋国之法，上大夫二舆二乘，中大夫二舆一乘，下大夫专乘，此明等级也。且夫卿必有军事，是故循车马，比卒乘，以备戎事。有难则以备不虞，平夷则以给朝事。今乱晋国之政，乏不虞之备，以成节，以洁私名，献伯之俭也，可与？又何贺？"

管仲相齐，曰："臣贵矣，然而臣贫。"桓公曰："使子有三归之家。"曰："臣富矣，然而臣卑。"桓公使立于高、国之上，曰："臣尊矣，然而臣疏。"乃立为仲父。孔子闻而非之，曰："泰侈逼上。"

一曰：管仲父出，朱盖青衣，置鼓而归，庭有陈鼎，家有三归。孔子曰："良大夫也，其侈逼上。"

孙叔敖相楚，栈车牝马，粝饼菜羹，枯鱼之膳，冬羔裘，夏葛衣，面有饥色。则良大夫也，其俭逼下。

阳虎去齐走赵，简主问曰："吾闻子善树人。"虎曰："臣居鲁，树三人，皆为令尹，及虎抵罪于鲁,皆搜索于虎也。臣居齐,荐三人,一人得近王,一人为县令,一人为候吏。及臣得罪,近王者不见臣,县令者迎臣执缚,候吏者追臣至境上,不及而止。虎不善树人。"主俛而笑曰:"树橘柚者,食之则甘,嗅之则香;树枳棘者,成而刺人。故君子慎所树。"

中牟无令,晋平公问赵武曰:"中牟,三国之股肱,邯郸之肩髀,寡人欲得其良令也,谁使而可?"武曰:"邢伯子可。"公曰:"非子之仇也?"曰:"私仇不入公门。"公又问曰:"中府之令,谁使而可?"曰:"臣子可。"故曰:"外举不避仇,内举不避子。"赵武所荐四十六人,及武死,各就宾位,其无私德若此也。

平公问叔向曰:"群臣孰贤?"曰:"赵武。"公曰:"子党于师人。""武立如不胜衣,言如不出口,然所举士也数十人,皆得其意,而公家甚赖之。及武子之生也,不利于家,死不托于孤,臣敢以为贤也。"

解狐荐其仇于简主以为相,其仇以为且幸释

已也，乃因往拜谢。狐乃引弓送而射之，曰："夫荐汝公也，以汝能当之也。夫仇汝，吾私怨也，不以私怨汝之故，拥汝于吾君。"故私怨不入公门。

一曰：解狐举邢伯柳为上党守，柳往谢之，曰："子释罪，敢不再拜？"曰："举子公也，怨子私也。子往矣，怨子如初也。"

郑县人卖豚，人问其价，曰："道远日暮，安暇语汝！"

〔六〕范文子喜直言，武子击之以杖："夫直议者不为人所容，无所容则危身，非徒危身，又将危父。"

子产者，子国之子也。子产忠于郑君，子国谯怒之，曰："夫介异于人臣，而独忠于主；主贤明，能听汝，不明，将不汝听；听与不听，未可必知，而汝已离于群臣，离于群臣，则必危汝身矣。非徒危己也，又且危父矣。"

梁车新为邺令，其姊往看之，暮而后门闭，因逾郭而入，车遂刖其足。赵成侯以为不慈，夺之玺而免之令。

管仲束缚,自鲁之齐,道而饥渴,过绮乌封人
而乞食,乌封人跪而食之,甚敬。封人因窃谓仲
曰:"适幸及齐,不死而用齐,将何报我?"曰:"如
子之言,我且贤之用,能之使,劳之论,我何以报
子?"封人怨之。

译解:

〔一〕因为有罪而受诛,人不会怨恨主上,所以断了脚的
人仍去救子皋。因为有功而获赏,臣不会感激国君,所以翟璜
很尊贵地乘着大夫坐的车子。魏襄王不知有功当厚赏,所以
昭卯虽有大功,只受五乘的赏赐,和富人穿草鞋一样。主上不
用没有才能的人,臣子不假充有才能而图进用,所以少室周举
存他人代替自己。

〔二〕倚恃势力,不恃信任,所以东郭牙议论管仲;倚恃法
术,不恃信任,所以浑轩非难晋文公。有道的人主,使赏赐确
定,有才能的人得以尽量的发展;刑罚不移,使奸邪得以平息。
虽有驳杂的品行,仍旧可以利用。所以赵简主任阳虎为相国,
哀公问夔为何只有一只脚。

〔三〕文王失去臣主之理,所以自己系鞋带,矜恃过甚。
季孙不论上朝或晏居时,都极庄重,终身如此,结果被害。

〔四〕应当禁止的,反予以便利;应当予以便利的,反又加

以禁止。这样，人君虽然神明都不行。应当惩罚的，反加以奖誉；应当奖赏的，反加以毁坏。这样，虽是尧、舜都不能治理。造好了门，不让人进去，委弃利益，不令人进取，祸乱就要因此发生了。齐侯若不听左右的话，魏王若不听称誉的话，而明察遍及群臣，钜就不能费金钱，屠也不能用玉璧，去行贿赂。西门豹请再重治理邺，因此知道左右的谗言。谄媚人主，不知羞耻，有如强盗的儿子夸他父亲偷来的皮衣，以及断了脚罪人的儿子，以他父亲着的衣裳为荣耀。子绰不能同时左手画方形，右手画圆形，比喻尽用左右的话，不能得到贤人。拿骨头赶蚂蚁，用鱼去驱苍蝇，比喻用好话劝左右，左右更加谄媚。但听左右的话，不察臣下的情实，如此安得不像齐桓公忧愁无以应付求官的和韩宣主患马太瘦呢？

〔五〕臣下若太卑恭节俭，爵禄就不足以鼓励人；宠爱和奖赏若没有节制，臣下就要迫胁人主。其说俱见于苗贲皇非难献伯，孔子议论晏婴。孔子又论管仲，以为他太奢；论孙叔敖，以为他太俭。阳虎说他引见三人于君，等他出亡时，这三人对他都翻了脸，赵简主遂说种枳棘的比喻。简主说这话，实在不是人主所应当说的，因为朋党和睦，臣下得遂其私欲，人主就孤立无助；群臣为公家举人，下面不相和睦，人主就可以明察下人。阳虎将学赵武之贤良，解虎之公正，而简主以为他种了枳棘，这实在不是教国人之道。

〔六〕公室若衰微，就忌讳直言，私行若占优势，公家的功业就少有能够建设的。其说俱见于范文子直言,武子就用杖打他;子产尽忠,子国就发怒责备他;梁车用法,成侯就收回他的官印;管仲秉公,国人就怨恨他。

以上是经

〔一〕孔子为卫相国,弟子子皋做狱吏,命将一犯人的脚割了,断了脚的人就管看门。有人在卫君面前说孔子的坏话,说:"仲尼要作乱了!"卫君预备捉拿孔子,孔子逃走,弟子都一齐逃走。子皋后出门,断了脚的人引他逃入门下的房内,官不曾追到他们。到了半夜里,子皋问断脚的人道:"我既不能更动人主的法令,而亲自令人割断你的脚,这正是你报仇的时候,你为什么反肯引我逃走,为什么你肯救我呢?"此人答道:"我被割断脚,本来因为我的罪该如此,没有法想。但是当公要定臣的罪时,公很想将法律稍为移动,开脱臣的罪过,臣也知道。及至狱决罪定,公很不快乐,脸上都看得出来,臣看见又知道了。这对臣并非偏心为私,乃是天性仁心如此,臣因此感激公的厚意。"

田子方从齐国到魏国,看见翟黄乘坐轩车,后有轻骑跟随而出。田子方以为是魏文侯,忙将车子移到旁边的路上,避让他,再看乃是翟黄。乃问他道:"你怎么会乘这个车子呢?"翟黄道:"君打算去攻打中山,臣荐举翟角设计,计划得十分完备;将要去攻打中山,臣荐举乐羊为将,取有中山;既得中山,又愁无人治理该地,臣荐举李克,而中山治理。所以君赐臣坐这车子。"田子方道："有功如此，这样尊宠原是应当的，尚嫌太薄哩！"

秦和韩攻打魏国，昭卯西面去游说，秦、韩遂收兵退去；齐和楚攻打魏国，昭卯又东面去游说，齐、楚也收兵退去。魏襄王乃以五乘的俸禄供养昭卯，昭卯说："伯夷以将军的礼葬于首阳山下面，而天下人都说：'以伯夷这般贤，这样有仁义，而以将军的礼葬他，这简直是连他的手脚都不曾掩埋。'现在臣说退四国的兵，而王但赐臣五乘的俸禄，这和我的功绩比较，也同发了大财的人穿草鞋一样。"

孔子说："善于做官的施德惠，不会做官的结仇怨。概木是用来磨平斗斛等量器的，官吏是谨守法度，使之公平不偏的。治国的不可以不使法度公平。"

少室周是古时一个廉洁正直的人。他做赵襄主的力士，和中牟人徐子角力，不如徐子，遂进去向襄主说，举荐他代替自己。襄主说："你的位置是众人所欲得的，你为何要举荐徐子来代替你呢？"少室周道："臣是以气力来伺候君的，现在徐子的气力比臣大，臣若不荐来代替臣，恐他人说了，臣反得罪。"

一说：少室周做襄主的骖乘，到晋阳时，和一个名叫牛子耕的力士角力，少室周输了，遂去对襄主说："主之所以要使臣做骖乘，是因为臣有气力，现在有人比臣气力大，臣情愿举荐他代替臣。"

〔二〕齐桓公将立管仲，号令群臣道："寡人将立管仲为仲父，赞成的进门后归左面，不赞成的进门后归右面。"东郭牙听了站立在门当中。桓公问道："寡人立管仲为仲父，下令道：'赞成的居左，不赞成的居右。'现在你为何站在门当中呢？"东郭牙道："是以为管仲的聪明能谋天下吗？"桓公说："能。""以为他的果断敢行大事吗？"桓公说："敢。"东郭牙说："倘若他的聪明能谋天下，果断敢行大事，君遂将国柄专交给他。以管仲的才能，凭着公的势力，治理齐国，不危险吗？"桓公说："这话很对。"乃令隰朋治内里，管仲治外面，使二人的势力相等，互相制约。

晋文公出亡在外，箕郑提着一壶饮食跟着走，迷失了路，和文公分散，腹内饥饿，在路旁哭泣，忍饿睡觉，不敢吃这食物。及至文公回国，起兵去攻打原，将原打下，文公说："甘心忍饿，不动壶内的食物，他必不会以原背叛。"乃用他为原地的县令。大夫浑轩闻知这事，不以为然，说："因为不动壶内食物，遂相信他不会以原背叛，不是太没有治术了吗！"所以明主不恃人不背叛我，要恃我不可为人背叛；不恃人不欺骗我，要恃我不可为人所欺骗。

阳虎曾说："人主若贤明，就尽心地伺候他；他若无用，就设法欺骗他。"他在鲁国，被人驱逐出来，在齐国，又遭人疑恨，逃住赵国去，赵国主迎他去，封他为相国。左右的人说："虎善于窃取人的国政，为何要用他为相国呢？"简主说："阳虎一心要窃取,我一心保守。"遂用权术控制住他,阳虎不敢为非,并且善事人主,使国家强盛,几至于霸。

鲁哀公问孔子道:"我听说:古时夔有一足,他果然只有一足(脚)吗?"孔子道:"不是,夔并不是只有一足,夔为人暴戾,容易愤怒,人多半不喜欢他。但是他所以能够免于人害,因为他有信实。人都说:'独此一桩好处已足了。'夔并非只有一足,乃是具有一特性就足啊!"哀公说:"果然如此,当然足够了。"

一说:哀公问孔子道:"我听说夔只有一足,真的吗?"孔子道:"夔是一个人,怎么会只有一只脚呢? 他没有旁的特点,独精通音律,尧说:'夔只此一桩技能,已经足够了。'使他做乐正,所以君子说:'夔有一而足。'并不是说他只有一只脚呀!"

〔三〕文王去讨伐崇,走到凤黄虚时,鞋带散了,乃自己系起来。太公望问:"为何要自己系呢?"文王道:"上等的人君和他的师傅相处,中等的人君和友人相处,下等的人君,左右尽是他使用的仆役。现在这都是先王的臣子,所以无人可使系鞋带。"

一说:晋文公和楚人打仗,走到黄凤陵,文公的鞋带散了,乃自己系起来。左右的人说:"不可以使别人系吗?"文公道:"我听说:上等的君主,和他在一起的人,都是他敬畏的;中等的君主,和他在一起的,都是他亲爱的;下等的君主,和他在一起的,都是他侮慢的。寡人虽然不肖,然而先君的大臣俱在,所以无人可使之系鞋带。"

季孙好养士人，终身端庄，对于居处衣服，都和在朝廷中一样。但是有时疏忽，不能一直这样，于是客人以为季孙讨厌他们，看不起他们，大家心中怨恨，遂将季孙杀了。所以君子不宜矜庄过甚。

南宫敬子问颜涿聚道："季孙养孔子等一班人，穿着朝服与坐的有数十人，然而他被人刺杀，这是什么缘故呢?"颜涿聚道："从前周成王和优伶常在一起取乐，而与君子断事，所以他能使天下治理。现在季孙虽养孔子等一班人，穿着朝服与坐的有几十人，但是他和优伶一起断事，所以被人刺杀了。所以说:不在相与的人如何，而在所与谋事的人，是君子抑是小人。"

孔子伺候鲁哀公坐着，哀公赐他吃桃子和黍。哀公说:"请用。"孔子遂把黍吃了，再去咬桃子吃。左右的人见此情形，都掩着嘴笑了。哀公道:"黍不是吃的，乃是用来拭桃子的。"孔子道:"丘知道。但黍是五谷之长，祭先王时为上等的食品，至于水果有六种，而桃子为下品，祭先王时不得入庙。丘听说过:君子以贱拭贵，未听说以贵拭贱。现在用五谷之长来拭下等的水果，这乃是从上拭下，丘以为妨义，所以不敢在吃宗庙中上祭的食品之先，先吃桃子。"

赵简子对左右说:"车席太华丽了。冠帽虽贱，头必须戴着，鞋子虽贵，脚必须踏着。现在车席这般考究，我将穿什么鞋子在上面走呢？考究鞋席，使上面的服饰如冠帽等更加耗费，这实在是妨义之本。"

费仲对纣说："西伯昌贤，百姓都爱戴他，诸侯都亲附他，不可不杀掉他，若不杀他，他必为殷祸！"纣说："你既然说他是个好国君，怎么可以杀他呢？"费仲说："帽子虽然破了，必须要戴在头上；鞋子虽然是五彩的，仍须踏在地下。现在西伯昌是人臣，修义之人都归向他，将来为天下患的，必定是西伯昌吧？人臣若贤，正是人主的祸患，不可以不将他杀掉。而且人主杀臣子，是没有罪过的。"纣说："仁义是主上用来勉励臣下的，现在昌既好仁义，不可杀他。"费仲说了三次，纣都不听，结果为西伯昌所灭。

齐宣王问匡倩道："儒者赌博吗？"匡倩说："不。"王问："为何不赌博？"匡倩道："赌博的以枭为最贵，杀了枭便算赢。杀枭乃是杀所贵的，儒者以为害义，所以不赌博。"又问："儒者射雀鸟吗？"匡倩说："不，射鸟时从下害上，有如从下伤害人君，儒者以为害义，所以不射鸟雀。"又问："儒者弹瑟吗？"匡倩说："不，瑟上的小弦声音大，大弦声音小，这乃是大小互易次序，贵贱互易位置，儒者以为害义，所以不弹瑟。"宣王说："对的。"孔子说："与其使百姓谄媚下人，宁可使百姓谄媚主上。"

〔四〕钜某是齐国的居士，屠某是魏国的居士，齐、魏二国的国君不明，不能亲自视察境内，而听左右的话，所以这二人遂使用黄金和玉璧,谋得官做。

西门豹为邺令,公正廉洁,不营一毫私利,但是不打点国君左右的人,左右遂一齐毁谤他。过了一年,考核他的功绩毕,魏文侯把他的官印收了。西门豹要求道:"臣当初不知道治邺的方法,现在臣知道了,愿请发还官印,再让臣去治邺,设有不当,甘受斧锧诛戮。"文侯不忍拒绝,更令他为邺令,西门豹遂搜括百姓,贿赂国君左右的人。过了一年,考核他的功绩,文侯亲自迎接他,向他拜谢。西门豹道:"往年臣为君治邺,而君夺去臣的印,现在臣为左右的人去治邺,而君反向臣拜谢,臣不能治理了。"遂留下印要去,文侯不受,说道:"寡人当初不知道你,现在知道你了,愿你勉力为寡人治理。"就不受西门豹的印。

齐国有个钻狗洞窃贼的儿子和一个断了脚罪犯的儿子,两人说大话。贼的儿子说:"独有我父亲的皮衣上有尾巴。"罪犯的儿子说:"独有我的父亲,冬天不会失去裤子。"

子绰说:"没有人能够左手画方形,右手同时画圆形。"

用肉去除蚂蚁,蚂蚁更多;拿鱼去赶苍蝇,苍蝇越发要来了。

齐桓公对管仲说:"官的位置很少,而来求事的人很多,寡人着急得很。"管仲说:"君不听左右的请求,有才能的受俸禄,有功劳的做官,这样就没有人敢来求官做了,君何必着急呢?"

韩宣子说:"我的马豆料喂得很多,为何仍旧很瘦呢?寡人很着急的。"周市道:"假使管马的将豆料全给马吃,马不会不肥的。向上说多给它吃,其实但给它极少的吃,马怎么会不瘦呢?主上不审察实情,但坐着发急,马仍旧不会肥呀。"

齐桓公问管仲官职的安置和分配。管仲说:"口才伶俐,清廉不贪财货,熟习人情,臣不如弦商,请立他为大理;登降迎送,以明礼接待宾客,臣不如隰朋,请立他为大行;开发新地,贡纳租税,扩展土地,务农积米,臣不如宁戚,请立他为大田;三军已列成阵势,使兵士视死如归,臣不如公子成父,请立他为大司马;主上虽面色愠怒,仍冒犯直谏,臣不如东郭牙,请立他为谏臣。治理齐国,这五个人足够了。若要成功霸王之业,夷吾在此地。"

〔五〕孟献伯为鲁相国时,家中堂下生蓬蒿,门外长荆棘,食时没有两样菜,坐时不垫两张席子,也没有穿丝帛的姬妾,居家不用谷喂马,出外没有副车随从。叔向闻知,去告诉苗贲皇,苗贲皇不以为然,说:"这乃是屏除人主的爵禄赏赐,以亲附下人。"

一说:晋孟献伯被封为上卿,叔向去道贺,看见他的门外只有一辆车子,马都没有谷子吃。叔向就问他道:"你怎么车子都没有两辆?马怎么都没有谷子吃?"孟献伯说:"我见国人尚有饥饿之色,所以我不用谷子喂马。头发斑白的老人多半步行,所以我不备两辆车子。"叔向说:"我起先来贺你拜为上卿,现在更要贺你的俭约。"叔向既出,对苗贲皇说道:"和我一齐贺献伯的俭约。"苗贲皇道:"这有什么可贺的呢? 爵禄同旗章,是表著有功,分别贤不肖的。所以晋国的法度:上大夫有两辆坐车、两辆兵车,中大夫有两辆坐车、一辆兵车,下大夫一辆兵车。这是表明等级。并且上卿一定有军事,所以要修饰车马,训练士卒,以备战事,有难时可以防备意外,太平时用以供给朝事。现在献伯扰乱晋国的法度,对意外的事防备空虚,成全他私人的名节,献子的节俭难道是对的吗? 又有什么可贺的呢?"

管仲为齐相国,说:"臣贵了,但是臣仍贫穷。"桓公说:"赐你三归之家。"(三归是藏钱财的地方)管仲说:"臣富了,但是臣仍旧卑低。"桓公使他位在高国之上。管仲又说:"臣地位高了,但是臣仍旧疏远。"桓公乃立他做仲父。孔子闻知,不以为然,说:"奢侈过甚,侵迫主上。"

一说:管仲出来时,车上是朱红色的车盖,归家时有鼓乐引路,庭中陈设大鼎,家里更有三归。孔子说:"是好大夫,但是奢侈侵迫主上了。"

孙叔敖为楚国的相国时,但有柴车、母马,只吃粗饭,菜羹、枯鱼佐餐,冬天穿羊皮袄,夏天穿葛布的衣裳,脸上有饥饿之色。虽然是贤大夫,但是节俭太甚,侵迫及下人了。

阳虎离开齐国,往赵国去。赵简主问他道:"我听说你善于栽培人?"阳虎说:"臣在鲁国时,栽培过三个人,他们都做令尹。等虎得罪后再到鲁国时,三人都搜捕虎。臣在齐国时曾荐举三个人，一人得近王，一人为县令，一人做候吏。及至臣得罪后，近王的避面不见臣，做县令的来捕捉臣，做候吏的追捕臣，直至交界的地方，不曾赶上才回去。虎实不善于栽培人。"简主听了，低着头笑道："栽种橘柚的，吃时甚甜；栽种枳树和荆棘的，长成了反刺人。所以君子对于栽培人要当心。"

中牟没有县令，晋平公问赵武道："中牟是齐、燕、赵三国的手足、邯郸的肩背，寡人想得一好县令，委派谁好呢？"赵武说："邢伯子可以做这事。"平公说："他不是你的仇人吗？"回道："私仇不入公门。"平公又问："中府的县令，谁可以做得呢？"回说："臣的儿子可以做得。"所以说，赵武内里荐举不避仇人，外面荐举不避亲子。赵武共荐四十六人于其君，及至赵武死后，这班人都各就宾位，他平时是这般的公正无私。

平公问叔向道："群臣中谁最好？"叔向说："赵武。"平公说："你偏护你的上司！"叔向道："武站立时好像弱不胜衣，话好像从来不说似的，但是他所荐举的几十个士人，都能尽展他们的才能，公家也很得他们的力。况且武子生时不替家中营利，死时不替儿子托人，臣敢以他为贤。"

解狐举荐他的仇人给简公，得为相国，仇人以为他不记从前的仇恨了，乃去拜谢他。解狐拉开弓迎着他要射，说："举荐你是为公，因为你能够胜任。和你有仇，那乃是我们的私怨，我不以私怨你的缘故，就不在国君的面前提及你。"所以说私怨不入公门。

一说：解狐举荐邢伯柳为上党守，邢伯柳去向他道谢，说："你恕了我的罪，我敢不来向你再拜道谢。"解狐道："举荐你是为公，怨恨你那是私仇。你去吧，我怨恨你，依旧和当初一样。"

郑国有个人卖小猪，有人问他价钱，他说："路远，天又晚了，哪有空告诉你。"

〔六〕范文子喜欢直说，武子（文子的父亲）用拐杖打他，说："直说就得罪人，不为人所容，这样本身就危险了！ 非但自己本身危险，更要累及父亲！"

子产是子国的儿子，子产尽忠事郑君，子国发怒责备他道："你和一般臣子大不相同，独尽忠为主上。主上倘若贤明，能够听你的话，若不贤明，就不会听你的话。是否听信你，尚且不可一定晓得，而你已经和群臣分离了。既离开群臣，你的生命就危险了。非但你自己危险，更使你的父亲危险。"

梁车为邺令，他的姐姐去探望他。来迟了，天已昏黑，城门关闭，乃翻城墙进去，梁车遂依法把她的脚割去。赵成侯觉得他太不仁慈，将他的官印收回，县令革除。

管仲被捆缚住，从鲁国押解到齐国去。在路上饥渴了，经过绮乌时，向该地的封人讨点东西吃。封人跪着进食，极其恭敬，遂私下对管仲说："你若安抵齐国不死，更能掌执大权，治理齐国，你将何以报答我呢？"管仲说："果然能如你的话，我将任用贤人、有才能的和有功劳的，我又怎样报答你呢？"封人因此怨恨管仲。

难一

　　晋文公将与楚人战，召舅犯问之，曰："吾将与楚人战，彼众我寡，为之奈何？"舅犯曰："臣闻之：'繁礼君子，不厌忠信；战阵之间，不厌诈伪。'君其诈之而已矣。"文公辞舅犯，因召雍季而问之，曰："我将与楚人战，彼众我寡，为之奈何？"雍季对曰："楚林而田，偷取多兽，后必无兽。以诈遇民，偷取一时，后必无复。"文公曰："善。"辞雍季，以舅犯之谋，与楚人战，以败之；归而行爵，先雍季而后舅犯。群臣曰："城濮之事，舅犯谋也，夫用其言而后其身，可乎？"文公曰："此非君所知也。夫舅犯言，一时之权也；雍季言，万世之利也。"仲尼闻之，曰："文公之霸也宜哉！既知一时之权，又知万世之利。"

　　或曰："雍季之对，不当文公之问。凡对问者，有因问小、大、缓、急而对也。所问高大而对以卑狭，则明主弗受也。今文公问以少遇众，而对曰'后必无复'。此非所以应也。且文公不知一时之权，又不知万世之利，战而胜，则国安而身定，兵强而威立，虽有后复，莫大于此，万世之利，奚患不至？战而不胜，则国亡兵弱，身死名息，拔拂今日之死不及，安暇待万世之利？待万世之利，在今日之胜，今日之胜，在诈于敌，诈敌，万世之利而已。故曰：雍季之对，不当文公之问。且文公又不知舅犯之言，舅犯所谓不厌诈伪者，不谓诈其民，请诈其敌也。敌者，所伐之国也，后虽无复，何伤哉？文公之所以先雍季者，以其功耶？则所以胜楚破军者，舅犯之谋也；以其善言耶？则雍季乃道其后之无复也，此未有善言也。舅犯则以兼之矣。舅犯曰'繁礼君子，不厌忠信'者，忠，所以爱其下也，信，所以不欺其民也。夫既以爱而不欺矣，言孰善于此？然必曰出于诈伪者，军旅之计也。舅犯前有善言，后有战胜，故舅犯有二功而后论，雍季无一焉而先赏。文公之霸，不亦宜乎？仲尼不知善赏也。"

历山之农者侵畔，舜往耕焉，期年，甽亩正。

河滨之渔者争坻,舜往渔焉,期年而让长。东夷之陶者器苦窳,舜往陶焉,期年而器牢。仲尼叹曰:"耕、渔与陶,非舜官也,而舜往为之者,所以救败也。舜其信仁乎! 乃躬藉处苦而民从之。故曰:圣人之德化乎!"

或问儒者曰:"方此时也,尧安在?"其人曰:"尧为天子。""然则仲尼之圣尧奈何? 圣人明察在上位,将使天下无奸也。今耕渔不争,陶器不窳,舜又何德而化? 舜之救败也,则是尧有失也。贤舜则去尧之明察,圣尧则去舜之德化,不可两得也。楚人有鬻楯与矛者,誉之曰:'吾楯之坚,莫能陷也。'又誉其矛曰:'吾矛之利,于物无不陷也。'或曰:'以子之矛,陷子之楯,何如?'其人弗能应也。夫不可陷之楯,与无不陷之矛,不可同世而立。今尧、舜之不可两誉,矛楯之说也。且舜救败,期年已一过,三年已三过,舜有尽,寿有尽,天下过无已者,以有尽逐无已,所止者寡矣。赏罚使天下必行之,令曰:'中程者赏,弗中程者诛。'令朝至暮变,暮至朝变,十日而海内毕矣,奚待期年？舜犹不以此说尧令从己，乃躬亲，不亦无术乎？且夫以身为苦而后化民者，尧、舜之所难也；处势而骄下者，庸主之所易也。将治天下，释庸主之所易，道尧、舜之所难，未可与为政也。"

管仲有病，桓公往问之，曰："仲父病，不幸卒于大命，将奚以告寡人？"管仲曰："微君言，臣故将谒之。愿君去竖刁，除易牙，远卫公子开方。易牙为君主味，君惟人肉未尝，易牙烝其子首而进之。夫人情莫不爱其子，今弗爱其子，安能爱君？君妒而好内，竖刁自宫以治内。人情莫不爱其身，身且不爱，安能爱君？闻开方事君十五年，齐、卫之间，不容数日行，弃其母，久宦不归，其母不爱，安能爱君？臣闻之：'矜伪不长，盖虚不久。'愿君去此三子者也。"管仲卒死，桓公弗行。及桓公死，虫出尸不葬。

或曰："管仲所以见告桓公者，非有度者之言也。所以竖刁、易牙者，以不爱其身，适君之欲也。曰'不爱其身，安能爱君'，然则臣有尽死力以为其主者，管仲将弗用也。曰'不爱其死力，安能爱君',是君去忠臣也!且以不爱其身,度其不爱其君,是将以管仲之不能死公子纠,度其不死桓公也,是管仲亦在所去之域矣!明主之道不然,设民所欲以求其功,故为爵禄以劝之;设民所恶,以禁其奸,故为刑罚以威之。庆赏信而刑罚必,故君举功于臣,而奸不用于上,虽有竖刁,其奈君何?且臣尽死力以与君市,君垂爵禄以与臣市。君臣之际,非父子之亲也,计数之所出也。君有道,则臣尽力而奸不生,无道,则臣上塞主明,而下成私。管仲非明此度数于桓公也,使去竖刁,一竖刁又至,非绝奸之道也。且桓公所以身死虫流、出尸不葬者,是臣重也;臣重之实,擅主也。有擅主之臣,则君令不下究,臣情不上通,一人之力,能隔君臣之间,使善败不闻,祸福不通,故有不葬之患也!明主之道,一人不兼官,一官不兼事。卑贱不待尊贵而进论,大臣不因左右而见,百官修通,群臣辐凑。有赏者,君见其功,有罚者,君知其罪。见知不悖于前,赏罚不弊于后,安有不葬之患?管仲非明此言于桓公也,使去三子,故曰:管仲无度矣。"

襄子围于晋阳中,出围,赏有功者五人,高赫为赏首。张孟谈曰:"晋阳之事,赫无大功,今为赏首,何也?"襄子曰:"晋阳之事,寡人国家危,社稷殆矣。吾群臣无有不骄侮之意者,惟赫子不失君臣之礼,是以先之。"仲尼闻之,曰:"善赏哉襄子! 赏一人,而天下为人臣者,莫敢失礼矣。"

或曰:"仲尼不知善赏矣! 夫善赏罚者,百官不敢侵职,群臣不敢失礼。上设其法,而下无奸诈之心,如此,则可谓善赏罚矣。使襄子于晋阳也,令不行,禁不止,是襄子无国,晋阳无君也,尚谁与守哉? 今襄子于晋阳也,知氏灌之,臼灶生蛙,而民无反心,是君臣亲也。襄子有君臣亲之泽,操令行禁止之法,而犹有骄侮之臣,是襄子失罚也。为人臣者,乘事而有功则赏。今赫仅不骄侮,而襄子赏之,是失赏也。明主赏不加于无功,罚不加于无罪。今襄子不诛骄侮之臣,而赏无功之赫,安在襄子之善赏也? 故曰仲尼不知善赏。"

晋平公与群臣饮,饮酣,乃喟然叹曰:"莫乐为人君，惟其言而莫之违。"师旷侍坐于前，援琴撞之，公披衽而避，琴坏于壁。公曰："太师谁撞?"师旷曰："今者有小人言于侧者，故撞之。"公曰："寡人也。"师旷曰："哑！是非君人者之言也。"左右请除之。公曰："释之，以为寡人戒。"

或曰："平公失君道，师旷失臣礼。夫非其行而诛其身，君之于臣也；非其行则陈其言，善谏不听则远其身者，臣之于君也。今师旷非平公之行，不陈人臣之谏，而行人主之诛，举琴而亲其体，是逆上下之位，而失人臣之礼也。夫为人臣者，君有过则谏，谏不听，则轻爵禄以待之，此人臣之礼义也。今师旷非平公之过，举琴而亲其体，虽严父不加于子，而师旷行之于君，此大逆之术也！臣行大逆，平公喜而听之，是失君道也。故平公之迹，不可明也，使人主过于听，而不悟其失。师旷之行，亦不可明也，使奸臣袭极谏，而饰弑君之道。不可谓两明，此为两过。故曰：平公失君道，师旷亦失臣礼矣。"

齐桓公时，有处士曰小臣稷，桓公三往而弗

得见。桓公曰："吾闻布衣之士,不轻爵禄,无以易万乘之主;万乘之主,不好仁义,亦无以下布衣之士。"于是五往乃得见之。

或曰："桓公不知仁义!夫仁义者,忧天下之害,趋一国之患,不避卑辱,谓之仁义。故伊尹以中国为乱,道为宰于汤,百里奚以秦为乱,道为虏于穆公,皆忧天下之害,趋一国之患,不辞卑辱,故谓之仁义。今桓公以万乘之势,下匹夫之士,将欲忧齐国,而小臣不行,见小臣之忘民也,忘民不可谓仁义。仁义者,不失人臣之礼,不败君臣之位者也。是故四封之内,执会而朝,名曰臣;臣吏分职受事,名曰萌。今小臣在民萌之众,而逆君上之欲,故不可谓仁义。仁义不在焉,桓公又从而礼之。使小臣有智能而遁桓公,是隐也宜刑。若无智能而虚骄矜桓公,是诬也,宜戮。小臣之行,非刑则戮。桓公不能领臣主之理,而礼刑戮之人,是桓公以轻上侮君之俗,教于齐国也,非所以为治也。故曰:桓公不知仁义。"

靡笄之役,韩献子将斩人,郤献子闻之,驾往救之，比至，则已斩之矣。邻子因曰："胡不以徇？"其仆曰："曩不将救之乎？"邻子曰："吾敢不分谤乎？"

或曰："邻子言不可不察也，非分谤也。韩子之所斩也，若罪人不可救，救罪人，法之所以败也，法败则国乱。若非罪人，则劝之以徇，劝之以徇，是重不辜也。重不辜，民所以起怨者也，民怨则国危。邻子之言，非危则乱，不可不察也。且韩子之所斩若罪人，邻子奚分焉？斩若非罪人，则已斩之矣，而邻子乃至，是韩子之谤已成，而邻子且后至也。夫邻子曰'以徇'，不足以分斩人之谤，而又生徇之谤，是子言分谤也？昔者纣为炮烙，崇侯、恶来又曰：'斩涉者之胫也。'奚分于纣之谤？且民之望于上也甚矣，韩子弗得，且望邻子之得之也。今邻子俱弗得，则民绝望于上矣。故曰：邻子之言，非分谤也，益谤也。且邻子之往救罪也，以韩子为非也，不道其所以为非，而劝之'以徇'，是使韩子不知其过也。夫下使民望绝于上，又使韩子不知其失，吾未得邻子之所以分谤者也。"

桓公解管仲之束缚而相之。管仲曰："臣有宠矣，然而臣卑。"公曰："使子立高、国之上。"管仲曰："臣贵矣，然而臣贫。"公曰："使子有三归之家。"管仲曰："臣富矣，然而臣疏。"于是立以为仲父。霄略曰："管仲以贱为不可以治国，故请高、国之上；以贫为不可以治富，故请三归；以疏为不可以治亲，故处仲父。管仲非贪，以便治也。"

或曰："今使臧获奉君令诏，卿相莫敢不听，非卿相卑而臧获尊也，主令所加，莫敢不从也。今使管仲之治，不缘桓公，是无君也，国无君不可以为治。若负桓公之威，下桓公之令，是臧获之所以信也，奚待高、国、仲父之尊，而后行哉？当世之行事、都丞之下，征令者，不辟尊贵，不就卑贱。故行之而法者，虽巷伯信乎卿相；行之而非法者，虽大吏诎乎民萌。今管仲不务尊主明法，而事增宠益爵，是非管仲贪欲富贵，必暗而不知术也。故曰：管仲有失行，霄略有过誉。"

韩宣王问于樛留："吾欲两用公仲、公叔，其可乎?"缪留对曰:"昔魏两用楼、翟,而亡西河,楚两用昭、景而亡鄢、郢。今君两用公仲、公叔,此必将争事而外市,则国必忧矣。"

或曰:"昔者,齐桓公两用管仲、鲍叔,成汤两用伊尹、仲虺。夫两用臣者国之忧,则是桓公不霸,成汤不王也。湣王一用淖齿,而身死乎东庙;主父一用李兑,减食而死。主有术,两用不为患;无术,两用则争事而外市,一则专制而劫弑。今留无术以规上,使其主去两用一,是不有西河、鄢、郢之忧,则必有身死减食之患!是缪留未有善以知言也。"

译解:

晋文公将要同楚人开战,召舅犯来问道:"我们将要与楚人开战,他们人多,我们人少,怎么办呢?"舅犯道:"臣听说:'细讲礼节的君子,应当极力地守忠信;战争的时候,不妨施用诡计,欺诈敌人。'君设计诈骗他们好了。"文公辞退舅犯,更召雍季来问道:"我们将要同楚人开战,他们人多,我们人少,怎么办呢?"雍季对道:"打猎时若用焚烧树林的方法,侥幸也可以获得很多的兽,可是以后此地就再获不着兽了。用诡诈去对付人民,只可侥幸获胜于一时,以后必定不能再有第二次了。"文公说:"对的。"乃辞退雍季,用舅犯的计策和楚人交战,将楚人打败。回国论功行赏,先赏雍季,再及舅犯。群臣都说:"城濮之役,是用舅犯的计策打胜的,用了他的话,又后赏他,可以吗?"文公说:"这不是你们所懂得的。舅犯说的话,是一时的权变,雍季说的话,是万世的利益。"孔子说:"文公当然应当成就霸业,既知一时的权变,又知道万世的利益。"

有人说:"雍季的对答,不当文公问的话。凡是回答一个问题,必须因着问题的小大缓急而对,所问的是高大,回答的却是低狭,那明主是不要听的。现在文公问怎样以少数的人去应付众多的人,而雍季回说:'以后必定不能再有第二次。'这所答实非所问。并且文公不知道一时的权变,更不知道万世的利益。战事倘若胜利,国家和本身的地位都安定了,兵力强盛,威势成功,以后虽有什么事,更没有比这个重大的了,万世的利益,何患它不至呢? 倘若战事失败,国家就要灭亡,兵力就要衰弱,身死名灭,救今天的死尚且来不及,怎能等待万世的利益? 要享万世的利益,就要重视今日的胜利,今日的胜利就靠欺诈敌人,欺诈敌人就是万世的利益。所以说:雍季的对答,不当文公所问的话。而且文公又不懂舅犯说的话。舅犯所谓不妨施用诡诈,这并不是说欺诈百姓,乃是要欺诈敌人。敌人是所攻打的国,以后虽然不能再为其人所信,这又有什么害处呢? 文公先赏雍季,因为他的功劳大吗? 战胜楚军,原是用的舅犯的计谋,因为他说的话好吗?雍季不过说:'不再为人民所信,以后再没有第二次。'这个话并没有什么好呀,并且舅犯已经说过了。舅犯说:'细讲礼节的君子,应当极力地讲求忠信。'忠是爱护下人,信是不欺骗人民,既已说爱护他们,不欺骗他们,还有比这话更好的吗?然而一定要说施用诈谋,那乃是行军的计划。舅犯先进陈善言,后又设计战胜敌人。所以舅犯有两件功劳,反后论功,雍季没有一件功劳,反先行赏,还要说:'文公当然要成就霸业。'孔子也不知道谁该受赏,反妄加赞美。"

历山的农夫互相侵过田界,舜去耕种,过了一年,田界都一齐正了。河滨的渔人争夺水中的高地,舜去钓鱼,过了一年,渔人都让年长的。东夷烧窑的制出来的器具质量不好,舜去制陶器,过了一年,出的陶器都坚固了。孔子叹道:"耕田、钓鱼,以及制陶器,这都不是舜管的事,然而舜去亲自实习,是要改善这些缺点,舜真仁爱!自己亲历劳苦,而百姓也跟着效法,所以说:圣人以德感化人。"

有人去问儒者道:"这个时候,尧在何处?"儒者说:"尧是天子。"道:"那么孔子为何要称尧是圣人呢?圣人明察在上位,应当使天下都没有奸邪,如果农夫和渔夫都不争,陶器也不败坏,那么又何须舜去用德感化呢?舜去改善这些缺点,就是尧有过失。称赞舜贤,就不可以称尧明察;若称尧圣,就不得称舜以德化民;这二者是不得相提并论的。楚国有个人卖盾和矛,称赞他的盾道:'我的盾这样坚固,没有东西能够刺穿的。又称赞他的矛,说:'我的矛这般锐利,无论什么东西,都可以刺穿的。'有人问:'拿你的矛来刺你的盾,怎样呢?'此人听了回答不出话来。无物可刺穿的盾和无物不可刺穿的矛,二者不可同世并存,现在尧、舜不可以一齐赞美,也和矛盾之说一样。而且舜改善事情,一年只能去掉一桩过失,三年才去掉三件过失。舜的寿数有尽,天下的过失无穷,以有尽的追逐无穷的,能够除去的过失就不多了。假若赏罚能使天下必行,下令道:合法度的受赏,不合法度的诛戮,早晨令下,晚上就改变;晚上下令,早晨就改变,十天之内,海内都完毕了,何用等待一年呢? 舜不知劝尧使人民从自己的命令,自己却去亲尝劳苦,不是没有学术吗? 并且以身作则,亲自劳苦,而后感化百姓,这是尧、舜所引为难做的事,身处重势,号令下人,乃是庸主都觉得容易的。将要治理天下,丢开庸主所易做的事,反去讲尧、舜所难为的事,这样就不可以和他讲治理了。"

管仲有病,桓公去看他,问道:"仲父有病,倘有不幸,卒于大命,现在要告诉寡人些什么话呢?"管仲说:"君不说,臣也要告诉君的。愿君去掉竖刁,除去易牙,疏远卫公子开方。易牙替君管理烹调饮食,君只有人肉不曾吃过,易牙便把他儿子的头蒸了献给君吃;人情莫不爱自己的儿子,现在他不爱自己的儿子,又怎么会爱君呢? 君性妒而好姬妾,竖刁遂自求受宫刑,去照管姬妾。人情莫不爱自己的身体,自己的身体尚且不爱护,怎能爱君呢?开方伺候君,历十五年,齐、卫之间,不过几天的路程,他抛弃了他的母亲,在外面久久做官,不回去探望她,自己的母亲他都不爱,怎会爱君呢?臣听说:矜持做假,是不能长远的;掩盖虚诈,是不能经久的。愿君去掉这三人。"管仲死后,桓公不能照着这话做,等桓公死时,尸体出了虫,直爬到门外,都不曾掩葬。

有人说:"管仲告诉桓公的话,不是有法度的话。他所以要去掉竖刁、易牙,是因为他们不爱护自己的身体,迎合国君的意思。说'不爱自己的身体,怎能爱君?'那么臣子有尽死力为主上的,管仲也要不用了?说'不爱其死力,怎能爱君?'那乃是要国君去掉忠臣了。而且因为他不爱自己的身体,遂断定他不爱他的国君,那因管仲不能为公子纠殉身,也可以推断管仲不会为桓公殉身了。那么管仲也在应该革除之列了。明主之道不如此,要人民勉力做事,所以设下人民所喜欢的爵禄,以鼓励他们;要禁止奸邪,所以设下人民最畏惧的刑罚,以威吓他们。赏赐确实,刑罚不移,所以君举用有功的臣子,而奸邪自然绝迹,虽有竖刁,他能奈国君何呢?并且臣尽死力替君服务,君施爵禄酬报臣子,君臣之间并非父子之亲,不过成立在互相计算功劳和酬报的条件上。国君若有道,臣子就尽力做事,奸邪的事也无从发生;国君若无道,臣子上面就壅蔽人主,下面就互相营私。管仲不晓得劝桓公守法度,使他去掉竖刁,但是另一个竖刁又来了,这实在不是禁绝奸邪的方法啊！而且桓公之所以身死出虫，虫一直爬到门外，尸首都无人掩葬，是因为臣子的势力太重，势力重的原因，是臣子擅有主上的权柄；臣子一擅有主上的权柄，国君的号令就不能下达，臣下的情实就不能上通，一人的力量能隔开君臣，使善恶不能闻知，祸福不能相通，所以才有不葬之患啊！明主之道，一人不兼两官，一官不兼别事，地位低的不必因尊贵才得进用，大臣不必因左右才得进见，百官协和，群臣会聚，有赏的，君知道他的功劳，有罚的，君知道他的罪过，应赏的赏，应罚的罚，全没有一点错误，怎么会有不葬之患呢？管仲不将这话告诉桓公，而使他去掉竖刁等三人，所以说，管仲不明法度。"

赵襄子被围在晋阳中，破围后，赏赐有功的五个人，高赫为首。张孟谈说："晋阳之事，高赫并无大功，现在行赏时他为首，却是为何呢？"襄子道："晋阳之事，寡人国家濒危，社稷可虑，群臣中无人不露骄傲侮慢之意，独有高赫不失君臣之礼，所以先赏他。"孔子闻知，道："善于行赏。襄子但赏一人，而天下为人臣的都不敢失礼了。"

有人说："孔子不知道何谓善于行赏。善行赏罚的，百官都不敢侵乱职守，群臣都不敢失礼，主上设下法度，臣下就不敢生奸诈之心，这样就可以算得善行赏罚了。假使襄子在晋阳时，号令不行，禁例无效，那襄子就如同没有国家，晋阳也和没有国君一样，还和谁去共守呢？现在襄子在晋阳时，知氏用水淹灌，灶上都出了虾蟆，而百姓仍无背叛之心，可见君臣甚为相亲。襄子既有君臣相亲的恩泽,又操有令无不行,禁无不止的法度,然而仍有骄横傲慢的臣子,这就是因为襄子的刑罚失当了。为人臣的若做事有功劳,才可赏赐他,现在高赫仅为不骄横傲慢,襄子就赏赐他,这赏赐是失当的。明主不赏无功的人,不罚无罪的人,现在襄子不诛戮骄横无礼的臣子,而赏赐无功的高赫,谁说襄子善于行赏呢?所以说,孔子不知道何谓善于行赏。"

晋平公和群臣饮酒,吃得高兴时,平公叹息道:"没有比做人君更快乐的了,就是因为他说的话无人敢违背。"师旷正伺候坐在前面,闻听此言,便拿起琴来撞过去,平公披着衣襟避开,琴撞坏在墙上。平公问:"太师撞谁?"旷师道:"有个小人在旁边说话,所以撞他。"平公说:"那是寡人。"师旷说:"哑(叹息声)!这不是人君应当说的话。"左右的侍臣请平公诛戮他,平公说:"赦免他吧,以为寡人的警戒。"

有人说:"平公失去为君之道,师旷失去臣子之礼。人君对于臣子,觉得他的行事不对,就应当诛戮他;臣子对于国君,觉得他的行事不对,就须谏止他,进谏若不听,就当辞职他去。现在师旷既然觉得平公的行事不对,又不效人臣的谏争,而行人主的诛戮,举起琴来,撞到人君身上,这乃是违逆上下的位分,失去人臣的礼节。为人臣的,国君若有过失,就当谏争,谏争若不听,就轻弃爵禄他去,这才是人臣之礼。现在师旷发现平公有过失,不以为然,遂举起琴来撞他,虽是严厉的父亲,对儿子都不这样,然而师旷对他的国君却是这般,这真是大逆不道！臣子行大逆不道的事,平公却很喜欢听从他的话,这又是失去为君之道了。所以平公的行迹,令人不明。而使人主过分听信人的话,仍不明白自己的过失,师旷的行事,也是令人不明的。使奸臣学着托辞极谏,谋害人君,君臣的行事都不明,都有过失,所以说,平公失去为君之道,师旷也失去臣子之礼。”

　　齐桓公的时候,有个处士名小臣稷,桓公去看他三次,都不曾见着。桓公说:“我听说:穿布衣的士人若不轻视爵禄,就不能折服万乘的君主;万乘的君主若不好仁义,也不肯卑躬屈节去对待穿布衣的士人。”于是去了五次,才得见他。

　　有人说:“桓公不懂得仁义。凡是讲仁义的,总忧虑天下的灾害,趋赴一国的患难,不避卑贱屈辱,这才算得仁义。所以伊尹见中国乱,遂由做厨役去求汤;百里奚见秦国乱,遂由做俘虏得干求穆公;二人都忧虑天下的灾害,都趋赴一国的患难,不辞卑贱污辱,所以称为仁义。现在桓公以一个万乘之国的君主,卑躬屈节地去见一介平民,将欲和他共襄齐国的大事,而小臣却不肯见他,可见得小臣不念人民了。不念人民就不算得有仁义,有仁义的人不失去人臣的礼节,不败坏君臣的位分。所以四境之内,凡是执赞朝拜的,都叫臣子,臣子分职任事,都叫庶民。现在小臣既在庶民之列,而违逆君上的意思,就不能算得有仁义。既没有仁义,桓公又去礼敬他,假使小臣有智能,故意躲避桓公,这是规避,应当受刑;假使小臣没有智能,不过在桓公面前骄矜,这是矫诈欺人,应当诛戮。小臣的行事,若不加以刑罚,就当施行诛戮。桓公不能整理君臣的纲纪,而去礼敬当行刑受戮的罪人,桓公这乃是以轻视主上、侮慢人君的习俗,去教导齐国的人民,这不是治理国家之道,所以说,桓公不懂得仁义。"

靡笄之役,韩献子将斩一人。郤献子闻知,赶紧驾车子去救,到时,已经杀掉了。郤子因说:"何不遍示各营呢?"仆人问:"适才你不是要救他的吗?"郤子说:"我哪敢不分任韩子的诽谤哩?"

有人说:"郤子说的话,不可以不细加审察。他不曾分受韩子应受的诽谤。韩子所斩的若是罪人,郤子就不可以去救,救罪人是法度所由败坏的。法度一败,国家就要混乱。若不是罪人,就不可以拿他示众,劝他示众,乃是重罚无辜的人。重罚无辜,人民就要愁怨,人民愁怨,国家就危险。郤子说的话,不使国家危险,就令国家混乱,这是不可不细加审察的。而且韩子所斩的若是罪人,郤子分些什么诽谤呢?斩的若不是罪人,已经斩掉了,郤子才到,可见韩子的诽谤已成,郤子随后才赶到。郤子说拿去示众,这非但不能分斩人的毁谤,而生出示众的毁谤来,郤子并不曾分减毁谤,反添加了毁谤!从前纣为炮烙之刑,崇侯、恶来又教他斩渡河人的足胫,这又何尝分了纣应得的毁谤呢?并且人民期望在上位的,极为殷切,韩子若有错误的地方,尚望郤子能够改正他,现在郤子也跟着一齐错误,人民对于上人就绝望了。所以说郤子所说的话,不曾分轻毁谤,却更添加了毁谤。而且郤子去救这人时,是以为韩子不对,他不讲出他不对的地方,但劝他示众,这乃是使韩子终不明白自己的过失。既令人民对在上的绝望,又使韩子不知道自己的过失,我不解郤子何以分轻毁谤。"

齐桓公解去管仲的束缚,封他为相国。管仲道:"臣有宠了,然而臣仍旧卑贱。"桓公说:"使你位在高国之上。"管仲说:"臣尊贵了,然而臣仍旧贫穷。"桓公说:"使你有三归之家。"管仲说:"臣富足了,但是臣仍旧疏远。"于是桓公立他做仲父。霄略道:"管仲以为卑贱,不可以治理国家,所以请位居高国之上。以为贫穷,不可以治理富人,所以请得三归之家。以为疏远,不可以治理亲近的人,所以请封为仲父。管仲并非贪婪,因为如此方便于治理国家。"

有人说:"现在假若令一奴仆奉了国君的命令,去谕告卿相,卿相莫敢不听。并非卿相卑贱,奴仆尊贵,因为主上的命令所加,无人敢不听从。现在管仲治理齐国,若不由桓公委任他,那是没有国君,国家没有国君,就无从治理;若负有桓公的威权,颁发桓公的命令,虽是奴仆,都可以使人相信,何须定如高国仲父之尊贵,才可以行呢? 当今的行事都丞,位分虽然至卑,然而他们奉命使人时,不避开尊贵,不只欺卑贱的人。所以行事若合法,虽是巷伯都可以使卿相信服;行事若不合法,虽是大官仍会遭庶民的违抗。现在管仲不致力于尊主上,明法度,而徒事增进宠爱,添加爵禄,这不是管仲贪婪想求富贵,必是昏暗不知学术。所以说,管仲的行事失当,霄略的赞美也太过分了。"

韩宣王问樛留道:"我想兼用公仲和公叔,可以吗?"樛留对道:"从前魏国兼用楼鼻和翟强,便失去西河之地;楚国兼用昭、景二姓,就失去鄢、郢。现在君若兼用公仲同公叔,二人必将争夺政权,结交邻国,那时国家就可虑了。"

有人说:"从前齐桓公兼用管仲同鲍叔,成汤兼用伊尹和仲虺,若说兼用两个臣子,国家就有忧患,那么桓公就不应当成就霸业,成汤就不应当成就王业了。齐湣王单用淖齿,而身死于东庙;赵主父单用李兑,结果被绝食而死。人主果然能明法术,虽兼用两个大臣,并不为患;若不明法术,兼用两个臣子,必至争夺政权,结交邻国,单任一个臣子,必至专权据势,迫胁,甚至害死人主。现在樛留不明法术,也规劝人主,使主上不要兼用两个臣子,只单任一个大臣,这样,若没有西河、鄢、郢的忧患,就有身死绝食的危险了。可见得樛留说的话不对。"

难二

　　景公过晏子曰:"子宫小,近市,请徙子家豫章之圃。"晏子再拜而辞曰:"且婴家贫,待市食,而朝暮趋之,不可以远。"景公笑曰:"子家习市,识贵贱乎?"是时景公繁于刑,晏子对曰:"踊贵而屦贱。"景公曰:"何故?"对曰:"刑多也。"景公造然变色曰:"寡人其暴乎?"于是损刑五。

　　或曰:"晏子之贵踊,非其诚也,欲便辞以止多刑也,此不察治之患也。夫刑当无多,不当无少;无以不当闻,而以太多说,无术之患也。败军之诛以千百数,犹且不止。即治乱之刑,如恐不胜,而奸尚不尽。今晏子不察其当否,而以太多为说,不亦妄乎!夫惜草茅者耗禾穗,惠盗贼者伤良民。今缓刑罚,行宽惠,是利奸邪而害善人也,此非所以为治也。

　　齐桓公饮酒醉,遗其冠,耻之,三日不朝。管仲曰:"此非有国之耻也。公胡其不雪之以政?"

公曰:"善。"因发仓囷,赐贫穷,论囹圄,出薄罪。处三日而民歌之,曰:"公乎,公乎,胡不复遗其冠乎?"

或曰:"管仲雪桓公之耻于小人,而生桓公之耻于君子矣。使桓公发仓囷而赐贫穷,论囹圄而出薄罪,非义也,不可以雪耻,使之而义也。桓公宿义,须遗冠而后行之,则是桓公行义,非为遗冠也。是虽雪遗冠之耻于小人,而亦遗义之耻于君子矣。且夫发囷仓而赐贫穷者,是赏无功也;论囹圄而出薄罪者,是不诛过也。夫赏无功,则民偷幸而望于上;不诛过,则民不惩而易为非。此乱之本也,安可以雪耻哉?"

昔者文王侵盂、克莒、举酆,三举事而纣恶之。文王乃惧,请入洛西之地、赤壤之国,方千里,以请解炮烙之刑,天下皆说。仲尼闻之,曰:"仁哉,文王! 轻千里之国,而请解炮烙之刑。智哉文王! 出千里之地,而得天下之心。"

或曰:"仲尼以文王为智也,不亦过乎! 夫智者知祸难之地,而辟之者也,是以身不及于患也。

使文王所以见恶于纣者，以其不得人心耶？则虽索人心以解恶可也。纣以其大得人心而恶之，己又轻地以收人心，是重见疑也。固其所以桎梏囚于羑里也。郑长者有言：'体道，无为、无见也。'此最宜于文王矣，不使人疑之也。仲尼以文王为智，未及此论也。"

晋平公问叔向曰："昔者齐桓公九合诸侯，一匡天下，不识臣之力也？君之力也？"叔向对曰："管仲善制割，宾胥无善削缝，隰朋善纯缘，衣成，君举而服之，亦臣之力也，君何力之有？"师旷伏琴而笑之。公曰："太师奚笑也？"师旷对曰："臣笑叔向之对君也。凡为人臣者，犹炮宰和五味而进之君，君弗食，孰敢强之也。臣请譬之：君者，壤地也；臣者，草木也，必壤地美，然后草木硕大，亦君之力也，臣何力之有？"

或曰："叔向、师旷之对，皆偏辞也。夫一匡天下，九合诸侯，美之大者也，非专君之力也，又非专臣之力也。昔者宫之奇在虞，僖负羁在曹，二臣之智，言中事，发中功，虞、曹俱亡者何也？

此有其臣而无其君者也。且蹇叔处干而干亡，处秦而秦霸，非蹇叔愚于干而智于秦也，此有君与无臣也。向曰'臣之力也'，不然矣。昔者桓公宫中二市，妇闾二百，被发而御妇人。得管仲为五伯长，失管仲，得竖刁，而身死，虫流，出尸不葬。以为非臣之力也，且不以管仲为霸，以为君之力也，且不以竖刁为乱。昔者晋文公慕于齐女而亡归，咎犯极谏，故使反晋国。故桓公以管仲合，文公以舅犯霸。而师旷曰'君之力也'，又不然矣。凡五霸所以能成功名于天下者，必君臣俱有力焉。故曰：叔向、师旷之对，皆偏辞也。"

齐桓公之时，晋客至，有司请礼。桓公曰"告仲父"者三。而优笑曰："易哉，为君！一曰仲父，二曰仲父。"桓公曰："吾闻君人者，劳于索人，佚于使人。吾得仲父已难矣，得仲父之后，何为不易乎哉？"

或曰："桓公之所应优，非君人者之言也。桓公以君人为劳于索人，何索人为劳哉？伊尹自以为宰干汤，百里奚自以为虏干穆公，虏所辱也，宰所羞也。蒙羞辱而接君上，贤者之忧世急也。然则君人者无道贤而已矣，索贤不为人主难。且官职所以任贤也，爵禄所以赏功也。设官职，陈爵禄，而士自至，君人者奚其劳哉！使人又非所佚也，人主虽使人必度量准之，以刑名参之以事。遇于法则行，不遇于法则止，功当其言则赏，不当则诛。以刑名收臣，以度量准下，此不可释也，君人者焉佚哉？索人不劳，使人不佚。而桓公曰'劳于索人，佚于使人'者，不然。且桓公得管仲又不难，管仲不死其君而归桓公，鲍叔轻官让能而任之，桓公得管仲又不难，明矣。已得管仲之后，奚遽易哉！管仲非周公旦，周公旦假为天子七年，成王壮，授之以政，非为天下计也，为其职也。夫不夺子而行天下者，必不背死君而事其仇。背死君而事其仇者，必不难夺子而行天下；不难夺子而行天下者，必不难夺其君国矣。管仲公子纠之臣也，谋杀桓公而不能，其君死而臣桓公，管仲之取舍，非周公旦，未可知也。若使管仲大贤也，且为汤、武，汤、武桀、纣之臣也，桀、纣作乱,汤、武夺之。今桓公以易居其上,是以桀、纣之行,居汤、武之上,桓公危矣! 若使管仲不肖人也,且为田常。田常,简公之臣也,而弑其君。今桓公以易居其上,是以简公之易,居田常之上也,桓公又危矣! 管仲非周公旦以明矣,然为汤、武与田常,未可知也。为汤、武有桀、纣之危,为田常有简公之乱也。已得仲父之后,桓公奚遽易哉? 若使桓公之任管仲,必知不欺已也,是知不欺主之臣也。然虽知不欺主之臣,今桓公以任管仲之专,借竖刁、易牙,虫流出尸而不葬,桓公不知臣欺主与不欺主,已明矣,而任臣如彼其专也,故曰桓公暗主。"

李兑治中山,苦陉令上计而入多。李兑曰:"语言辩听之说,不度于义,谓之窕言。无山林泽谷之利,而入多者,谓之窕货。君子不听窕言,不受窕货,子姑免矣。"

或曰:"李子设辞曰:'夫言语辩听之说,不度于义者,谓之窕言。'辩在言者,说在听者,言非听者也。所谓不度于义,非谓听者,必谓所听也。

听者非小人，则君子也。小人无义，必不能度之义也；君子度之义，必不肯说也。夫曰'言语辩听之说，不度于义'者，必不诚之言也。入多之为窕货也，未可远行也。李子之奸弗蚤禁，使至于计，是遂过也。无术以知而入多，入多者，穰也。虽倍入，将奈何？举事慎阴阳之和，种树节四时之适，无早晚之失，寒温之灾，则入多；不以小功妨大务，不以私欲害人事，丈夫尽于耕农，妇人力于织纴，则入多；务于畜养之理，察于土地之宜，六畜遂，五谷殖，则入多；明于权计，审于地形、舟车机械之利，用力少，致功大，则入多；利商市关梁之行，能以所有致所无，客商归之，外货留之，俭于财用，节于衣食，宫室器械，周于资用，不事玩好，则入多。入多，皆人为也。若天事、风雨时，寒温适，土地不加大，而有丰年之功，则入多。人事、天功，二物者皆入多，非山林泽谷之利也。夫无山林泽谷之利，入多，因谓之窕货者，无术之言也。"

赵简子围卫之郛郭，犀楯、犀橹立于矢石之

所不及，鼓之而士不起。简子投枹曰："乌乎！吾之士数弊也。"行人烛过免胄而对曰："臣闻之，亦有君之不能耳，士无弊者。昔者吾先君献公并国十七，服国三十八，战十有二胜，是民之用也。献公没，惠公即位，淫衍暴乱，身好玉女，秦人恣侵，去绛十七里，亦是人之用也。惠公没，文公授之，围卫取邺，城濮之战，五败荆人，取尊名于天下，亦此人之用也。亦有君不能耳，士无弊也。"简子乃去楯橹，立矢石之所及，鼓之，而士乘之，战大胜。简子曰："与吾得革车千乘，不如闻行人烛过之一言也。"

或曰："行人未有以说也，乃道惠公以此人是败，文公以此人是霸，未见所以用人也。简子未可以速去楯、橹也。严亲在围，轻犯矢石，孝子之所爱亲也。孝子爱亲，百数之一也。今以为身处危，而人尚可战，是以百族之子于上，皆若孝子之爱亲也，是行人之诬也。好利恶害，夫人之所有也。赏厚而信，人轻敌矣，刑重而必，人不北矣。长行徇上，数百不一人，喜利畏罪，人莫不然。将众者不出乎莫不然之数，而道乎百无一人之行，行人未知用众之道也。"

译解：

　　齐景公去看晏子，说道："你的屋子小，又靠近市场，你不如移家到高爽的地方去。"晏子再拜辞谢道："臣婴家贫，须近市场居住，早晚去买东西便利，不可以离远了。"景公笑道："你的家近市，对于市场熟悉，你晓得什么东西贵，什么东西贱吗？"此时景公正用刑太繁，晏子遂乘机道："踊（为断了脚的人接的假脚）贵，鞋子贱。"景公道："却是为何呢？"回道："因为刑罚太多了。"景公变了色，说："寡人太暴戾了吗？"于是减去五种刑罚。

　　有人说："晏子说踊贵，这并不是他的诚意，他原来是想乘此进说，使景公减轻刑罚，这实在是不明治国之术。刑罚若施行得当，虽多并不为害；刑罚若施行得不当，虽少仍旧为害，晏子不以刑罚不得当的话告诉景公，而说刑罚太多，这实在是患在无术。败军后的惩罚，千百人都被诛杀，打败仗仍不能避免。用于除恶惩奸的刑罚，唯恐不够，而奸邪尚不能尽除。现在晏子不察刑罚的施行是否适当，而说刑罚太多，不太谬误了吗？爱惜茅草的，就损耗禾穗；宽宥盗贼的，就伤害良民。现在若减轻刑罚，宽厚慈惠，这乃是有利奸人，伤害善人，这不是治国之道呀！"

齐桓公喝醉了酒,把冠帽失落了,觉得羞耻,三天都不上朝。管仲道:"这并不是执政的耻辱。君何不行点好政绩,雪去这耻辱呢?"桓公说:"对的。"乃开发仓囷,分赐穷人,复审监中的囚犯,释去罪过轻的。行了三天,人民都歌唱道:"公呀,公呀!何不再把冠帽丢掉哩!"

有人说:"管仲雪去桓公'对于小人的羞耻',却生出桓公'对于君子的羞耻'来了。假使桓公开仓发困,分赐穷人,复审监中的囚犯,释去罪轻的,这样不合乎义,桓公就不能雪去耻辱;假使这样合于义,那么桓公合乎义的事必须等丢了冠帽才肯行,可见桓公的行义,全是为的丢掉冠帽了。这样看来,虽对小人雪去了失落冠帽的羞耻,对君子却更生出失落义理的羞耻了。并且开发仓囷,分赐穷人,这是赏赐无功的人;复审监中的囚犯,释去罪轻的,这是不诛有罪的人。赏赐无功的,人民就怠惰,唯指望主上给意外的恩惠;不诛有罪的,人民就不畏法,容易做坏事,这最能使国家危乱,怎么可以雪去羞耻呢?"

从前文王攻打盂,打下莒,占领丰。连着出三次兵,纣心中恼怒,文王也害怕,乃请献上洛西之地、赤土之国,地方千里,以求废除炮烙之刑。天下的人都心喜。孔子后来闻知这事,说:"文王真仁爱!轻弃千里之国,求废除炮烙之刑。文王真聪明!让去千里的地方,收服天下的民心。"

有人说:"孔子以文王为聪明,不是错误了吗?聪明的人知道哪里是灾祸之地,自己避开,所以不会遭到灾难。假使纣怒恼文王是为文王不得民心,那么文王求得人心,以解纣怒,这是对的。现在纣已经因为他大得人心而恨他,他又轻弃土地,收服人心,这不是更使纣疑心吗? 当然要被加起脚镣手铐来,监禁在羑里了。郑国的老辈有句话道:'体会道理,应当没有作为,不要显露。'这话最宜于文王,要使人不疑惑他才好。孔子以为文王聪明,见解尚未及此。"

晋平公问叔向道:"从前齐桓公九次会合诸侯,匡正天下,不知道这是仗臣子的力量,还是仗国君的力量?"叔向回道:"管仲善于裁制,宾胥无善于缝纫,隰朋善于缘边,衣服既成,君穿将起来,君曾出什么力呢?"师旷伏在琴上笑起来,平公问:"太师笑些什么?"师旷说:"臣笑叔向回答君的话。大凡为人臣的,有如厨役,将五味调和好了,进给君吃,但是君若不肯吃,谁敢勉强他呢? 臣请设一譬喻:人君譬如土地,臣子譬如草木。必须土地好,然后草木方可茂盛。这乃是国君之力,臣子又有什么力量呢?"

有人说:"叔向和师旷回的话,都是一偏之辞。匡正天下,九次会合诸侯,这极伟大的事业,不能单说是人君的力量,也不能单说是臣子的力量。从前宫之奇在虞国,僖负羁在曹国,二人的智能,言语每中时事,行事总可立功,然而虞、曹二国俱灭亡,这是何故呢? 就是因为虽有贤臣,没有贤君啊! 例如蹇叔在虞国时,虞国灭亡;到秦国后,秦国就霸强。这并不是蹇

343

叔在虞国时愚笨,到秦国后就聪明,可见是关系有无贤良的国君。叔向说'是臣子的力量',这话是不对的了。当初齐桓公宫中设有两个市,妇女住的院落,里门就有二百个,披着头发与妇人行房。得到管仲为相,成为五霸之长。后来失去管仲,任用竖刁,遂至身死后尸体出虫,爬到门外,都不曾下葬。若以为非臣子之力,就不应当因管仲而霸;若以为但是国君之力,就不应当因竖刁而乱。当初晋文公恋齐女,忘了回国,咎犯极谏,才能使文公复反晋国。所以齐桓公以管仲而会合诸侯,晋文公以咎犯而成就霸业。师旷说'是国君的力量',这话又不对了。大凡五霸之所以能成功名于天下,必是因为君臣都曾出力。所以说叔向和师旷回的话都是一偏之辞。"

齐桓公的时候,晋国的客人到了,有司来请礼。桓公说:"告诉仲父去。"有司请了三遍,桓公都这般回答。优人笑道:"做国君真容易,一声仲父,两声仲父的。"桓公说:"我听说人君寻求人时甚费力,使用人时就安逸了。我得到仲父已经很难,得到仲父之后,为何不容易呢?"

有人说:"桓公回答优人的话,不是人君所当说的。桓公以为人君寻求人时费力,寻人有什么费力呢?伊尹由做厨役得见汤,百里奚由做俘虏得见穆公。俘虏是耻辱,做厨役是可羞的。甘蒙羞辱,去求见人君,无非因为贤者忧世心急。所以人君只要不拒绝贤人就行了,人主求贤人不是一件难事。并且官职是给贤人做的,爵禄是赏给有功劳的。设立官职,规定爵禄,士人自然会来,人君有什么费力呢？使用人也不容易,人主虽使用人,必须以法度为准,用刑名干预。事情合于法才行,不合乎法就止;功绩若同说的话相当,就有赏,若与说的话不相符,就有罚。以刑名约束臣子,以法度规范下人,这是不可以放弃的,做人君哪里容易呢？求人并不费力,用人也不容易,然而桓公说:'求人时费力,用人时容易。'这话是不对的。而且桓公之得管仲并不难,管仲不为他的国君殉身,而归顺桓公,鲍叔又让他做相国,桓公得到管仲不难,这是很明显的事。但是既得到管仲之后,哪里就会容易了呢？管仲并不是周公旦,周公旦摄政七年,成王年纪既长,乃退还他国政,他并非为天下人计,乃是为他自己的职守。像周公旦这样,不夺幼子天下的,必不肯背叛已死的国君,去事仇敌。反过来说,背叛已死的国君,去事他的仇人的,必定不难夺幼子的天下;不难夺幼子天下,必定不难夺他国君的国。管仲原来是公子纠的臣子,谋杀桓公未遂,公子纠死了,遂去臣事桓公,管仲的行事不和周公旦相同,是很明显的事。并且管仲是否贤能,尚未可必知。假若管仲是一个大贤人,他会像汤、武一样,汤、武是桀、纣的臣子,桀、纣作乱,汤、武遂夺去他们的天下。现在桓公居于管仲之上,把事看得容易,这无异以桀、纣之暴行,居于汤、武之上,这样桓公就危险了。假使管仲是一个坏人,他会像田常一样,田常是齐简公的臣子,后来把简公杀了。现在桓公居于管仲之上,把事看得容易,这无异以简公的怠惰,居于田常之上，这样桓公又危险了。管仲不能同周公旦相比，那是很明显的事。可是他做田常，抑或做汤、武，还没有一定。若做汤、武，就有桀、纣的危险；若做田常，就有简公的祸患。已得到仲父之后，桓公怎么就会觉得容易了呢？若桓公任用管仲时，的确知道他不会欺诈他，桓公就应当知道别的臣子谁不欺主上。但是桓公惟见管仲不欺主上，遂将竖刁、易牙也当作不欺主的臣子，把他们和管仲一样看待，把管仲的重任托付给他们，以致死后尸体出虫，直爬到门外面，尚不曾下葬，可见桓公明明不能分出欺主和不欺主的臣子来，但是他任用臣子又那般专一，所以说，桓公是昏暗的君主。"

李兑治理中山时，苦陉令呈上决算来，收入过多。李兑道："言语巧辩，令人听着欢喜，但是不合乎情理，这叫作不实在的话。没有山林川泽之利，而收入多的，这叫作不实在的货。君子不听不实在的话，不受不实在的货，你去吧！"

有人说："李子讲的'言语巧辩，令人听着欢喜，不合乎情理的，乃是虚假的话'。殊不知巧辩在于说者，喜欢在于听的人，可是话又不是听的人说的。所谓不合乎情理，不指听的人，必是指所听的话，听的人不是小人，便是君子。小人既然不讲情理，也就不能使他合乎情理；君子既然讲情理，也就不会喜欢没有情理的话。可见言语巧辩，听了欢喜，不合情理，这话是不对的了。收入多的就是不实在的货，这话也不大对。李子禁奸不早，使苦陉令得以呈上决算，这过错乃是李子铸成的。并且李子没有学识,不知道收入何以会多。收入多若是因为收成丰足,那么收入虽加倍的多,又有什么要紧呢?做事若谨使阴阳和协,种植若适合四时所宜,没有过早过晚之失,没有冷热过度之灾,收入就多。不以小事去妨害大事,不以私欲妨害公众的事,男子尽力耕种,妇人致力纺织,收入就可以多。研究畜养之理,明白土地所宜,六畜蕃殖,五谷丰盛,收入就多了。精于计算,熟习土地之形,车船机械之利,用力甚少,功效甚大,收入就多了。添设商市、关口、桥梁,能以多余的去调剂不足的,客商都归向,外货都滞顿,俭省财用,对于衣食、宫室、器械都有节制,资产器用都预备周全,不讲究游戏玩好之具,收入就多了。收入多都是人为的。至于天时也有关系,例如风调雨顺,寒暖适宜,土地虽不加大,而有丰年之功,收入也多了。人事和天工,都能使收入增多,不必定要仗山林川泽之利,若因没有山林川泽之利,收入多了,便说是不实在的货,这真是没有学识的话。"

赵简子围打卫国近郊的城,用坚固的大盾牌掩护,站在矢石射击不到的地方,击鼓催兵攻城,兵士都不肯动。简子摔了鼓锤,叹道:"呜乎!我的兵士又疲敝了!"行人烛过揭去盔胄,对道:"臣听说:只有人君不能用士卒,士卒没有疲敝的。当初我们先君献公兼并十七国,降服三十八国,打了十二次胜仗,就是用的这班人。献公去世,惠公即位,荒淫暴乱,爱好美女,秦人于是恣意入寇,深入国境,离绛只有十七里,也是用的这班人。惠公去世,文公即位,围困卫,取有邸,城濮之战,五败楚人,号称五霸之一,名闻天下,也是用的这班人。所以只有君不能用士卒,士卒并不曾疲敝。"简子乃离开大盾牌,站在矢石射击得到的地方,击鼓进兵。兵士一齐直前薄城,一战大胜。简子说:"我与其得到皮制的兵车千辆,还不如听到行人烛过的一席话哩。"

有人说:"行人讲的话不对,他只说惠公以这班人失败,文公以这班人霸强,他却不曾见到惠公和文公如何使用这班人(未必就是定要站立在矢石所及的地方)。并且简子未可以就去掉盾牌的掩护。虽是父母被围困着,然而肯轻犯矢石去救的,只有孝子爱亲心切,才能够这样。但是孝子爱亲,一百个人当中只有一个,现在简子以为身处危险之地,兵士就会尽力应战,这跟相信不相干的人皆能如孝子之爱亲一样,行人的话不太欺人了吗?好利恶害,是人之常情,赏赐若优厚可信,人都要轻敌了;刑罚若严重坚决,人都要出力死战,就不会败北了。忠心爱主上,甘心为主上而殉身,几百人当中没有一人肯做的,而喜利畏罪,是人情所必然的。领兵打仗,不由必然不易的道理以取胜,而强令人去做一百人当中没有一人肯做的事,行人实在是不知道用兵的方法。"

难势

　　慎子曰："飞龙乘云,腾蛇游雾,云罢雾霁,而龙蛇与蚯蚁同矣,则失其所乘也。贤人而诎于不肖者,则权轻位卑也;不肖而能服于贤者,则权重位尊也。尧为匹夫,不能治三人;而桀为天子,能乱天下。吾以此知势位之足恃,而贤智之不足慕也。夫弩弱而矢高者,激于风也;身不肖而令行者,得助于众也。尧教于隶属,而民不听,至于南面而王天下,令则行,禁则止。由此观之,贤智未足以服众,而势位足以缶贤者也。"

　　应慎子曰："飞龙乘云,腾蛇游雾,吾不以龙蛇为不托于云雾之势也。虽然,夫择贤而专任势,足以为治乎?则吾未得见也。夫有云雾之势,而能乘游之者,龙蛇之材美也。今云盛而蚯弗能乘也,雾酦而蚁不能游也。夫有盛云酦雾之势,而不能乘游者,蚯蚁之材薄也。今桀、纣南面而王天下,以天子之威,为之云雾,而天下不免乎大乱者，桀、纣之材薄也。且其人以尧之势以治天下也，其势何以异桀之势也？乱天下者也。夫势者，非能必使贤者用己，而不肖者不用己也。贤者用之，则天下治；不肖者用之，则天下乱。人之情性，贤者寡而不肖者众，而以威势之利，济乱世之不肖人，则是以势乱天下者多矣，以势治天下者寡矣。夫势者，便治而利乱者也。故《周书》曰：'毋为虎傅翼，将飞入邑，择人而食之。'夫乘不肖人于势，是为虎傅翼也。桀、纣为高台深池，以尽民力，为炮烙以伤民性。桀、纣得乘四行者，南面之威为之翼也。使桀、纣为匹夫，未始行一，而身在刑戮矣。势者，养虎狼之心，而成暴乱之事者也，此天下之大患也。势之于治乱，本末有位也，而语专言势之足以治天下者，则其智之所至者浅矣。夫良马固车，使臧获御之，则为人笑，王良御之，而日取千里；车马非异也，或至乎千里，或为人笑，则巧拙相去远矣。今以国位为车，以势为马，以号令为辔，以刑罚为鞭策，使尧、舜御之，则天下治，桀、纣御之，则天下乱，则贤不肖相去远矣。夫欲追速致远，不知任王良，欲进利除害，不知任贤能，此则不知类之患也。夫尧、舜亦治民之王良也。"

复应之曰："其人以势为足恃，以治官，客曰'必待贤乃治'，则不然矣。夫势者，名一而变无数者也。势必于自然，则无为言于势矣。吾所为言势者，言人之所设也。今日尧、舜得势而治，桀、纣得势而乱，吾非以尧、桀为不然也。虽然，非一人之所得设也。夫尧、舜生而在上位，虽有十桀、纣不能乱者，则势治也；桀、纣亦生而在上位，虽有十尧、舜，而亦不能治者，则势乱也。故曰：'势治者，则不可乱；而势乱者，则不可治也。'此自然之势也，非人之所得设也。若吾所言，谓人之所得势也而已矣，贤何事焉？何以明其然也？客曰：'人有鬻矛与楯者，誉其楯之坚，物莫能陷也。俄而又誉其矛曰："吾矛之利，物无不陷也。"人应之曰："以子之矛，陷子之楯，何如？"其人弗能应也。'以为不可陷之楯，与无不陷之矛，为名不可两立也。夫贤之为势不可禁，而势之为道也无不禁；以不可禁之势，与无不禁之道，此矛楯之说也。夫贤势之不相容，亦明矣。

"且夫尧、舜、桀、纣，千世而一出，是比肩随踵而生也，世之治者不绝于中，吾所以为言势者，中也。中者，上不及尧、舜，而下亦不为桀、纣，抱法处势则治，背法去势则乱。今废势背法而待尧、舜，尧、舜至乃治，是千世乱而一治也；抱法处势而待桀、纣，桀、纣至乃乱，是千世治而一乱也。且夫治千而乱一，与治一而乱千也，是犹乘骥骃而分驰也，相去亦远矣。夫弃隐栝之法，去度量之数，使奚仲为车，不能成一轮；无庆赏之劝，刑罚之威，释势委法，尧、舜户说而人辩之，不能治三家；夫势之足用，亦明矣，而曰必待贤，则亦不然矣。且夫百日不食，以待粱肉，饿者不活，今待尧、舜之贤，乃治当世之民，是犹待粱肉而救饿之说也。夫曰良马固车，臧获御之，则为人笑，王良御之，则日取乎千里，吾不以为然。夫待越人之善海游者，以救中国之溺人，越人善游矣，而溺者不济矣。夫待古之王良以驭今之马，亦犹越人救溺之说也，不可亦明矣。夫良马固车，五十里而一置，使中手御之，追速致远，可以及也，而千里可日致也，何必待古之王良乎？且御，非使王良也，则必使臧获败之；治，非使尧、舜也，则必使桀、纣乱之。此味非饴蜜也，必苦菜亭历也。此则积辩累辞，离理失术，两末之议也，奚可以难夫道理之言乎哉！客议未及此论也。"

译解：

慎子道："飞龙乘着云上天，腾蛇驾着雾游行，若云消雾散，龙蛇就和蚯蚓蚂蚁相同了，这是失去了所托的缘故。贤人而屈居于坏人之下，正是因为权势轻、位分低，坏人而能屈服住贤人，正是因为权势重、位分高。尧为百姓时，不能治理三个人，桀做天子时，能扰乱天下。所以我知道：权势位分足以倚恃，贤人智士不足企慕。弩虽然弱，而箭射得高，是因为有风激荡它，身虽不肖，而号令施行，是因为得众人的扶助。尧做属隶时去教化人民，人民是不听从他的，等到既做了天子，令行百姓就遵行，令止百姓就停止。这样看来，贤人智士不足以使众人服从，而权势位分正足以屈抑贤者。"

有人答复慎子道："飞龙乘云上天，腾蛇驾雾游行，我并不以为龙蛇不须托云雾之势。但是若释去贤智，专任势力，这就足以治国了吗？这我不大同意。虽有云雾之势，而能乘着去游行的，只有龙蛇这般美材方可以。云虽然盛，然而蚯蚓不能去乘；雾虽然浓，然而蚂蚁不能去驾，虽然有盛云浓雾之势，而不能乘着去游行，正是因为蚯蚓蚂蚁才能浅薄。现在桀、纣南面君临天下，以天子的威力做他的'云雾'，然而天下仍不免于大乱，正是因为桀、纣才能浅薄啊！并且一人若用尧的势力去治理天下，这势力和桀用了去扰乱天下的势力有何分别呢？至于势力，不能必定使贤人用它，坏人不用它。但贤人若用了，天下就平治；坏人用了，天下就混乱。人的性情好的少，而坏的多，要以威势的利益去帮助乱世的坏人，仗势力去扰乱天下的就多，以势力去治理天下的就少。势力便利治的，也就便利扰乱。所以《周书》曾说：'不要给老虎添翅膀，它将飞进城邑，拣人吞吃！'让坏人据有势力，乃是给老虎添翅膀。桀、纣造高台深地，竭尽民力，制炮烙之刑，损伤民性。桀、纣得兼做这四件事情，因为有天子的威势为其羽翼。假使桀、纣是平民，尚不曾做成一件这暴乱的事，已身被刑戮了。势力最易养成虎狼的心，而成功暴乱的事，这乃是天下的大患。势力对于治乱的影响，有它该有的作用，而专说势力足以治理天下，其见识也太浅陋了！

"好马同坚固的车子，若使奴仆去驾驭，就被人笑，王良去驾，每日可行千里，车马原是一样的，有的日行千里，有的被人笑，是驾车的技术巧拙相差甚远的缘故。现在好比国是车子，势力是马，号令是缰辔，刑罚是马鞭，令尧去驾驭，天下就治理，桀、纣去驾驭，天下就扰乱，这就是因为贤愚相差得太远了。想驰行疾速，行程长远，而不晓得用王良，想进利除害，而不晓得用贤能之士，这就是不晓得推论同类的患处。要知尧、舜也是'治民的王良'啊！"

更回复问难的道："形势很可倚恃着去治官，而客人说：'必等有贤人，乃可以治理。'这就不对了。形势的名目虽只一个，然因变化而种类不可胜数，形势若都本于自然，那就不必去讨论了。我所说的形势，是指人为的形势，现在说尧、舜得势而天下治理，桀、纣得势而天下扰乱。我并不是认为尧、舜、桀、纣的历史不是这个样子，但是形势不是一人所能造成的。尧、舜若生来便在上位，虽有十个桀、纣，也不能使天下扰乱，因为形势治理。桀、纣若生来便在上位，虽有十个尧、舜，也不能使天下治理，因为形势正便利扰乱的。所以说形势便于治理时，不可以使其扰乱，形势便于扰乱时，不可以令其治理，这乃是自然之势，不是人所能为的。我所要说的，是人所造成的形势，既得势，何须更待贤人而治呢？何以见得如此呢？

"人家说：'有一个卖矛和盾的人，称赞他的盾坚固，说没有东西能够刺穿它的。少停，又称赞他的矛道："我的矛锐利，无论什么东西，都可以刺穿的。"有人立刻问道："用你的矛去刺你的盾怎样呢？"卖矛的人听了，回答不出话来。'无物能刺穿的盾，同无论何物都能刺穿的矛，在名分上就不可以两相存在。贤人是任何形势所不能加以阻碍的,而形势是无论何物都可以加以约束的。以无物可加约束的贤人,和无物不能约束的形势并论,这也和矛盾之说一样啊!所以贤人和形势不能相容,也很明显的了。

"并且尧、舜和桀、纣千百年仅一见,不是挨着肩膀,紧接着脚跟而生的,世上所常有的就是中等人,我所以要讨论形势,就是为中等人而发,中等人上不及尧、舜,下不及桀、纣,依法据势,则可以治理天下,违法去势,则足以扰乱天下。现在若废势违法,去等待尧、舜,必待尧、舜到来,天下方可治理,那么天下必至纷乱千世,方得一治;依法据势,以等待桀、纣,必待桀、纣到来,天下方会扰乱,那么天下可以平治千世,方才一乱了。平治千世仅一乱和扰乱千世而一治,就像两个人骑着千里马背道分驰,相差太远了。

"若弃去规矩法则,度量权衡,虽使奚仲去造车子,也不能造出一个车轮。若没有赏赐的劝勉、刑罚的威严,释去势位,委弃法度,尧、舜虽沿户劝说,人必向其争辩,结果不能治理三家,形势之有用,是很明显的了,而你说必等待贤人,这就不对了。并且百日不进食,以等待膏粱和肉,饿的人必不能活,现在要等尧、舜之贤,才去治理当世的人民,这好似等待膏粱和肉去救饥饿的人一样。

"若说好马和坚固的车子,倘使常人驾御,就被人笑,使王良去驾御,一天就可以行千里,我以为这话不对。譬如等待越人善游泳的来救溺在水里的中原人,越人对于游泳是精的了,然而被溺的不能得救。要等古时的王良来驾驭今世的马,也和等待越人善于游泳的来救沉溺的人一样,这事的不可能是很明显的了。好马和坚固的车子,五十里设一副接力,虽使技术中等的人去驾御,也可以奔驰迅速,取程遥还,千里的路程,指日可达,何必等待古时的王良呢?如果说驾御车马,若不使王良,就必定要使常人去败坏;治理天下,若不使尧、舜,就必要使桀、纣去扰乱,这也就同说:味道若不像蜜糖般甜,必定要和药草一般苦一样。这乃是巧辩虚辞、违背情理、走了极端的议论,怎可以用来辩难合道理的理论呢?客所谈的尚不及此论啊!”

问辩

　　或问曰："辩安生乎?"对曰："生于上之不明也。"问者曰："上之不明,因生辩也,何哉?"对曰:"明主之国,令者,言最贵者也;法者,事最适者也。言无二贵,法不两适。故言行而不轨于法令者必禁。若其无法令,而可以接诈应变,生利揣事者,上必采其言而责其实。言当则有大利,不当则有重罪,是以愚者畏罪而不敢言,智者无以讼,此所以无辩之故也。乱世则不然,主有令,而民以文学非之,官府有法,民以私行矫之,人主顾渐其法令,而尊学者之智行,此世之所以多文学也。夫言行者,以功用为之的彀者也。夫砥砺杀矢,而以妄发,其端未尝不中秋毫也。然而不可谓善射者,无常仪的也。设五寸之的,引十步之远,非羿、逢蒙不能必中者,有常也。故有常,则羿、逢蒙以五寸的为巧,无常,则以妄发之中秋毫为拙。今听言观行,不以公用为之的彀,言虽至察，行虽至坚，则妄发之说也。是以乱世之听言也，以难知为察，以博文为辩；其观行也，以离群为贤，以犯上为抗。人主者说辩察之言，尊贤抗之行，故夫作法术之人，立取舍之行，别辞争之论，而莫为之正。是以儒服带剑者众，而耕战之士寡；坚白、无厚之词章，而宪令之法息。故曰：上不明则辩生焉。"

译解：

有人问："辩论怎样发生的？"答道："因为在上位的不贤明，才有辩论。"

问道："在上位的不贤明，遂产生辩论，这是什么缘故呢？"回答道："在一个明主的国内，号令是言论中最尊贵的，法律是事情中最适当的。言论没有比国君的命令再尊贵的了，法律只适宜于公众，不适宜于私人。所以言论和行动若不在法令轨道之内的，必加禁止。倘若没有法令的约束，人们都用诈术应变，投机取利，揣度事情，在上位的必定要采纳他的建议，而考求其实际，其言若对，则有厚赏，倘若不对，则有重罪。所以愚陋的人畏罪不敢轻言，聪明的人也不得妄发议论，这就是没有辩论的原因。至于乱世就不同了，主上有命令，人民用议论去非难；官府有定法，人民以私行去矫诈。人主渐渐丧失了法令,而尊崇学者的智略行为,所以世上的言论更多了。言论和行为,就须以功用为其目标,把猎兽的箭磨得锐利,随意地乱射,箭镞未尝不可以射中秋天的毫毛,然而这不能算善射,因为没有一定的目标。立一五寸的目标,距十步远,非羿和逢蒙不能一定射中,因为有一定的目标。所以有一定的目标,就以羿和逢蒙射中五寸的箭鹄为巧;若没有一定的目标,随意射中纤细毫毛也算得上巧了。现在听人的言论,观察人的行为,不拿功用来做目标,言论虽然精深,行为虽然坚定,也不过是随意乱讲的话。所以乱世听人的言论时,以难懂得的为精深,以文辞淹博的为详审;观察人的行为时,以不同时俗的为贤,以凌犯主上的为高抗不屈。人主喜欢详审精深的言论,尊重贤明高抗的行为,而不加以矫正,所以穿儒生的衣服和带剑的增多,而耕种和服战役的就少了;坚白、无厚等学说盛起,而国家的常法却衰落了。所以说在上位的不明,辩论因之而生。”

问田

徐渠问田鸠曰："臣闻:'智士不袭下而遇君,圣人不见功而接上。'今阳城义渠,明将也,而措于毛伯;公孙亶回,圣相也,而关于州部,何哉?"田鸠曰："此无他故异物,主有度,上有术之故也。且足下独不闻楚将宋觚而失其政,魏相冯离而亡其国。二君者驱于声词,眩乎辩说,不试于毛伯,不关乎州部,故有失政亡国之患。由是观之,夫无毛伯之试,州部之关,岂明主之备哉!"

堂溪公谓韩子曰："臣闻:'服礼辞让,全之术也;修行退智,遂之道也。'今先生立法术,设度数,臣窃以为危于身而殆于躯,何以效之? 所闻先生术曰:'楚不用吴起而削乱,秦行商君而富强,二子之言已当矣。然而吴起支解而商君车裂者,不逢世遇主之患也。'逢遇不可必也,患祸不可斥也,夫舍乎全遂之道,而肆乎危殆之行,窃为先生无取焉。"韩子曰："臣明先生之言矣。夫治天下之柄，齐民萌之度，甚未易处也。然所以废先王之教，而行贱臣之所取者，窃以为立法术，设度数，所以利民萌便众庶之道也。故不惮乱主暗上之患祸，而必思以齐民萌之资利者，仁智之行也。惮乱主暗上之患祸，而避乎死亡之害，知明夫身而不见民萌之资利者，贪鄙之为也，臣不忍向贪鄙之为，不敢伤仁智之行。先王有幸臣之意，然有大伤臣之实。"

译解：

徐渠问田鸠道："我听说：'智士不因下人而得见国君，圣人不须有功才为主上所用。'现在阳成义渠是个能干的将帅，而须经过毛伯的考试，公孙亶回是个贤明的相国，而须州郡的官吏传达，这是为何呢？"田鸠道："这并没有旁的缘故，是因为主上有法度和治术。并且足下就不曾听说：楚国用宋觚为将，以致国政日乱，魏国用冯离为相，而亡了国吗？楚王和魏君为虚言所骗，为巧诈的论调迷惑，不用毛伯的考试，不用州郡官吏的传达进见，所以有国政扰乱和亡国的祸患。这样看来，不用毛伯的考试，州郡官吏的传达，岂是明主对于政治上所当设施的方法呢？"

堂溪公对韩子（韩非子）说："我听说：'遵行礼义，辞让不争,乃是全身的方法。修身正行,屏去机智,乃是成功的道理。'现在先生尊崇法术,讲求度数,我窃以为这样对于你的身体是很危险哩! 何必这样做呢? 曾听先生说过:'楚国不用吴起,以致弱乱,秦国任用商鞅,国遂富强。'二人的计谋固然对,但是吴起被支解,商君遭车裂,就是因为不曾逢着治世,遇着明主。遭遇不可一定,祸患不能免去,舍去全身之道,而肆行危险的行事,我替先生设想,觉得不很对哩!"韩子道:"我明白先生的话了。治理天下的把柄,整齐人民的法度,是很不容易保守的。但是我所以不行先生的指教,而做鄙贱人的行事,实在因为推崇法术,设立度数,可以富庶人民,便利大众。所以不怕昏君乱主的祸患,而必定想增进人民的利益,这乃是仁智的行为。怕昏君乱主的祸患,而逃避死亡的凶祸,知道自己本身的重要,而不顾人民的利益,这乃是贪鄙的行为。我不忍做贪鄙的事,不敢伤仁智的品行,先生虽有爱惜我的意思,然而实际上对于我大有损害。"

定法

问者曰:"申不害、公孙鞅,此二家之言,孰急于国?"应之曰:"是不可程也。人不食,十日则死,大寒之隆,不衣亦死,谓之衣食,孰急于人?则是不可一无也,皆养生之具也。今申不害言术,而公孙鞅为法,术者,因任而授官,循名而责实,操杀生之柄,课群臣之能者也,此人主之所执也。法者,宪令著于官府,刑罚必于民心,赏存乎慎法,而罚加乎奸令者也,此臣之所师也。君无术则弊于上,臣无法则乱于下,此不可一无,皆帝王之具也。"

问者曰:"徒术而无法,徒法而无术,其不可何哉?"对曰:"申不害,韩昭侯之佐也,韩者,晋之别国也。晋之故法未息,而韩之新法又生。先君之令未收,而后君之令又下。申不害不擅其法,不一其宪令,则奸多。故利在故法,前令则道之,利在新法,后令则道之,利在故新相反,前后相悖，则申不害虽十使昭侯用术，而奸臣犹有所谲其辞矣。故托万乘之劲韩，七十年而不至于霸王者，虽用术于上，法不勤饰于官之患也。公孙鞅之治秦也，设告相坐而责其实，连什伍而同其罪，赏厚而信，刑重而必，是以其民用力劳而不休，逐敌危而不却，故其国富而兵强。然而无术以知奸，则以其富强也，资人臣而已矣。及孝公、商君死，惠王即位，秦法未败也。而张仪以秦殉韩、魏。惠王死，武王即位，甘茂以秦殉周。武王死，昭襄王即位，穰侯越韩、魏而东攻齐，五年而秦不益尺土之地，乃城其陶邑之封，应侯攻韩八年，成其汝南之封。自是以来，诸用秦者，皆应、穰之类也。故战胜则大臣尊，益地则私封立，主无术以知奸也。商君虽十饰其法，人臣反用其资，故乘强秦之资，数十年而不至于帝王者，法不勤饰于官，主无术于上之患也。"

问者曰："主用申子之术，而官行商君之法，可乎？"对曰："申子未尽于法也，申子言：'治不逾官，虽知弗言。'治不逾官，谓之守职也可；知而弗言,是不谓过也。人主以一国目视,故视莫明焉;以一国耳听,故听莫聪焉。今知而弗言,则人主尚安假借矣?商君之法曰:'斩一首者爵一级,欲为官者为五十石之官;斩二首者爵二级,欲为官者为百石之官。'官爵之迁,与斩首之功相称也。今有法曰:斩首者令为医匠,则屋不成而病不已。夫匠者,手巧也,而医者,齐药也,而以斩首之功为之,则不当其能。今治官者,智能也,今斩首者,勇力之所加也,以勇力之所加,而治智能之官,是以斩首之功为医匠也。故曰:二子之于法术,皆未尽善也。"

译解:

有人问:"申不害和公孙鞅,这二家的主义,对于国家谁切要些?"答道:"这不可以比较。人若十天不饮食,就要饿死;大冷天若不穿衣服,也要死,若问衣服和饮食对于人谁比较要紧,两样实在不可缺一,都是养生的东西。现在申不害讲治术,而公孙鞅讲法制,治术谓因其才干所宜,授以官职,就着名声,考核其实际如何,执掌生杀的权柄,督察群臣中有才能的人,这是人主所宜执掌的。法制是指宪令为官府所谨守,刑罚为人民所戒惧,谨慎守法的有赏,为恶犯令的受罚,这是臣下所宜遵守的。人君若缺乏治术,上面就被掩蔽;臣民若不守法令,下面就混乱了。这两样不可缺一,皆是帝王治国的工具。"

问的人道:"但恃治术而没有法制,但恃法制而没有治术,为何不可以呢?"对道:"申不害辅佐韩昭侯,韩乃是晋的支国,晋国的旧法尚存,而韩的新法又生;已往人君的令尚未收回,后来人君的令又已颁下,申不害若不使法令统一,为奸作恶的必多。所以旧法若有利,就令昭侯用旧法和从前所颁的令;新法若有利,就令昭侯行新法和后来所颁的令。但是旧法和新法相反,以前的令和后来的令抵触,所以申不害虽极力使昭侯用治术,而奸臣仍可舞弄文辞,行其谲诈。申不害虽托身于拥有万辆兵车强大的韩国,然而为时十七年,仍不能使韩国成就霸王之业,就是因为人主虽能用治术,而臣下不能严守法令的患处啊!公孙鞅治秦时,设立告发一齐坐罪,什伍相保,隐奸互坐的制度,赏赐优厚而确实,刑罚严重而不移,所以秦国的人民,用力虽劳而不休息,抵抗敌人虽危险并不退却。因此秦国国富兵强,然而因为没有治术以察奸邪,所以国虽富强,无非便宜人臣罢了。及至孝公和商君死后,惠王即位,那时秦法尚未弛败,而张仪以秦国去经营韩、魏。惠王死后,武王即位,甘茂又以秦国去经营周。武王死后,昭襄王即位,穰侯越过韩、魏,东面去攻打齐国,历时五年,而秦国不曾增加一尺土地,自己反在陶邑的封地上扎下根基。应侯攻打韩国八年,汝南成为其私有的封地。从此以后，一班治理秦国的，都属于应侯、穰侯一类，所以战胜敌国，唯有大臣愈加尊贵，推广土地，私自封立，就是因为人主无术以察奸邪。商君虽极力的修治法令，人臣反恃以舞弊作恶，所以虽据有强大的秦国为资，为时数十年，而不能成就帝王之业。因为法制不为臣下所谨守，但人主在上却不能施用治术，患处就在此啊！"

问的人道："人主用申子的法术，而臣下行商君的法制，这样可以吗？"答道："申子对于法术并未尽善，商君对于法制也未尽善。申子说：'治事不得越出自己的职守，不应当发言时，虽知道都不说。'治事不越职守，也可谓之为守职，若知道而不说，就是过错了。人主以一国人的眼睛去视察，所以能视察精明，以一国人的耳朵去审听，所以审听能够清楚。现在若知道都不说，那人主将靠谁呢？商君的法制说：'斩敌人一个首级的，进爵一级，若要做官，就做五十石俸禄的官。斩敌人两个首级，进爵两级，若要做官，就做一百石俸禄的官。'官爵的迁进，和斩敌人的功绩相称。现在若有一法令谓：有斩敌功劳的，令其为医生和匠人，结果必是房子造不成，病也治不好。因为匠人恃技艺精巧，医师须用药神妙，若以斩首的功劳令其为匠人和医师，他们就不能应付他们的职务了。现在做官全仗智能，斩首则仅恃勇力，使仅有勇力的人去治需要智力的官职，这就和令有斩首功劳的人去做医师和匠人一样。所以说申子和商君对于法术，都未尽善。"

六反

　　畏死远难,降北之民也,而世尊之曰"贵生之士";学道立方,离法之民也,而世尊之曰"文学之士";游居厚养,牟食之民也,而世尊之曰"有能之士";语曲牟知,伪诈之民也,而世尊之曰"辩智之士";行剑攻杀,暴憿之民也,而世尊之曰"磏勇之士";活贼匿奸,当死之民也,而世尊之曰"任誉之士"。此六民者,世之所誉也。赴险殉诚,死节之民,而世少之曰"失计之民"也;寡闻从令,全法之民也,而世少之曰"朴陋之民"也;力作而食,生利之民也,而世少之曰"寡能之民"也;嘉厚纯粹,整谷之民也,而世少之曰"愚戆之民"也;重命畏事,尊上之民也,而世少之曰"怯慑之民"也;挫贼遏奸,明上之民也,而世少之曰"谄谗之民"也。此六民者,世之所毁也。奸伪无益之民六,而世誉之如彼;耕战有益之民六,而世毁之如此;此之谓六反。布衣循私利而誉之,世主听虚声而礼之,礼之所在,利必加焉;百姓循私害而訾之,世主壅于俗而贱之,贱之所在,害必加焉。故名赏在乎私恶当罪之民,而毁害在乎公善宜赏之士,索国之富强,不可得也。

古者有谚曰:"为政犹沐也,虽有弃发,必为之。"爱弃发之费,而忘长发之利,不知权者也。夫弹痤者痛,饮药者苦,为苦愈之故,不弹痤饮药,则身不活,病不已矣。

今上下之接,无子父之泽,而欲以行义禁下,则交必有郄矣。且父母之于子也,产男则相贺,产女则杀之。此俱出父母之怀衽,然男子受贺,女子杀之者,虑其后便,计之长利也。故父母之于子也,犹用计算之心以相待也,而况无父子之泽乎?

今学者之说人主也,皆去求利之心,出相爱之道,是求人主之过于父母之亲也,此不熟于论恩诈而诬也,故明主不受也。圣人之治也,审于法禁,法禁明著则官法,必于赏罚,赏罚不阿则民用,民用官治则国富,国富则兵强,而霸王之业成矣。霸王者，人主之大利也。人主挟大利以听治，故其任官者当能，其赏罚无私。使士民明焉，尽力致死，则功伐可立，而爵禄可致，爵禄致，而富贵之业成矣。富贵者，人臣之大利也。人臣挟大利以从事，故其行危至死，其力尽而不望。此谓君不仁，臣不忠，则可以霸王矣。

夫奸，必知则备，必诛则止，不知则肆，不诛则行。夫陈轻货于幽隐，虽曾、史可疑也。悬百金于市，虽大盗不取也。不知，则曾、史可疑于幽隐。必知，则大盗不取悬金于市。故明主之治国也，众其守而重其罪，使民以法禁而不以廉止。母之爱子也倍父，父令之行于子者十母；吏之于民无爱，令之行于民也万父母。父母积爱而令穷，吏用威严而民听从，严爱之策亦可决矣。且父母之所以求于子也，动作则欲其安利也，行身则欲其远罪也。君上之于民也，有难则用其死，安平则尽其力。亲以厚爱关子于安利而不听，君以无爱利求民之死力而令行。明主知之，故不养恩爱之心，而增威严之势。故母厚爱处，子多败，推爱也。父薄爱教笞,子多善,用严也。

今家人之治产也,相忍以饥寒,相强以劳苦,虽犯军旅之难,饥馑之患,温衣美食者必是家也;相怜以衣食,相惠以佚乐,天饥岁荒,嫁妻卖子者,必是家也。故法之为道,前苦而长利。仁之为道,偷乐而后穷。圣人权其轻重,出其大利,故用法之相忍,而弃仁之相怜也。学者之言,皆曰轻刑此乱亡之术也。凡赏罚之必者,劝禁也。赏厚则所欲之得也疾,罚重则所恶之禁也急。夫欲利者必恶害,害者利之反也,反于所欲,焉得无恶?欲治者必恶乱,乱者治之反也。是故欲治甚者,其赏必厚矣,其恶乱甚者,其罚必重矣。今取于轻刑者,其恶乱不甚也,其欲治又不甚也。此非特无术也,又乃无行。是故决贤不肖愚知之美,在赏罚之轻重。且夫重刑者,非为罪人也,明主之法揆也。治贼非治所揆也,所揆也者,是治死人也。刑盗非治所刑也,治所刑也者,是治胥靡也。故曰:重一奸之罪,而止境内之邪,此所以为治也。重罚者盗贼也,而悼惧者良民也,欲治者奚疑于重刑？若夫厚赏者，非独赏功也，又劝一国。受赏者甘利，未赏者慕业，是报一人之功而劝境内之众也，欲治者何疑于厚赏？今不知治者皆曰："重刑伤民，轻刑可以止奸，何必于重哉！"此不察于治者也。夫以重止者，未必以轻止也，以轻止者，必以重止矣。是以上设重刑者而奸尽止，奸尽止则此奚伤于民也？所谓重刑者，奸之所利者细，而上之所加焉者大也。民不以小利蒙大罪，故奸必止者也。所谓轻刑者，奸之所利者大，上之所加焉者小也。民慕其利而傲其罪，故奸不止也。故先圣有谚曰："不踬于山，而踬于垤。"山者大，故人顺之；垤微小，故人易之也。今轻刑罚，民必易之；犯而不诛，是驱国而弃之也；犯而诛之，是为民设陷也。是故轻罪者，民之垤也。是以轻罪之为民道也，非乱国也，则设民陷也，此则可谓伤民矣。

今学者皆道书策之颂语，不察当世之实事，曰："上不爱民，赋敛常重，则用不足而下恐上，故天下大乱。"此以为足其财用以加爱焉，虽轻刑罚可以治也。此言不然矣。凡人之取重赏罚，固已足之之后也。虽财用足而厚爱之，然而轻刑犹之乱也。夫富家之爱子，财货足用，财货足用则轻用，轻用则侈泰。亲爱之则不忍，不忍则骄恣。侈泰则家贫，骄恣则行暴，此虽财用足而爱厚，轻利之患也。凡人之生也，财用足则骤于用力，上治懦则肆于为非。财用足而力作者，神农也；上治懦而行修者，曾、史也。夫民之不及神农、曾、史，亦已明矣。老聃有言曰："知足不辱，知止不殆。"夫以殆辱之故，而不求于足之外者，老聃也；今以为足民而可以治，是以民为皆如老聃也。故桀贵在天子，而不足于尊；富有四海之内，而不足于宝。君人者虽足民，不能足使为天子，而桀未必以天子为足也，则虽足民，何可以为治也？故明主之治国也，适其时事，以致财物；论其税赋，以均贫富；厚其爵禄，以尽贤能；重其刑罚，以禁奸邪；使民以力得富，以事致贵，以过受罪，以功致赏，而不念慈惠之赐，此帝王之政也。

　　人皆寐，则盲者不知；皆嘿，则喑者不知。觉而使之视,问而使之对,则喑盲者穷矣。不听其言也,则无术者不知;不任其身也,则不肖者不知。听其言而求其当,任其身而责其功,则无术不肖者穷矣。夫欲得力士而听其自言,虽庸人与乌获不可别也;授之以鼎俎,则罢健效矣。故官职者,能士之鼎俎也;任之以事,而愚智分矣。故无术者得于不用,不肖者得于不任。言不用而自文以为辩,身不任者而自饰以为高;世主眩其辩、滥其高而尊贵之,是不须视而定明也,不待对而定辩也,喑盲者不得矣。明主听其言,必责其用;观其行,必求其功。然则虚旧之学不谈,矜诬之行不饰矣。

译解:

贪生怕死,想免去灾难,这种人是必不以投降敌人为耻的,而世人尊他们为"贵生之士"。学做神仙,设立方术,这种人违背法度,而世人尊他们为"文学之士"。出外交游,厚自奉养,这乃是寄生消耗的人民,而世人尊他们为"有能之士"。言语邪曲,诡诈多端,这种人乃虚伪透顶,而世人尊他们为"辩智之士"。击剑私斗,攻杀仇怨,这种人骄横暴戾,而世人尊他们为"廉勇之士"。救活盗贼,隐匿奸人,这种人罪当处死,而世人尊他们为"任侠之士"。这六种人乃是世人所称誉的。至于身赴艰险,为信仰而牺牲,这种人能忠勇死节,而世人却不满意他们,说"这是没有计算的人"。知识简单,谨守法令,这种人能保全法度,而世人却不满意他们,说"这是朴质鄙陋的人"。努力工作,以谋衣食,这乃是安居乐业的人民,而世人却不满意他们,说"这是没有才能的人"。忠厚纯粹,这乃是方正为善的人民,而世人却不满意他们,说"这是愚蠢戆直的人"。重视命令,小心做事,这种人尊重执政,而世人却不满意他们,说"这是懦怯退缩的人"。挫败寇贼,遏止奸邪,这种人奉扬法令,而世人却不满意他们,说"这是谄谀进谗的人"。以上六种人是世人所訾毁的。六种奸伪无用的人民,世人是那样的称赞他们;六种于耕战有用的人民,而世人又是这样的訾毁他们。这就叫六反——名实相反。庶人但顾私利,遂加以赞誉;人主但听虚声,即加以尊礼;既加尊礼,必享利益。百姓但顾私人的利害,遂加以訾毁,人主为习俗所壅蔽,乃加以贱视,既然贱视,自然要受患害。所以名誉与赏赐施之于私下干坏事应当处罚的人,诋毁和迫害加于克己奉公应当受赏的人,这样想求国家富强,一定不能成功了。

古时有句俗语道:"为政如同洗头一样,虽知道要掉头发,可是仍旧要洗。"若爱惜头发,恐怕脱落,遂忘记洗头可以促进头发生长,这就是不知通达。用针刺痛疮是极痛的,吃药是极苦的，然而若因为痛苦，遂不刺痈吃药，那身体终不能够生存，疾病终不可以除去。

方今君臣相处，没有父子之恩，而想以行仁义去禁止臣下作恶，则上下之间必生嫌隙。而且父母对于子女，生了男孩，大家互相道贺；生了女孩，就免去贺礼。男女均为父母所生，然而生了男孩，就互相道贺，生了女儿，就不贺喜，无非虑及他们的将来，想到他们谁的利益较大而已。所以父母对于子女，尚且要用计算的心相待，何况一般没有父子恩泽的呢？

现在的学者游说人主时，都欲人主抛去求利之心，讲相爱之道，这乃是想人主比父母更亲，这种理论思想非但不成熟，并且矫诈欺人，所以明主不相信这类的话。圣人治国，使法禁严明，法禁既明，官职自然治理；使赏罚一定，赏罚既不移，人民自然听我使用。人民为我所用，官职自然治理，国家就富足了；国家富足，兵力自强，霸王之业就成功了。霸王之业是人主的大利益，人主期望着大利益而去治国，所以他委任官职，各适合其才能，赏罚无私，人民亦都明法。尽力效死，就可以建立功勋，增进爵禄，爵禄既有，就可以富贵。富贵是人臣的大利益，人臣期望着大利益去办事，所以虽遇艰险至死，力竭而不怨望，这就是所谓君不讲仁爱，臣不讲忠心，也可以成就霸王之业了。

大凡奸邪的事，若知一定会被发觉，就可以绝迹，若一定会被诛戮，就可以止息；若不会发觉，必至肆无忌惮，若不加诛戮，必至盛行无阻。将价值甚微的货物放在幽隐的地方，虽曾参、史鱼都有盗窃的嫌疑。将百金悬在市间，虽大盗都不去窃取。若无人知晓，则曾、史在幽隐的地方也是可疑的；必被人知晓，则大盗在市间都不取百金。所以明主治国，守备众多，定罪严重，使人民是因刑法之故才不为恶，而不是因为生性廉洁而不为恶。母亲爱儿子倍甚于父亲，而父亲的命令为儿子所遵行，其效果十倍于母亲；官吏对于人民没有恩爱，而官吏的命令为人民所遵行，其效力万倍于父母。父母过于怜爱子女，而命令遂不能施行；官吏用威严临民，而人民听从，治民宜用严还是用爱，由此也可以断定了。而且父母对于子女的期望，关于他们的行动，想他们安乐有利；关于他们的行为，想他们远离罪过。人君对于人民的期望，有难时，想他们勠力平乱；太平时，想他们尽力工作。但是人亲以厚爱期望子女做安乐有利的事，而子女不听；人君不务怜爱人民，但求人民的死力，而号令遵行。明主深知此情，所以不养恩爱之心，但增威严之势。母亲深爱儿子，不加谴责，儿子多半不成材，就是厚爱的缘故；父亲爱惜儿子不如母亲之甚，唯加以管教笞责，儿子多半为善，就是用严的缘故。

现在普通人家治理产业，若有人忍饥耐寒，勉力劳苦，虽有时遇兵灾凶年，仍可衣食丰足，那必定是这一家；若有人平时考究吃穿，沉溺娱乐，一遇凶年，嫁妻卖子的，那必定也是这家。所以法制之为道，先觉得苦，而收利长远；仁爱之为道，暂寻安乐,而后来穷困。圣人度量这二者的轻重,择取其收利远大的,所以宁行法制的互不宽恕,而舍弃仁爱的互相怜惜。但是学者都说要减轻刑罚,这乃是乱亡之道。赏罚确定,正可以劝勉为善,禁止作恶。赏赐若厚,则所期望的可以疾速地得到;刑罚若重,则所嫌恶的可以严厉地禁止。期望利益的必定厌恶祸害,因为祸害和利益相反,和他所期望的相反,怎么会不厌恶呢?期望治理的必定厌恶动乱,因为动乱和治理相反。所以渴望国家平治的,赏赐必定优厚;深恶国家动乱的,刑罚必定很重。现在主张轻刑的,其对动乱的厌恶必不深,期望治理又不诚,这非但不合治国的道理,而且也行不通。所以判断一个人善恶愚智的方法,就看他对于赏罚轻重的看法。重刑罚并非徒为惩办罪人,明主的法度是人行为的标准。惩治盗贼不只是惩治盗贼一人,如果只是惩治一人,那不过是杀了一个死囚。处罚小偷并非只是处罚小偷一人,如果只是处罚一人,那不过是处罚了一个苦役。所以说:"重罚一个为奸的罪,而禁止全境内的邪恶之事,这才是治国的道理。"所重罚的是盗贼,而因之惧惮的是良民,欲求治理的官员,对于重刑,何必迟疑呢?至于赏赐优厚,并非徒赏有功的人,同时又劝勉了全国。受赏的乐于得利,未得赏的羡慕,这乃是酬劳一个人的功勋,而劝勉了全国的民众,欲求治理的官员,对于厚赏,又何必迟疑呢?现在不懂治国的,都说:"重刑伤残百姓,轻刑本可以禁止奸邪,何必要用重刑呢?"这乃是不明治国的话。重刑可以禁止的奸恶,轻刑未必可以加以禁止;轻刑可以禁止的奸恶,重刑更加容易禁止了。所以人主若设重刑,奸邪的事尽止,奸邪的事尽止,这对于人民有何损伤呢?所谓重刑,是奸人所得之利变小,因为上面罚得重,人民不肯因为小利去犯大罪,所以奸恶可以必定熄灭。所谓轻刑,是奸人所期之利大,因为上面罚得轻,人民贪图厚利,轻视刑罚,所以为奸的不止。先圣有句名言道:"不跌在山上,反跌在小土堆下。"山大,人走路时当心;土堆小,所以人忽视。现在若减轻刑罚,人民必定忽视,若犯了罪不加诛戮,等于放弃了人民;若犯了罪即加诛戮,又等于是替人民设下了陷阱。所以轻罪即是人民的小土堆,轻罪的影响,不是乱国,就是为人民设下陷阱,这才伤残百姓啊!

现在学者都讲书策中的好话,不考察当世的实事,说什么:"在上的不爱人民,赋税总是太重,所以人民财用不足,于是怨恨君主,弄得天下大乱。"这意思是以为,若使人民财用充足,更加爱护他们,虽减轻刑罚,而人民也会守法,便于治理。这话就不对了。大凡君主采取重刑,本来就是在已使人民富足之后。虽然财用充足,更加爱护他们,然而若减轻刑罚,还是会使民众趋于为乱。例如富家的爱子,财货是足用的,财货既足用,就随意地使用,任意使用,就积习奢侈。父母怜爱他,不忍加以谴责,既不忍谴责,他自然骄横放纵了。奢侈的结果必至家贫,骄横的结果必至作恶,虽然财用丰足,而过分的怜爱和宽容实为其患累。大凡人的习性，财用倘若丰足，就不肯用力工作；君主管治若不严，民众就任意地为非作恶。财用虽富足，仍勉力工作，只有神农若此；君主管治不严，仍修饬行节，只有曾参和史鱼能够如此。普通的人民不及神农和曾史，这是极为明显的。老聃曾说："知道满足，就不会受屈辱；知道适可而止，就没有危殆。"因为害怕危殆屈辱，于是满足后，不更求分外，只有老聃能如此。现在以为使人民满足就可以平治，乃是把人民都看作和老聃一样了。所以桀虽贵为天子，然而对于位分的尊贵，仍不满足；虽富有四海，然而对于货财珍宝，贪得无厌。人君虽使人民满足，终不能使他满足到和天子一样，况且桀虽身为天子，未必就觉得满足啊！那么虽使人民的用度充足，国家治理并没有什么进步。所以明主治国，建设随时所宜，以便生产；调节赋税，使贫富得趋均衡；增进爵禄，使贤能尽得罗致；重加刑罚，禁止奸邪，使人民因劳力致富，因功业贵显，因过错判罪，因功劳受赏，而不念及慈惠，这才是帝王的政治。

人若都睡着了，就不能知道谁是瞎子；若都未出声，就不能知谁是哑巴。惊醒他们，令他们观看；问他们，令他们对答，瞎子和哑巴就原形毕露了。不听他的言论，就不知道他是否没有学识；不任他事做，就不知道他是否没有真本领。听他们的言论，更求其是否适当；委他们事做，更考其成绩何如，没有学术和缺乏才干的就无法掩饰了。若欲征求力士，而但听其言论,虽庸人和乌获都不能加以辨别;给他们巨鼎大案,令他们举,谁强谁弱,就可以分别出来了。所以官职乃是能士的巨鼎大案,派他们事做,愚智就可以分别出来了。所以没有本领的人取利于君主不任用自己;没有才能的人取利于君主不给自己事做。其言不为君主所用,乃穿凿辞说,妄言夸大;身不为君主所任命,乃矫揉造作,自我抬高。君主被他的虚辞所惑,不辨他的真伪,而加以尊崇,这乃是不等待观看,就判定谁的眼光好,不等待人回答,就判定谁的口才好,瞎子和哑巴也就辨别不出来了。明主既听了人的言论,必要更责其实行;既看过人的行止,必要更求其成绩。如此,虚诈夸大的言论不会再谈,矜恃欺人的行为也不会再有了。

五蠹

上古之世，人民少而禽兽众，人民不胜禽兽虫蛇。有圣人作，构木为巢，以避群害，而民悦之，使王天下，号之曰有巢氏。民食果蓏、蚌蛤，腥臊恶臭，而伤害腹胃，民多疾病。有圣人作，钻燧取火，以化腥臊，而民说之，使王天下，号之曰燧人氏。中古之世，天下大水，而鲧、禹决渎。近古之世，桀、纣暴乱，而汤、武征伐。今有构木钻燧于夏后氏之世者，必为鲧、禹笑矣。有决渎于殷、周之世者，必为汤、武笑矣。然则今有美尧、舜、汤、武、禹之道于当今之世者，必为新圣笑矣。是以圣人不期修古，不法常可，论世之事，因为之备。宋有人耕者，田中有株，兔走触株，折颈而死。因释其耒而守株，冀复得兔，兔不可复得，而身为宋国笑。今欲以先王之政，治当世之民，皆守株之类也。

古者丈夫不耕，草木之实足食也。妇人不

织，禽兽之皮足衣也。不事力而养足，人民少而财有余，故民不争。是以厚赏不行，重罚不用，而民自治。今人有五子不为多，子又有五子，大父未死而有二十五孙。是以人民众而货财寡，事力劳而供养薄，故民争。虽倍赏累罚，而不免于乱。

尧之王天下也，茅茨不剪，采椽不斫。粝粢之食，藜藿之羹，冬日麑裘，夏日葛衣。虽监门之服养不亏于此矣。禹之王天下也，身执耒臿，以为民先，股无胈，胫不生毛。虽臣虏之劳，不苦于此矣。以是言之，夫古之让天子者，是去监门之养，而离臣虏之劳也，古传天下而不足多也。今之县令，一日身死，子孙累世絜驾，故人重之。是以人之于让也，轻辞古之天子，难去今之县令者，薄厚之实异也。夫山居而谷汲者，膢腊而相遗以水。泽居苦水者，买庸而决窦。故饥岁之春，幼弟不饷，穰岁之秋，疏客必食。非疏骨肉，爱过客也，多少之心异也。是以古之易财，非仁也，财多也。今之争夺，非鄙也，财寡也。轻辞天子，非高也，势薄也。重争土橐，非下也，权重也。故圣人议多少、论薄厚，为之政。故罚薄不为慈，诛严不为戾，称俗而行也。故事因于世，而备适于事。

古者文王处丰、镐之间，地方百里，行仁义而怀西戎，遂王天下。徐偃王处汉东，地方五百里，行仁义，割地而朝者三十有六国。荆文王恐其害己也，举兵伐徐，遂灭之。故文王行仁义而王天下，偃王行仁义而丧其国，是仁义用于古，而不用于今也。故曰：世异则事异。当舜之时，有苗不服，禹将伐之，舜曰："不可。上德不厚而行武，非道也。"乃修教三年，执干戚舞，有苗乃服。共工之战，铁铦矩者及乎敌，铠甲不坚者伤乎体。是干戚用于古不用于今也。故曰：事异则备变。上古竞于道德，中世逐于智谋，当今争于气力。

齐将攻鲁，鲁使子贡说之，齐人曰："子言非不辩也，吾所欲者土地也，非斯言所谓也。"遂举兵伐鲁，去门十里以为界。故偃王仁义而徐亡，子贡辩智而鲁削。以是言之，夫仁义辩智，非所以持国也。去偃王之仁，息子贡之智，循徐、鲁之力，使敌万乘，则齐、荆之欲，不得行于二国矣。

　　夫古今异俗，新故异备，如欲以宽缓之政治急世之民，犹无辔策而御駻马，此不知之患也。今儒、墨皆称"先王兼爱天下"，则视民如父母。何以明其然也？曰：司寇行刑，君为之不举乐；闻死刑之报，君为流涕。此所举先王也。夫以君臣为如父子则必治，推是言之，是无乱父子也。人之情性，莫先于父母，父母皆见爱而未必治也，君虽厚爱矣，奚遽不乱！今先王之爱民，不过父母之爱子，子未必不乱也，则民奚遽治哉！且夫以法行刑，而君为之流涕，此以效仁，非以为治也。夫垂泣不欲刑者，仁也。然而不可不刑者，法也。先王胜其法，不听其泣，则仁之不可以为治，亦明矣。且民者固服于势，寡能怀于义。仲尼，天下圣人也，修行明道，以游海内，海内悦其仁，美其义，而为服役者七十人。盖贵仁者寡，能义者难也。故以天下之大，而为服役者七十人，而仁义者一人。鲁哀公，下主也，南面君国，境内之民莫敢不臣，民者固服于势。势诚易以服人，故仲尼反为臣，而哀公顾为君。仲尼非怀其义，服其势也。故以义，则仲尼不服于哀公，乘势，则哀公臣仲尼。今学者之说人主也，不乘必胜之势，而务行仁义，则可以王。是求人主之必及仲尼，而以势之凡民皆如列徒，此必不得之数也。

今有不才之子，父母怒之弗为改，乡人谯之弗为动，师长教之弗为变。夫以父母之爱，乡人之行，师长之智，三美加焉而终不动，其胫毛不改。州部之吏操官兵，推公法而求索奸人，然后恐惧，变其节，易其行矣。故父母之爱不足以教子，必待州部之严刑者，民固骄于爱、听于威矣。故十仞之城，楼季弗能逾者，峭也。千仞之山，跛牂易牧者，夷也。故明王峭其法而严其刑也。布帛寻常，庸人不释。铄金百镒，盗跖不掇。不必害则不释寻常，必害手则不掇百镒，故明主必其诛也。是以赏莫如厚而信，使民利之；罚莫如重而必，使民畏之；法莫如一而固，使民知之。故主施赏不迁，行诛无赦，誉辅其赏，毁随其罚，则贤不肖俱尽其力矣。

今则不然，其有功也爵之，而卑其士官也；以其耕作也赏之,而少其家业也;以其不收也外之,而高其轻世也;以其犯禁也罪之,而多其有勇也。毁、誉、赏、罚之所加者,相与悖缪也,故法禁坏而民愈乱。今兄弟被侵必攻者,廉也;知友被辱随仇者,贞也,廉贞之行成,而君上之法犯矣。人主尊贞廉之行,而忘犯禁之罪,故民程于勇,而吏不能胜也。不事力而衣食,则谓之能,不战功而尊,则谓之贤,贤能之行成,而兵弱而地荒矣。人主说贤能之行,而忘兵弱地荒之祸,则私行立而公利灭矣。

儒以文乱法,侠以武犯禁,而人主兼礼之,此所以乱也。夫离法者罪,而诸先王以文学取,犯禁者诛,而群侠以私剑养。故法之所非,君之所取,吏之所诛,上之所养也。法趣上下四相反也,而无所定,虽有十黄帝不能治也。故行仁义者非所誉,誉之则害功;工文学者非所用,用之则乱法。楚之有直躬,其父窃羊,而谒之吏。令尹曰:"杀之!"以为直于君而曲于父,报而罪之。以是观之,夫君之直臣,父之暴子也。鲁人从君战,三战三北。仲尼问其故，对曰："吾有老父，身死，莫之养也。"仲尼以为孝，举而上之。以是观之，夫父之孝子，君之背臣也。故令尹诛而楚奸不上闻，仲尼赏而鲁民易降北。上下之利若是其异也，而人主兼举匹夫之行，而求致社稷之福，必不几矣。古者苍颉之作书也，自环者谓之私，背私谓之公。公私之相背也，乃苍颉固以知之矣。今以为同利者，不察之患也。然则为匹夫计者，莫如修行义而习文学。行义修则见信，见信则受事，文学习则为明师，为明师则显荣。此匹夫之美也。然而无功而受事，无爵而显荣，有政如此，则国必乱，主必危矣。故不相容之事，不两立也。斩敌者受赏，而高慈惠之行；拔城者受爵禄，而信廉爱之说；坚甲厉兵以备难，而美荐绅之饰；富国以农，距敌恃卒，而贵文学之士。废敬上畏法之民，而养游侠私剑之属。举行如此，治强不可得也。国平养儒侠，难至用介士，所利非所用，所用非所利。是故服事者简其业，而游学者日众，是世之所以乱也。

　　且世之所谓贤者，贞信之行也，所谓智者，微妙之言也。微妙之言，上智之所难知也。今为众人法，而以上智之所难知，则民无从识之矣。故糟糠不饱者，不务粱肉；短褐不完者，不待文绣。夫治世之事，急者不得，则缓者非所务也。今所治之政，民间之事，夫妇所明知者不用，而慕上知之论，则其于治反矣。故微妙之言，非民务也。若夫贤良贞信之行者，必将贵不欺之士。贵不欺之士者，亦无不欺之术也。布衣相与交，无富厚以相利，无威势以相惧也，故求不欺之士。今人主处制人之势，有一国之厚，重赏严诛，得操其柄，以修明术之所烛，虽有田常、子罕之臣，不敢欺也，奚待于不欺之士？今贞信之士，不盈于十，而境内之官以百数，必任贞信之士，则人不足官，人不足官，则治者寡而乱者众矣。故明主之道，一法而不求智，固术而不慕信，故法不败而群官无奸诈矣。

　　今人主之于言也，说其辩而不求其当焉，其用于行也，美其声而不责其功焉。是以天下之众,其谈言者务为辩,而不周于用,故举先王言仁义者盈廷,而政不免于乱。行身者竞于为高,而不合于功,故智士退处岩穴,归禄不受,而兵不免于弱,政不免于乱。此其故何也? 民之所誉,上之所礼,乱国之术也。今境内之民皆言治,藏商、管之法者家有之,而国愈贫。言耕者众,执耒者寡也。境内皆言兵,藏孙、吴之书者家有之,而兵愈弱,言战者多,被甲者少也。故明主用其力,不听其言,赏其功伐,必禁无用,故民尽死力以从其上。夫耕之用力也劳,而民为之者,曰:可得以富也。战之为事也危,而民为之者,曰:可得以贵也。今修文学,习言谈,则无耕之劳,而有富之实,无战之危,而有贵之尊,则人孰不为也? 是以百人事智,而一人用力。事智者众,则法败,用力者寡,则国贫,此世之所以乱也。故明主之国,无书简之文,以法为教;无先王之语,以吏为师;无私剑之捍,以斩首为勇。是境内之民,其言谈者必轨于法,动作者归之于功,为勇者尽之于军。是故无事则国富,有事则兵强,此之谓王资。既畜王资而承敌国之衅，超五帝、侔三王者，必此法也。

今则不然，士民纵恣于内，言谈者为势于外，外内称恶，以待强敌，不亦殆乎！故群臣之言外事者，非有分于从衡之党，则有仇雠之忠，而借力于国也。从者，合众弱以攻一强也，而衡者，事一强以攻众弱也，皆非所以持国也。今人臣之言衡者，皆曰："不事大，则遇敌受祸矣。"事大未必有实，则举图而委，效玺而请兵矣。图献则地削，效玺则名卑，地削则国削，名卑则政乱矣。事大为衡，未见其利也，而亡地乱政矣。人臣之言从者，皆曰："不救小而伐大，则失天下，失天下则国危，国危而主卑。"救小必有实，则起兵而敌大矣。救小未必能存，而交大未必不有疏，有疏则为强国制矣。出兵则军败，退守则城拔。救小为从，未见其利，而亡地败军矣。是故事强，则以外权士官于内，救小，则以内重求利于外。国利未立，封土厚禄至矣；主上虽卑，人臣尊矣；国地虽削，私家富矣。事成则以权长重，事败则以富退处。人主之听说于其臣，事未成，则爵禄已尊矣。事败而弗诛，则游说之士，孰不为用矰缴之说，而徼幸其后？故破国亡主，以听言谈者之浮说，此其故何也？是人君不明乎公私之利，不察当否之言，而诛罚不必其后也。皆曰："外事，大可以王，小可以安。"夫王者，能攻人者也，而安则不可攻也。强则能攻人者也，治则不可攻也。治强不可责于外，内政之有也。今不行法术于内，而事智于外，则不至于治强矣。鄙谚曰："长袖善舞，多钱善贾"。此言多资之易为工也。故治强易为谋，弱乱难为计。故用于秦者十变而谋希失，用于燕者一变而计希得。非用于秦者必智，用于燕者必愚也，盖治乱之资异也。故周去秦为从，期年而举，卫离魏为衡，半岁而亡。是周灭于从，卫亡于衡也。使周、卫缓其从衡之计，而严其境内之治，明其法禁，必其赏罚，尽其地力，以多其积，致其民死，以坚其城守，天下得其地，则其利少，攻其国，则其伤大，万乘之国，莫敢自顿于坚城之下，而使强敌裁其弊也。此必不亡之术也。舍必不亡之术，而道必灭之事，治国者之过也。智困于内，而政乱于外，则亡不可振也。

民之政计皆就安利，如辟危穷。今为之攻战，进则死于敌，退则死于诛，则危矣。弃私家之事，而必汗马之劳，家困而上弗论则穷矣。穷危之所在也，民安得勿避？故事私门而完解舍，解舍完则远战，远战则安。行货赂而袭当涂者，则求得，求得则私安，私安则利之所在，安得勿就？是以公民少而私人众矣。夫明王治国之政，使其商工游食之民少而名卑，以寡趣本务，而趋末作。今世近习之请行，则官爵可买，官爵可买，则商工不卑也矣。奸财货贾得用于市，则商人不少矣。聚敛倍农，而致尊过耕战之士，则耿介之士寡，而高价之民多矣。

是故乱国之俗，其学者则称先王之道，以籍仁义，盛容服而饰辩说，以疑当世之法，而贰人主之心。其言古者，为设诈称，借于外力，以成其私，而遗社稷之利。其带剑者聚徒属，立节操，以显其名，而犯五官之禁。其患御者积于私门，尽货赂,而用重人之谒,退汗马之劳。其商工之民,修治苦窳之器,聚弗靡之财,蓄积待时,而侔农夫之利。此五者,邦之蠹也。人主不除此五蠹之民,不养耿介之士,则海内虽有破亡之国,削灭之朝,亦勿怪矣。

译解:

上古的时代,人民少,禽兽多,人民不堪禽兽虫蛇的骚扰。后来有圣人兴起,在树上搭起窝棚,令人民住在上面,以避野兽的侵害。人民拥戴他,选他来治理天下,称他为有巢氏。人民本来吃树上生的果蔬和河里的蚌蛤,气味腥臊臭恶,又伤害肠胃,人民因之多生疾病。后来有圣人兴起,教人民钻木、敲火石取火,烹烧食物,以去除腥臊的气味。人民拥戴他,让他管理天下,称他为燧人氏。中古时代,天下发大水,鲧和禹先后疏通河道。近古的时代,桀、纣暴戾昏乱,商、汤和周武王乃兴兵征伐。在夏后氏的时代,若还有人教人在树上搭窝棚居,钻木敲火石取火,必定要被鲧和禹笑话了。在殷、周的时代,若还有人大规模疏通江河,必定要被商、汤和周武王笑话了。那么,当今若还有人称赞尧、舜、汤、武、禹之道,也必定要被新兴起的圣人所笑话了。所以,圣人不期慕上古,不取法常规,但论当世所需要的,加以设计。宋国有一个耕田的人,田里有棵树,恰巧有只兔子跑过来,误触在树上,颈项骨折而死。耕田的人乃丢去他的锄头,守在树下,希望再等到兔子。兔子终不能再等到,他自己反被宋国的人笑话了。现在谁还想用先王的政策,来治理当今的人民,都是守株待兔的一类人。

古时男子虽不耕种,而草木的果实足供粮食之用;女子虽不纺织,而禽兽的皮革足供衣服之用。不用力作,而给养自足,人民稀少,财用有余,所以人民不致争竞,厚赏和重罚都不使用,而人民自然治理。现在一个人有五个儿子,不能算多,每个儿子又生五个孩子,祖父尚不曾死,已有二十五个孙子了。所以人民多而财货少,工作苦而供养薄,人民始从事争竞,虽厚赏重罚,倍于从前,仍不能免于乱。

尧做天子时,用茅草盖屋,不加修剪,用柞木作柱,不事雕斫,用粗米作饭,用藜草、豆叶当菜,冬天披着麑皮,夏天穿着麻布衣,即便是现如今单门人的生活,也没有比这再差的了。禹为天子时,亲自拿着锄头和粪箕,率领人民艰苦的工作,以致大腿清瘦,小腿无毛,虽是奴隶,也没有比这更苦的了。这样说来,古代的辞让天子,等于辞去守门人的生活,免除奴隶般的劳动,所以古时的传让天下,不足称道。当今的县令,一朝死后,子孙屡世富有,有车马代步,人们自然宝贵县令的职位了。所以人对于让位之事,辞去古代的天子,是极轻易的,辞去当世的县令,是很困难的,这无非是因为利益的大小不同啊!住在山上,须至谷中汲水的人,逢着赕腊的祭期,用汲来的水互相馈赠。住在洼处，以水涨为灾的人，每须雇人决水道放水。每当荒年的春天，虽是幼小的弟兄，都不让食物给他。丰年的秋天，虽是生疏的过客，也能用食物款待他们。这并不是疏远骨肉，反爱过客，乃是因为粮食积蓄的多少不同所致。所以古时轻视钱财，并非仁爱，乃钱财甚多的缘故。现代争夺钱财，并非贪鄙，乃钱财稀少的缘故。古人轻易辞去天子，并非清高，因为古时天子的势力小。今人用力争竞做官，趋炎附势并非卑下，因为今天官吏的权势大。所以圣人斟酌财物的多寡、权力的大小，因时制宜，以定政治上的施设。刑罚轻并不是要仁慈，诛戮重也不是要暴戾，无非因时制宜而施设而已。所以事情因时代而变迁，一切施设须根据时代变化而定。

从前文王处于丰、镐之间，地方不过百里，因为行仁义，柔服了西戎，遂拥有天下。徐偃王处于汉水东头，地方不过五百里，因为能行仁义，诸侯割地去朝事他的，共有三十六国，楚文王恐怕徐会危害到自己，乃起兵去伐徐，遂灭掉了徐国。所以周文王行仁义而拥有天下，徐偃王行仁义而丧失其国，可见仁义唯适用于古时，而不适用于现代。所以说时代不同，为政之方也就不同。当舜做天子的时代，有苗不服统治，禹要去讨伐，舜道："不可以。为上的德行不厚，而用武力去征讨，这不合乎道。"乃修政教三年，再跳起干戚之舞向有苗示威，有苗就臣服了。及至共工作战时，兵器短的，会被敌人击中，铠甲不坚固的，必然伤及自身。可见干戚之舞的威慑力只作用于古时，而不适用于现代。所以说：时世不同，武备也就有所差异。上古的时代，人以道德为尚；中古的时代，人以智谋为得；当今的天下，人以力量为尊。齐国将要攻打鲁国，鲁国差子贡去游说。齐人道："你的话说得很巧妙，但是我们所要的是土地，不是你这番话所能打发的。"乃起兵攻打鲁国，离鲁国的城门十里，才停止进攻。所以徐偃王行仁义，而徐国灭亡，子贡虽智谋巧辩，鲁国仍被侵削。这样说来，仁义、巧辩、智谋，都不足以维系国家。去掉偃王不合时宜的仁义，不用子贡巧舌如簧的智谋，估量徐、鲁两国的真实力量和万乘之国对抗，齐、楚对于徐、鲁的野心也就很难实现了。

古今的习俗不同，新旧的政策也两样。若想以宽缓的政治去治乱世的人民，如同不用鞭辔，去驾驭烈性的马一样。这乃是不知变化的忧患啊！现在学儒、墨的都称先王兼爱天下，则民视之如父母。何以见得如此呢？他们说道："司寇行刑时，人君为之不奏乐，闻听死刑报告时，人君为之下泪。"这乃是儒、墨所称举的先王。他们以为君臣间如都像父子一样，天下就可以平治，这样说的前提是天下没有乖乱的父子。人的感情之深，莫过于父母对子女了，但是父母虽都疼爱子女，家庭却未必都能和睦，人君虽然关爱臣民，又哪能保证天下不乱呢？君王爱人民，不能超过父母爱子女，子女未必不捣乱，人民又怎会一定听话呢？而且以法行刑，人君为之流泪，这只是在表现君王的仁爱，不能以之治国。垂泣不愿行刑，这是仁爱,然而不能不行刑,这是法度。先王首先遵循法度,不会由于同情而流泪,所以仁爱不可以治国,是显而易见的了。并且百姓服从势力,少有为道义感化的。

孔子是天下的圣人,修行明道,周游天下,天下人都佩服他的仁爱,称赞他的道义,但是为他服役的只有七十人,因为尊贵仁爱的人少,能行道义的极难啊!所以以天下这么大,而为他服役的不过七十人,而行仁义的只有孔子一人。鲁哀公是个无道的君主,但是他统治国家,境内的人民莫敢不臣事他。民人本来是服从势力的,势力也的确容易服人。所以孔子反做臣子,哀公反做国君,孔子并非怀服哀公的道义,乃是服他的威势。所以论道义,则孔子不服哀公,托于威势,则哀公能使孔子为臣。现在学者游说人主时,不劝人主托于必胜的威势,反说之以务行仁义,认为这样就可以成就王业,这乃是要求人主都像孔子一样,把世上普通的百姓都看作孔子的门徒,这是绝不可能的事了。

现在假如有个不肖的子弟,父母怒责他,他不改过,乡人诃责他,他也不为所动,师长教训他,他也不变更。以父母的恩爱、乡人的诃责、师长的教训,三样良好的教化,终不能感动他,及至州部的官吏,率领官兵,执行公法,搜索奸人,然后他才恐惧,改变了他的行事。所以父母的爱不足以管教儿子,必须州部的严刑,方能使之就范,可见人民因厚爱而骄纵,而只会服从威势。十仞高的城,善于攀高的楼季不能越过,因为太峭拔了；千仞高的山上，也可以牧跛足的羊，只要山坡平缓。所以明主必使刑法险峻严厉。寻常（八尺为寻，二寻为常）的布帛，普通的人拿在手里都不肯释去；百镒滚沸的黄金，盗跖都不去取它。不一定有危害，则不肯丢去寻常的布帛，知道必有危害，则不去取百镒的黄金，所以明主必定严格执行刑罚。所以奖赏莫如丰厚而确实，使人民图利；刑罚莫如重判而坚决，使人民畏惧；法度莫如守一而固定，使人民容易知晓。所以人主若施赏赐，不随意改变；若行诛戮，不轻易赦免。既施赏赐，则人皆加以赞美；既行刑罚，则人皆加以毁詈。如此，人民不论贤愚，都会尽力为善了。

现在却全不如此。若因其有功，封他爵位，可是又只给他卑小的官做；若因其耕作，加以赏赐，可是又只给他很少的产业；若因其不肯归顺，加以排斥，可是又佩服他看轻世俗；若因其犯法，判他的罪，可是又佩服他有勇气。毁誉和赏罚互相反背，所以法禁弛坏，人民愈乱了。自己兄弟若被人侵犯，必为之攻击敌人，这样世人称之为有忠义之人；好朋友若受人凌辱，必为之报仇，这样世人称之为忠义之士。忠义的品行既成，君上的法度就被侵犯了。人主但尊重忠义的行为，而忘却犯法的罪过，所以人民较量勇力，而官吏不能约束他们。不用劳作，而衣食丰足，就称之为有才能；没有战功，而位分尊显，就称之为有贤德，贤能的好处既成，国家的兵力就削弱，土地就荒芜了。人主喜欢贤能的好处，而忘了兵力削弱、土地荒芜的灾祸，私人的优点被看重，公家的利益就消灭了。

儒者以文字扰乱法度，侠士以武力干犯禁令，而人主俱加敬礼，国家自然乱了。违背法度的，应当得罪，而一般儒生反以文学被录用；干犯条禁的，应当诛戮，而许多侠士反以击剑私斗被收养。法度所非难的，即是人君所录用的；官吏所诛戮的，乃是主上所收养的，这四者相反，没有一定，虽有十个黄帝，也治理不好天下，所以行仁义的，不应当加以赞美，若赞美则有害功业；工文学的，不应当录用他们，若录用后就会扰乱法度。楚国有个正直的人，他的父亲偷了人家的羊，他去报官，令尹道："把他杀了！"以为他对于国君虽正直，对于他的父亲却太不孝了，所以他虽报官，反诛戮他。这样看来，人君的正直臣子，乃是父亲的暴戾儿子。鲁国有个人，随从鲁君作战，三战三次败走，孔子问他什么缘故，他道："我有老父，我若战死，就无人奉养他。"孔子以为他孝顺，将他举荐给鲁君，擢升他的职位。这样看来，父亲的孝子，乃是人君的叛臣了。所以令尹施行诛戮，而楚国的奸恶不上闻；孔子施行赏赐，而鲁国的人民易降敌败走。上下的利害是这般的不同，而人主要提倡只属于百姓的美德，以求国家的幸福，这必定不成功了。

古时苍颉造字的时候，围着自己打转，称它为私字，和私字相背的，称它为公字。公私是相反的，苍颉时就已知道了。现在仍有人以为公私的利益相同，这是犯了未曾细加审察的错误。替普通的人民设想，莫如修仁义，习文学，既行仁义，则为人主所信任，如此就可被任用了，既工文学，则可为明师，如此就可以显荣了，这只是人民的好处。但是，没有功劳而被任用，没有官爵而显荣，政治如此，国家必定要乱，主上必定危险。所以不相容的事，是不能一齐存立的。斩敌的受赏，同时又钦佩仁慈的行为；破城的受爵禄，同时又相信兼爱的学说；坚甲厉兵，以备患难，同时又爱好儒生的服饰；使国家富足，须靠农民，抵拒敌人，须仗兵卒，同时又尊重文学之士。不使用敬上守法的百姓，而收养击剑私斗的侠客，照这样做去，求国家治理强大，是不可能的事。国家承平时，则养儒生侠客；患难起时，则用被甲的兵士。平时受惠的，不是所要用的；所要用的，不是平时受惠的。所以做事的官吏简慢他的职务，游学的学者日益众多，天下自然就乱了。

而且世人所谓贤人，是行事正直信义，所谓智者，是言论精微奥妙。微妙的言论，即使最聪明的人都难了解，现在为众人制定法令，却以最聪明的人都难以理解的微妙言论为根本，人民当然无从晓得了。吃糟糠都不能饱，就不会去追求粱肉了；穿短衣尚不能够，就不会期待文绣了；治理国政，紧要的事尚不曾办好，可缓的事就不必去管了。现在所治的是民间的事，普通百姓所明知的不用，而去寻求聪明人的言论，这对于治术正是相反，所以微妙的言论，不是人民所需要的。既然觉得正直信义的行为好，必定要尊重诚实不欺的人，诚实不欺的人，并不了解自己不行欺诈的原因。譬如普通的百姓交友时，没有钱财令别人贪图,没有威势使别人恐惧,所以才做了不欺诈的人。如果人主处于制人的地位,有一国的财富,赏赐重厚,诛罚严厉,操此权柄,以察奸邪,虽有田常、子罕一类的臣子,都不敢欺他,何必用不欺诈的人呢?现在正直忠信的人不满十个,而境内的官员上百,如果一定要任用正直忠信的人为官,则人少官多,官没有人做,如此则治理的人少,而乱法的人多了。所以明主之道,使法令守一,而不去求聪明的人;使政策不变,而不羡慕忠信的人。于是法令不隳坏,而官吏也不生奸诈了。

现在人主对于所进的言论,但喜听其说得有理,不求其是否适当;至于用人,但听他的名声好,不去考察他的成功。结果天下的人,谈论但求巧辩,而不切于实用,引证先王,谈说仁义的,充满了朝廷,而国政仍不免于混乱。至于立身处己,则争效清高,不求实际的功用,所以智士隐居不出,辞去爵禄不受,而国家的兵力仍不免于微弱,政治仍不免于混乱。这是什么缘故呢?人民所赞美的,以及主上所敬礼的,都是扰乱国家的学说。现在境内的人民都蜂谈政治,商鞅、管子的法典,家家都有,然而国家越发穷困,这就是因为说耕种的虽多,而拿锄头的人少;境内的人民都谈用兵,收藏孙子、吴起兵法的,每家都有,而兵力却更微弱了,这是因为说打仗的人多,而实际披铠甲的人少。所以明主但用人的能力,不听人的空话,奖赏有功的,禁止无用的,人民所以都尽死力以服从其上。耕田是很劳苦的,然而百姓依然肯去耕种,说,这样可以致富;战争是极危险的,然而百姓还是肯去打仗,说,这样可以贵显。现在只要修文学,讲究言谈,不用耕种的劳苦,也可以富足;没有战争的危险,也可以尊贵,那人谁不愿这样做呢?所以一百人都用智虑,只有一个人用力气,如果这样,用智虑的既多,法度就败坏了;用力气的既少,国家就贫穷了,这乃是世上混乱的原因。

所以明主的国度,不遵书简上的文字,而以法度为教;不听儒生的言语,而以官吏为师;不以击剑私斗为强,而以斩杀敌人为勇。所以境内的百姓,言谈必定合乎法度,动作务求其有功用,勇力务必发挥于军中,这样,无事时国家富足,有事时兵力强盛,这就是所谓王天下之资。既有王天下之资,又善于攻取敌国的弱点,那超过五帝,齐等三王,必定可由此成功了。

现在却不是这样,士民在国都里恣意所欲,言谈的在国都之外虚张声势,外内表里为恶,坐等强敌来攻,这真危险极了!群臣谈论外事的,若不是和从横二党派有关系,必是想借我国的力量去复他的私仇。合从的主张联合许多弱小国家,去攻打一个强大的国家;连横的主张服事一个强大国家,去攻打许多弱小的国家,这都不是保国的道理。现在人臣主张连横的都说:"若不臣事大国,必定要被侵夺受祸。"但是臣事大国不能空说,必须将地图全交给大国,将官印全送给大国,请大国发落,既将地图献去,土地就削小了,既将官印交出,名分就降低了;土地既遭剥削,国家就削弱了,名分既然降低,政治就乱了。连横的主张臣事大国,这未见得对于国家有利益,而土地已经丧失,政治已经混乱了。人臣主张合从的都说:"若不去援助小国,攻打大国,天下全要被大国吞并了,天下全被大国吞并,我们的国也就危险了,国家既然危险,人主也必卑弱。"但是援助小国也不能徒事空谈,必须起兵同大国对敌。援助小国,未必能保他不亡,而同大国对敌,必至和大国疏远,既然疏远有隙,就要受强国掣肘了。如此,出兵则军队挫败,退守则城池陷落。主张合从去援助小国,尚不曾得到利益,土地已经丧失,军队已遭挫败了。所以主张服事强国的,是想借外面的势力在国内谋官职;主张援助小国的,是想借一国的力量在国外谋利益。国家未得到利益,人臣已得到封地和厚禄了;主上虽卑弱,人臣却尊贵了;国家的土地虽受侵削,私家却富足了。事情若成,就把持着权柄,永远被重用;事情若失败,则保守着财富,避位退处。人主听臣子的主张时,事虽不成,臣子的爵禄已经增高了;事倘若不成功,也不加以诛戮。这样,游说之士谁不用浮辞去投机,侥幸获取利禄呢? 国破主亡,去听游说之士的浮说,这是什么缘故呢? 因为人君不明白公私的利益是相反的,不审察其言论是否得当,而事情的成功或失败后,又不一定加以奖赏或施以诛戮,都说:"但注意国外的事,大可以霸王,小可以安定。"若能霸王,就能攻打敌国;若能安定,就能使我不为敌国所攻。既强就能攻打敌国;既治理就使我无隙为敌国所攻。但是国家的治强不可以求于国外,是在乎内政之修明。现在不行法术于内,而徒事智谋于外,国家是不会治强的。

俗语说:"袖子长的,善于舞蹈;钱财多的,善于经商。"这是说凭借厚的就容易精工。所以治强的容易谋划,弱乱的难为设计。所以计谋用于秦国的,虽十变其计谋,何尝失败;计谋用于燕国的,虽一变其计谋,不能成功。这并不是用于秦国的必定高明,用于燕国的必定愚笨,就是因为治乱的凭借不同。所以周抛弃秦去合从,一年就攻破了;卫抛弃魏去连横,半年就灭亡了。周因合从而灭亡,卫因连横而灭亡。假使周和卫缓行其合从连横的计划,而尽力改善他们国内的政治,使法令严明,赏罚确定,尽量利用地力,使积蓄增多,人民都出死力以坚守城池,天下若得到这土地,得到的利益很少,若去攻打它,自己的损失甚大,虽拥有万辆兵车的国家,都不敢在这座城池下面虚耗,令强敌不得不衡量攻城的利弊,这才是必不灭亡之道,舍去必不灭亡之道,而去做必定灭亡的事,这是治国之人的过失。结果在外智谋受困,里面政治混乱,国家灭亡就不能避免了。

人民为自家设想,都趋就安全和利益,都避开危险和穷困。现在使他们去打仗,前进则死于敌人,后退则死于刑罚,这是极危险的;弃去私人的家务,去身历汗马的劳苦,家中窘困,而为官的不管,这样家中就穷困了。穷困和危险的所在,人民怎会不逃避呢？所以都去自托于有势的人家，以免去国家的徭役，远避战争，以求安全；向当道的施行贿赂，获取他们所需要的，以遂其私利。安全和利益的所在，人民怎会不趋之若鹜呢？所以为公家出力的人少，而投靠私门的人就多了。

明王治理国政，务求减少商业的流行和百姓的无所事事，降低他们的地位，只做根本切要的事，而不顾那些枝节无用的事。当今向国君亲近的人请托，官爵就可以买得，官爵既然可以买，商人和工人的地位就不会永远低下了；非法的交易，就公然通行于市上，商人自然就多了；积聚钱财，倍于农人，而地位这么高，耕战之士、耿介正直之士自然就少了，而营私图利的人自然多了。

所以在一个危乱的国家内，其学者总称诵先王之道，托辞仁义，盛修仪容服饰，铺张巧妙的辩论，以扰乱当世的法度，迷惑人主的心思。游说之士，虚辞矫诈，借外面的势力以完成他私人的欲望，而不顾国家的利益。带剑的侠客，聚集党徒，立节操以显扬名声，而干犯五官（司徒、司马、司空、司士、司寇）的禁令。国君的左右，私自积聚财产，广收贿赂，听用有势之人的请谒，斥退有汗马功劳之人；经商和做工的人都制造粗制滥造器具，集聚无限的钱财，积蓄以待时机，贪取农人的利益。以上五种人乃是国家的"蠹虫"，人君若不除去这五种"蠹虫"不养耿介的人士，那么，天下虽有国家破亡、朝代绝灭的事，也就不足怪了。

显学

世之显学,儒、墨也。儒之所至,孔丘也。墨之所至,墨翟也。自孔子之死也,有子张之儒,有子思之儒,有颜氏之儒,有孟氏之儒,有漆雕氏之儒,有仲良氏之儒,有孙氏之儒,有乐正氏之儒。自墨子之死也,有相里氏之墨,有相夫氏之墨,有邓陵氏之墨。故孔、墨之后,儒分为八,墨离为三,取舍相反不同,而皆自谓真孔、墨。孔、墨不可复生,将谁使定后世之学乎?孔子、墨子俱道尧、舜,而取舍不同,皆自谓真尧、舜,尧、舜不复生,将谁使定儒、墨之诚乎?殷、周七百余岁,虞、夏二千余岁,而不能定儒、墨之真,今乃欲审尧、舜之道于三千岁之前,意者其不可必乎!

无参验而必之者,愚也,弗能必而据之者,诬也。故明据先王,必定尧、舜者,非愚则诬也。愚诬之学,杂反之行,明主弗受也。

墨者之葬也,冬日冬服,夏日夏服,桐棺三

寸，服丧三月，世主以为俭而礼之。儒者破家而葬，服丧三年，大毁扶杖，世主以为孝而礼之。夫是墨子之俭，将非孔子之侈也。是孔子之孝，将非墨子之戾也。今孝戾侈俭，俱在儒、墨，而上兼礼之。漆雕之议，不色挠，不目逃，行曲则违于臧获，行直则怒于诸侯，世主以为廉而礼之；宋荣子之议，设不斗争，取不随仇，不羞囹圄，见侮不辱，世主以为宽而礼之。夫是漆雕之廉，将非宋荣之恕也；是宋荣之宽，将非漆雕之暴也。今宽廉恕暴俱在二子，人主兼而礼之；自愚诬之学、杂反之辞争，而人主俱听之。故海内之士，言无定术，行无常议。夫冰炭不同器而久，寒暑不兼时而至，杂反之学不两立而治。今兼听杂学，缪行同异之辞，安得无乱乎？听行如此，其于治人，又必然矣。

今世之学士，语治者，多曰："与贫穷地以实无资。"今夫与人相若也，无丰年旁入之利，而独以完给者，非力则俭也。与人相若也，无饥馑疾疚祸罪之殃，独以贫穷者，非侈则堕也。侈而堕者贫，而力而俭者富，今上征敛于富人，以布施于贫家，是夺力俭而与侈堕也，而欲索民之疾作而节用，不可得也。

今有人于此，义不入危城，不处军旅，不以天下大利易其胫一毛，世主必从而礼之，贵其智而高其行，以为轻物重生之士也。夫上所以陈良田大宅，设爵禄，所以易民死命也。今上尊贵轻物重生之士，而索民之出死而重殉上事，不可得也。

藏书策，习谈论，聚徒役，服文学而议说，世主必从而礼之，曰："敬贤士，先王之道也。"夫吏之所税，耕者也，而上之所养，学士也。耕者则重税，学士则多赏，而索民之疾作而少言谈，不可得也。

立节参民，执操不侵，怨言过于耳，必随之以剑，世主必从而礼之，以为自好之士。夫斩首之劳不赏，而家斗之勇尊显，而索民之疾战距敌，而无私斗，不可得也。国平则养儒侠，难至则用介士，所养者非所用，所用者非所养，此所以乱也。且夫人主于听学也，若是其言，宜布之官而用其身；若非其言，宜去其身而息其端。今以为是也，而弗布于官，以为非也，而不息其端。是而不用，非而不息，乱亡之道也。

澹台子羽，君子之容也，仲尼几而取之，与处久，而行不称其貌；宰予之辞，雅而文也，仲尼几而取之，与处久，而智不充其辩。故孔子曰："以容取人乎，失之子羽；以言取人乎，失之宰予。"故以仲尼之智，而有失实之声。今之新辩滥乎宰予，而世主之听眩乎仲尼，为悦其言，因任其身，则焉得无失乎？是以魏任孟卯之辩，而有华下之患；赵任马服之辩，而有长平之祸。此二者任辩之失也。

夫视锻锡而察青黄，区冶不能以必剑，水击鹄雁，陆断驹马，则臧获不疑钝利。发齿吻形容，伯乐不能以必马，授车就驾而观其末途，则臧获不疑驽良。观容服，听辞言，仲尼不能以必士。试之官职，课其功伐，则庸人不疑于愚智。故明主之吏，宰相必起于州部，猛将必发于卒伍。夫有功者必赏，则爵禄厚而愈劝；迁官袭级，则官职大而愈治。夫爵禄大而官职治,王之道也。

磐石千里,不可谓富;象人百万,不可谓强。石非不大,数非不众也,而不可谓富强者,磐不生粟,象人不可使距敌也。今商官技艺之士,亦不垦而食,是地不垦,与磐石一贯也;儒侠毋军劳显而荣者,则民不使,与象人同事也。夫祸知磐石象人,而不知祸商官儒侠为不垦之地、不使之民,不知事类者也。

故敌国之君王,虽说吾义,吾弗入贡而臣;关内之侯,虽非吾行,吾必使执禽而朝。是故力多则人朝,力寡则朝于人,故明君务力。夫严家无悍虏,而慈母有败子,吾以此知威势之可以禁暴,而德厚之不足以止乱也。

夫圣人之治国,不恃人之为吾善也,而用其不得为非也。恃人之为吾善也,境内不什数;用人不得为非,一国可使齐。为治者用众而舍寡,故不务德而务法。夫必恃自直之箭,百世无矢;恃自圜之木,千世无轮矣。自直之箭,自圜之木,百世无有一,然而世皆乘车射禽者,何也? 隐栝之道用也。虽有不恃隐栝,而有自直之箭、自圜之术,良工弗贵也。何则?乘者非一人,射者非一发也。不恃赏罚而恃自善之民,明主弗贵也。何则?国法不可失,而所治非一人也。故有术之君,不随适然之善,而行必然之道。

今或谓人曰:"使子必智而寿。"则世必以为狂。夫智,性也,寿,命也,性命者,非所学于人也,而以人之所不能为说人,此世之所以谓之为狂也。谓之不能然,则是谕也。夫谕,性也。以仁义教人,是以智与寿说人也,有度之主弗受也。故善毛嫱、西施之美,无益吾面,用脂泽粉黛,则倍其初。言先王之仁义,无益于治,明吾法度,必吾赏罚者,亦国之脂泽粉黛也。故明主急其助而缓其颂,故不道仁义。

今巫祝之祝人曰:"使若千秋万岁。"千秋万岁之声聒耳,而一日之寿无征于人,此人所以简巫祝也。今世儒者之说人主,不言今之所以为治,而语已治之功。不审官法之事,不察奸邪之情,而皆道上古之传誉,先王之成功。儒者释辞曰:"听吾言则可以霸王。"此说者之巫祝,有度之主不受也。故明主举实事,去无用,不道仁义者故,不听学者之言。

今不知治者,必曰:"得民之心。"欲得民之心,而可以为治,则是伊尹、管仲无所用也,将听民而已矣。民智之不可用,犹婴儿之心也。夫婴儿不剔首则腹痛,不揊痤则寝益。剔首揊痤,必一人抱之,慈母治之,然犹啼呼不止,婴儿子不知犯其所小苦,致其所大利也。今上急耕田垦草,以厚民产也,而以上为酷;修刑重罚,以为禁邪也,而以上为严;征赋钱粟,以实仓库,且以救饥馑、备军旅也,而以上为贪;境内必知介而无私解,并力疾斗,所以禽虏也,而以上为暴。此四者所以治安也,而民不知悦也,夫求圣通之士者,为民知之不足师用。昔禹决江浚河,而民聚瓦石;子产开亩树桑,郑人谤訾。禹利天下,子产存郑,皆以受谤,夫民智之不足用亦明矣。

故举士而求贤智,为政而期适民,皆乱之端,未可与为治也。

译解：

　　世上最显著的学派是儒家和墨家。儒家原始于孔子,墨家原始于墨翟。自孔子死后,有子张学派的儒家,有子思学派的儒家,有颜子学派的儒家,有孟子学派的儒家,有漆雕开学派的儒家,有仲梁怀学派的儒家,有孙氏学派的儒家,有乐正氏学派的儒家。自墨子死后,有相里氏学派的墨家,有相夫氏学派的墨家,有邓陵氏学派的墨家。所以孔子、墨翟死后,儒家分为八派,墨家分为三派,他们的主张不同,甚至相反,但是都自称真正传自孔子或墨翟。孔子和墨翟不可复生,谁来判定后世孔、墨的学派是否出自正宗呢?孔子和墨子都称道尧、舜,而主张不同,都自称真正传自尧、舜,尧、舜不可复生,谁来鉴定儒、墨二家孰是真正尧、舜的学说呢?殷、周间七百多年,虞、夏二千多年,尚且不能判定儒、墨的真伪,现在乃欲考证三千年以前的尧、舜之道,或者不能确定吧!不曾证实,遂加以确定,这是很愚蠢的,不能够加以确定,而定要以之为根据,真是欺人了。所以公开依据先王,称道尧、舜,不是愚笨,就是欺骗。愚陋欺人的学说,驳杂相反的行为,是明主所不接受的。

　　墨者的葬礼,冬天就着冬天的衣服,夏天就着夏天的衣服,桐木的棺材只有三寸厚,只服三天丧,人主以为他俭朴,加以敬礼;儒者破家葬亲,服丧三年,哀毁脱形,行时都须扶杖,人主以为他仁孝,加以敬礼。既认为墨子的俭朴为是,就当非难孔子的奢侈;既认为孔子的仁孝为是,就当非难墨子的乖戾。现在仁孝、乖戾、奢侈、俭约,分见于儒、墨,而人主俱加以敬礼。漆雕氏主张,面色不表示屈服,眼珠不因畏惧瞬动,自己的行为若无理,情愿向奴婢让步,自己的行为若正直,宁可触怒诸侯,人主以为他耿直,加以敬礼。宋荣子主张,不用争斗,不报仇怨,不以监禁为羞,不以受侮为辱,人主以为他宽大,而加以敬礼。若以漆雕氏的耿直为是,就当以宋荣子的仁恕为非了;若以宋荣子的宽大为是,就当以漆雕氏的狠暴为非了。现在宽大、耿直、仁恕、狠暴,俱见于二人的主张中,人主都加以敬礼。愚陋欺人的学说,驳杂相反的言辞,互相争辩,而人主全加听信,所以天下的学者,言论没有一定的规范,行为不合一贯的主张。冰和炭不能久容一个器内,寒和暑不能同时并至,驳杂相反的学说,势不能两立而治。现在兼听驳杂的学说,欺诈的行为,不一贯的辞说,怎能不乱呢?听从道理既如此,至于治人,必定也如此了。

当今的学者,谈论治术的多半说:"给穷人一些土地,使没有资产的足用。"人民起初资产原是一样的,没有丰年和旁人的利益,而有些人能富足,若不是因为力作,只是节俭的缘故;未遇荒年,未生疾病,未罹祸罪,而有些人却会穷困,若不是因为奢侈,只是因为懒惰了。奢侈懒惰的,原应当穷困,力作勤俭的,原应该富足。现在征敛富人的钱财,布施给贫穷的人家,这乃是剥夺力作勤俭的财产,分给奢侈懒惰的人,如此,欲求人民力作节省,是不可能办到的了。

现在此地假使有一个人，不入危乱的城邑，不在军队中任事，不肯以得到天下的大利去置换他腿上的一根毫毛，人主必加以敬礼，尊重他的智略和品行，以为他轻视外物，重视养生。人主所以预备良田和大宅，设立官爵俸禄，乃是想换取人民的忠心，现在人主尊重轻视外物，重视养生的学者，而要求人民尽心尽力为主上牺牲，这也是不可能的事。收藏书策，练习谈论，招集徒党，研究文学，从事辩论，人主必定加以敬礼，说："尊敬贤士，是先王之道。"官吏征税的对象，是耕田的农民，而主上所养的，是文学之士。耕田的须纳重税，学士反受重赏，如此，而要求人民用力工作，少发言论，是不可能办到的事了。立节立名，守义不屈，不为人所侵犯，一闻怨言，必比剑决斗，人主必定加以敬礼，以为他们是尊重自身之士。斩首的功劳不加赏，私斗的勇敢反使其荣显，如此，而欲求人民力战拒敌，免去私斗，这也是不可能的。国家太平时，就养儒生侠客，患难时，就用耿介之士，所养的不是所要用的，所用的不是所素养的，这乃是致乱之道。并且人主对于听学，若以为他的话对，就应当宣布他的言论，用他为官；若以为他的话不对，就应当除去他，以息乱端。现在既以他为是，而不用他为官，既认为他错误，又不息其乱端，这乃是乱亡之道。

　　澹台子羽的容貌颇似君子，孔子乃取他为弟子，与他相处既久，方悉其行为和容貌不相称。宰予的言辞博雅有文，孔子乃取他为弟子，和他相处既久，方悉其智慧比不上他的口才。

所以孔子说:"以容貌取人吗? 错认了子羽。以言辞取人吗? 认错了宰予。"虽像孔子般聪明,尚有错误与事实不符的事,现在一般新奇的论调远过宰予,而人主听信他们时,迷惑超过孔子,因为喜欢他们的言论,遂任用他们为官,这怎能不发生错误呢? 所以魏信孟卯的虚言,加以任用,而有华阳的惨败;赵信马服君的空话,加以任用,而有长平的祸事。这二者都是信任空话所造成的。

但看锻锡,细察剑的烧色,虽是区冶也不能判定剑的品质如何,如果到水里试击鹄雁,在陆地试斩驹马后,虽奴仆亦知剑的利钝。但扳开马的嘴,看看它的牙齿,更看看它的形貌,虽伯乐亦不能判定马的美恶,若试用马驾车子后,看它奔走的快慢,奴仆也能分别马的好坏了。但观人的容貌服装,听他的言论,虽孔子亦不能断定人的贤愚,若试用他做官,考求他的成绩,则庸人也能分辨谁愚谁智。所以明主的官吏,宰相必须从州部中升起,将帅必须从兵士中升起。有功的若一定奖赏他,则爵禄越厚,人民亦越勉励为善,有功的就升官晋爵,则官职愈大,国家也越发治理了。爵禄大而官职治,这乃是成就王业的道理。

虽有千里大石,不能算得富有;虽有百万陶俑,不能算得强大。石头并不是不大,陶俑并不是不多,然而不能算得富强,因为大石头不能生出粟米,陶俑不能抗拒敌人。现在商人官吏和工人,也不耕种而食,地既不能垦种,也和大石头一样;

儒生侠客，没有战功却能显荣，人民既不可加以驱使，也和陶俑一样。知道大石头和陶俑无用，而不知道商人、官吏、儒生和侠士无用，是不能垦种的地，是不能使用的人民，这真是不知道事情的类别了。

所以敌国君主虽喜欢我的行事，我不能入贡为臣。关内诸侯虽不满意我的行事，我必能使他执禽礼朝事我。力量大，就有人朝事我，力量小，我只得朝事人家。所以明君务使自己的势力强大。严厉的家主没有凶横的奴仆，仁慈的母亲反有败家的儿子，我因此知道威势可以禁暴，德厚并不能够止乱。

圣人之治国，不仗着人人为善，必保证人不得为恶，靠人民为善，境内都寻不出十个人来，保证人民不会作恶，一国都可以使之一律。治国的取适合大众的政策，不用只适合少数人的政策，所以不务使德厚，而务使法严。若必定要寻找天生的直箭，百世都不会有箭；必定要寻找天生的圆木头，千世都不会有车轮。天生的直箭，天生的圆木头，百世中没有一个，然而世人皆乘车子射禽鸟，这是何故呢？因为世人知道应用揉曲斫削的方法。虽有不须揉曲斫削，而自然直的箭、自然圆的木，然而好工匠不稀罕它们，这是为何呢？因为乘车的不会只射一人，射箭的不会只射一发。不用赏赐和刑罚，而恃本来为善的人民，明主不稀罕，这是为何呢？因为国法不可以失去，而所治理的不止一个人。所以有道的人君，不随偶然的善处，而推行必然的道理。

现在若有一人说:"我使你一定聪明长寿。"世人必定以为他是癫狂了。聪明是一种天赋,寿数是人的命运,性命不是从人处学来的,而此人以人力做不到的去向人说,所以世人以为他是癫狂了。以仁义之说去教人,就和向人保证能给他聪明和长寿一样,有道的人主是不相信的。称赞毛嫱、西施美丽,对于我自己的容貌没有益处,施用脂粉等化妆品,容貌就比原来加倍的美丽了。但说先王仁义之道,无益于治国,使法度严明,赏罚确定,这也是国家的脂粉等化妆品啊!所以明主急务建设,不在意先王的美德,所以不去宣说仁义。

现在巫祝替人祈祷道:"使你千秋万岁。"千秋万岁的声音嘈聒人的耳鼓,而长寿的祷辞对于人并没有效验,所以人看不起巫祝了。当今的儒者游说人主时,不说当今治国的方法,但讲从前已治的功业;不审察官法之事、奸邪之情,但讲上古传闻的美誉、先王已成的功业。儒者夸大道:"听我的话,就可以成就霸王"。这乃是游说中的巫祝,有道的人主是不信用的。所以明主务求实事,除去无用,不空谈仁义的事,不听信学者的话。

现在一般不知道治国的必定说:"须得民心。"若须得民心,然后才可以图治,那么伊尹和管仲都没有用处了,只是任随人民好了。人民是无知无识的,就和婴儿的心理一样。婴孩若不治愈头上的疾病,就要更疼痛;不割破痈疽,就要更厉害。但是治头上的病和割除痈疽时,必须一个人抱着他,慈母替他医治，他尚啼哭不止，因为婴孩不知道只有经过一番小痛苦，才能得到他的快乐。现在急于耕田垦草，以增厚人民的产业，而人民认为主上残酷；加重刑罚，是要禁止奸邪，而人民认为主上严厉；征赋税钱粮，是要充实仓库，救济灾荒，供给军队，而人民认为主上贪财；并力战斗，是要擒获敌人，而人民反认为主上暴虐；这四事原是增进治安的，而人民都不认同。所以求圣智通达之士，因为知道民智之不足效法。从前禹决江疏河，而人民聚瓦石，预备击禹；子产垦田种桑，而郑人都毁詈他。禹利益天下，子产存郑国，都受到了毁谤，人民的知识不足用，也是很明显的了。所以任用士人，欲求贤智；为政治民，而欲求人民满意，都是造成亡乱的原因，怎么能和他们一起治国呢？

忠孝

天下皆以孝、悌、忠、顺之道为是也,而莫知察孝、悌、忠、顺之道而审行之,是以天下乱。皆以尧、舜之道为是而法之,是以有弑君,有曲父。尧、舜、汤、武,或反君臣之义,乱后世之教者也。尧为人君而君其臣,舜为人臣而臣其君,汤、武为人臣而弑其主、刑其尸,而天下誉之,此天下所以至今不治者也。夫所谓明君者,能畜其臣者也;所谓贤臣者,能明法辟、治官职,以戴其君者也。今尧自以为明,而不能以畜舜;舜自以为贤,而不能以戴尧;汤、武自以为义,而弑其君长。此明君且常与,而贤臣且常取也。故至今为人子者,有取其父之家;为人臣者,有取其君之国者矣。父而让子,君而让臣,此非所以定位一教之道也。

臣之所闻曰:"臣事君,子事父,妻事夫,三者顺则天下治,三者逆则天下乱。"此天下之常道也,明王贤臣而弗易也。则人主虽不肖,臣不敢侵也。今夫上贤任智无常，逆道也，而天下常以为治，是故田氏夺吕氏于齐，戴氏夺子氏于宋。此皆贤且智也，岂愚且不肖乎？是废常、上贤则乱，舍法、任智则危。故曰："上法而不上贤。"

记曰："舜见瞽瞍，其容造焉。"孔子曰："当是时也，危哉，天下岌岌！有道者，父固不得而子，君固不得而臣也。"臣曰："孔子本未知孝悌忠顺之道也。"然则有道者进不为臣主，退不为父子耶？父之所以欲有贤子者，家贫则富之，父苦则乐之；君之所以欲有贤臣者，国乱则治之，主卑则尊之。今有贤子而不为父，则父之处家也苦；有贤臣而不为君，则君之处位也危；然则父有贤子，君有贤臣，适足以为害耳，岂得利焉哉？所谓忠臣不危其君，孝子不非其亲。今舜以贤取君之国，而汤、武以义放弑其君，此皆以贤而危主者也，而天下贤之。

古之烈士，进不臣君，退不为家。是进则非其君，退则非其亲者也。且夫进不臣君，退不为家，乱世绝嗣之道也。是故贤尧、舜、汤、武而是烈士,天下之乱术也。瞽瞍为舜父,而舜放之,象为舜弟,而杀之。放父杀弟,不可谓仁;妻帝二女,而取天下,不可谓义;仁义无有,不可谓明。《诗》云:"普天之下,莫非王土;率土之滨,莫非王臣。"信若诗之言也,是舜出则臣其君,入则臣其父,妾其母,妻其主女也。故烈士内不为家,乱世绝嗣,而外矫于君,朽骨烂肉,施于土地,流于川谷,不避蹈水火,使天下从而效之,是天下遍死而愿夭也,此皆释世而不治是也。

世之所为烈士者,虽众独行,取异于人,为恬淡之学,而理恍惚之言。臣以为恬淡,无用之教也,恍惚,无法之言也。言出于无法,教出于无用者,天下谓之察。臣以为人生必事君养亲,事君养亲,不可以恬淡,之人必以言论忠信法术;言论忠信法术,不可以恍惚;恍惚之言,恬淡之学,天下之惑术也。孝子之事父也,非竞取父之家也;忠臣之事君也,非竞取君之国也。夫为人子而常誉他人之亲,曰:"某子之亲,夜寝早起,强力生财,以养子孙臣妾。"是诽谤其亲者也;为人臣常誉先王之德，厚而愿之，是诽谤其君者也。非其亲者，知谓之不孝。而非其君者，天下贤之，此所以乱也。故人臣毋称尧、舜之贤，毋誉汤、武之伐，毋言烈士之高，尽力守法，专心于事主者为忠臣。

古者黔首悗密蠢愚，故可以虚名取也。今民儇诇智慧，欲自用，不听上。上必且劝之以赏，然后可进。又且畏之以罚，然后不敢退。而世皆曰："许由让天下，赏不足以劝。盗跖犯刑赴难，罚不足以禁。"臣曰：未有天下而无以天下为者，许由是也。已有天下而无以天下为者，尧、舜是也。毁廉求财，犯刑趋利，忘身之死者，盗跖是也。此二者，殆物也。治国用民之道也，不以此二者为量。治也者，治常者也。道也者，道常者也。殆物妙言，治之害也。天下太平之士，不可以赏劝也。天下太平之士，不可以刑禁也。然为太上士不设赏，为太下士不设刑，则治国用民之道失矣。

故世人多不言国法，而言从横。诸侯言从者

曰"从成必霸"，而言横者曰"横成必王"。山东
之言从横，未尝一日而止也，然而功名不成，霸王
不立者，虚言非所以成治也。王者独行谓之王，
是以三王不务离合，而止五霸不待从横，察治内
以裁外而已矣。

译解：

天下人都以为孝悌忠顺之道是对的，但是并不知道细察
孝悌忠顺之道，而慎重地推行，所以天下乱了。许多人都以为
尧、舜的道理是对的，都效法尧、舜，所以有的杀害国君，有的
屈服其父，有的违背君臣之义，扰乱后世之教。尧为人君，而
封他的臣子为君；舜为人臣，反使他的国君做他的臣子；汤、武
为人臣，而杀害他的主上，把他们的尸首分成两段，然而天下
人反称赞他们，所以天下至今不太平。所谓圣明的人君，能够
约束他的臣子；所谓贤能的臣子，能够修明法度，治理官职，以
他的国君为尊。现在尧自以为圣明，而不能约束舜；舜自以为
贤能，而不能侍奉尧；汤、武自以为忠义，而杀了他的主上。照
这个行事，明君常随意将天下让与别人，而贤臣常尽力争取天
下了。所以到现在，为人子的，有夺取其父的家的；为人臣的，
有夺取人君的国的。父让给子，君传位给臣，这不是确定名
位、统一名教的道理。

臣听说，臣事君，子事父，妻事夫，这三种秩序如能正常运行，则天下治，这三事若违逆，则天下乱，这乃是天下经常的大道，明主和贤臣都不会更改的。那么这样，人主虽然不贤，臣子终不敢侵犯主上。当今尊崇贤人，任用智士，十分混乱，这乃是凶逆之道，而天下反用此为治国之正道，所以田姓在齐国夺去吕姓的政权，戴姓在宋国夺去子姓的政权，这些臣子都贤能而有智略，哪里是愚笨无能的呢？如果废去常道，尊崇贤人，则国家混乱；舍去定法，任用智士，则国家倾危。所以说尊重法律，不要尊重贤人。

有记载曾说："舜见瞽叟时，容貌忧愁。"孔子说："当这个时候，天下真是太危险了！有道之士，父当然不能把他当儿子待，君当然不可把他当臣子待。臣认为，孔子本来就不知道孝悌忠顺之道。那么有道之士，往上不可以为主上的臣子，难道不可以为父亲的儿子吗？为父的所以想有好儿子，因家贫他可以使之富足，父亲劳苦，他可以令其安乐；为君的所以想有好臣子，国乱了他可以使之治理，人主卑弱，他可以令他有尊严。现在虽有好儿子，而不能帮助父亲，父亲在家里就辛苦了；虽有好臣子，而不愿辅助国君，国君就会丧失地位。然则为父的若有贤子，为君的若有贤臣，就会成为自己的妨碍，怎么会有利益呢？所谓忠臣不危害其君，孝子不非议其亲，现在舜以贤能而篡夺其君的国，汤、武以忠义而放弑其国君，这都是因为贤能才造成的后果。他们危害到其主上，然而天下人都觉得他们是对的。

古来所谓烈士的,进不臣事人君,退不顾念其家,这乃是进则非议其君,退则非议其亲的了。进不臣事人臣,退不顾念家室,这乃是败乱纲常、绝灭后嗣之道。所以若以尧、舜、汤、武为贤,而以为烈士是对的,这样的学术会让天下大乱。瞽叟是舜的父亲,而舜将他放逐了;象是舜的兄弟,而舜将他杀了。放逐父亲,杀死兄弟,这不能称为仁爱;娶尧的两个女儿,而夺取其天下,这不可称为忠义;既不仁义,就不可称为圣明。《诗经》上说:"普天之下,莫不是王的土地;来到这片土地边上的人,莫不是王的臣子。"倘若《诗经》所说的是对的,那么舜出则抑使其君,入则奴使其父,一如人君之待其臣民,舜对待母亲,有如奴婢,主上的女儿,却纳了为妻。所以烈士内不顾家室,扰乱当世,绝灭后嗣,而外以诈谋取其君,朽骨烂肉,在土地上放置,流于川谷间,不避赴水蹈火,天下人都纷纷效法他,天下人都行险侥幸,虽短命而死都不顾,这乃是离弃世俗,而非图治国家之人。

世人所称为烈士的是这样,离开群众,行为独特,与众不同,研究匪夷所思的学问,解说不知所云的言论,臣以为匪夷所思是无用的学说,不知所云是无法的言论。言论若是无法的,学说若是无用的,天下人就称之为精明。臣以为人生必须事君养亲,事君养亲不可以匪夷所思;治理国家必须言行忠信,遵守道德,言行忠信、遵守道德不可以不知所云,不知所云的言论,匪夷所思的学说,乃是让天下惑乱的学术!孝子侍奉父亲,并非要争取父亲的家产;忠臣侍奉人君,并非要争取人君的国土。为人子的,若常常称赞他人的父亲,说其人的父亲早起晚睡,努力挣钱,以养自己的子孙和奴婢,这乃是在诽谤自己的父亲;为人臣的,若常常称赞先王的德行深厚,劝勉国君去效法他们,这就是在诽谤他的国君了。非议其亲的,智者谓之不孝;然而议论其国君的,天下却以为是好的,天下当然要乱了。所以人臣若不称美尧、舜的贤圣,不赞誉汤、武的功业,不谈论烈士的高义,尽力守法,专心侍奉君王,才算忠臣。

古代人民无知无识的,安静而质朴,所以可以用虚名去治理他们;当今的人民反复不定,情智已开,每想自由,不听在上位者的号令,在上位者必须用赏赐来勉励他们,然后方肯前进,更须用刑罚去恐吓他们,这才不敢后退。然而世人都说许由让去天下,赏赐不足以劝勉他;盗跖干犯刑法,刑罚不足以禁止他。大家认为,未曾有天下,而不要天下的,这是许由;已有了天下,而不要天下的,这是尧、舜;不顾廉洁,贪求货财,干犯刑法,争夺利益,忘去自身,甘犯生命危险,这是盗跖。许由和盗跖是危险的人物,治国理民的常道,不是为这两种人设计的。

所谓治者,是指一般意义上的治国方法,所谓道者,是指最一般的法则。危险的人物和玄妙的言论,足以妨害治国之道。天下高风亮节的人,不可以用赏赐劝勉他们;天下作恶多端的人,不可以用刑罚禁止他们;然而若因为有高风亮节的人就不设赏赐,因为有作恶多端的人就不设刑罚,治国理民之道就丧失了。

世人不喜谈论国法,而喜谈从横。一般讲合从的都说:合从若成,必定可以成就霸业;而讲连横的却说,连横若成,必定可以成就王业。山东六国讲从横的,不曾一日停止,然而功名不能成就,霸王之道终不能成功,因为空言不能成治啊! 王者独断而行,所以才叫作王。所以三王不务分离和联合,五霸不论合从或连横,只顾专力内政,专注外交,就可以了。

人主

　　人主之所以身危国亡者,大臣太贵,左右太威也。所谓贵者,无法而擅行,操国柄而便私者也;所谓威者,擅权势而轻重者也。此二者,不可不察也。

　　夫马之所以能任重引车致远道者,以筋力也;万乘之主、千乘之君,所以制天下而征诸侯者,以其威势也;威势者,人主之筋力也。今大臣得威,左右擅势,是人主失力。人主失力而能有国者,千无一人。

　　虎豹之所以能胜人执百兽者,以其爪牙也。当使虎豹失其爪牙,则人必制之矣。今势重者,人主之爪牙也,君人而失其爪牙,虎豹之类也。宋君失其爪牙于子罕,简公失其爪牙于田常,而不蚤夺之,故身死国亡。今无术之主,皆明知宋、简之过也,而不悟其失,不察其事类者也。

　　且法术之士,与当途之臣不相容也。何以明

之？主有术士，则大臣不得制断，近习不敢卖重，大臣左右权势息，则人主之道明矣。今则不然，其当途之臣，得势擅事，以环其私，左右近习，朋党比周，以制疏远，则法术之士，奚时得进用？人主奚时得论裁？故有术不必用，而势不两立，法术之士，焉得无危？故君人者非能退大臣之议，而背左右之讼，独合乎道言也，则法术之士，安能蒙死亡之危而进说乎？此世之所以不治也。

明主者推功而爵禄，称能而官事，所举者必有贤，所用者必有能，贤能之士进，则私门之请止矣。夫有功者受重禄，有能者处大官，则私剑之士，安得无离于私勇，而疾距敌？游宦之士，焉得无挠于私门而务于清洁矣。此所以聚贤能之士，而散私门之属也。

今近习者不必智，人主之于人也，或有所知而听之，入因与近习论其言，听近习而不计其智，是与愚论智也。其当途者不必贤，人主之于人，或有所贤而礼之，入因与当途者论其行，听其言而不用贤，是与不肖论贤也。故智者决策于愚人,贤士程行于不肖,则贤智之士奚时得用,而人主之明塞矣。昔关龙逢说桀而伤其四肢,王子比干谏纣而剖其心,子胥忠直夫差而诛于属镂。此三子者,为人臣非不忠,而说非不当也。然不免于死亡之患者,主不察贤智之言,而蔽于愚不肖之患也。今人主非肯用法术之士,听愚不肖之臣,则贤智之士,孰敢当三子之危,而进其智能者乎?此世之所以乱也!

译解:

人主之所以身危国亡,是因为大臣太尊贵,左右近侍的势力太过强大。所谓尊贵,是指不遵法制,肆意妄为,把持国政,因公肥私;所谓威势太重,是指擅权借势,影响国家的安危。以上二者都是必须加以注意的。

马所以能够负重担,拖车子,走很远的路,因为筋力坚强;万乘之国的人主,千乘之国的人君,所以能够控制天下,征服诸侯,因为他们有威势;威势就是人主的筋力。现在大臣和左右亲近之人获得威势,人主就失去了势力,人主失去势力,还能够保有国家,千人当中没有一个人能够做到的。

虎豹之所以能够胜过人群,捕获百兽,因为它们的爪牙锋利,假使它们失去了爪牙,就要被人制服了。势力威权也是人主的爪牙,人主若失去了他们的爪牙,不就和虎豹一样了吗?宋君把他的爪牙交在子罕手里,简公把他的爪牙放在田常手中,而不尽早夺回,所以弄得身死国亡。当今这些无术的人主,都明知宋君、简公的错处,而不知道自己的过失,这就是不察同类事情的患处了。

讲求法术的士人和在位的臣子,不会相容。何以见得呢?人主若用有法术之士,大臣就不能独断,左右亲近的人不敢卖重,大臣和左右的权势如果消灭了,人主之道就昌明了。现在的时势不同,当路的大臣擅权弄势,以营私人的利益,左右亲近之人结党营私,以制疏远的臣子,如此,法术之士如何才能进用呢?人主怎样才能裁决呢?所以有术之士不一定为人主所用,而同时又和大臣左右势不两立,这样,法术之士的地位,怎么会不危险呢?人君不能斥去大臣的议论,不能料理好左右的争执,独合乎有道之言,则法术之士怎能冒着生命危险进尽忠言呢?世间因此就不太平了。

明主视功劳的大小而授与爵禄,视才能的所宜而任以职事,所举用的必是贤人和有才能的人,贤能之士既进用,私人的请谒自会停止。有功劳的受重赏,有才能的做大官,那么私自带剑好勇斗狠的游侠之士,怎能不去掉私勇,而致力于拒敌呢?游说仕宦之士,怎能不停止营求于私门的行径,而务于清洁自守呢?这样就能聚集贤能之士,扼止私人的党徒。

当今人主的左右亲近之人未必都聪明,而人主如果觉得某人很有才能，打算听从他的主张时，必定会同左右亲近之人讨论此人的主张。他听从了左右的主张，而不用有才智之士，这乃是和愚人论智慧之士。在位的大臣未必都贤能，而人主觉得某人贤能，对他敬礼时，必会进去与一班大臣讨论此人的行事，听从大臣的话，而不用此贤人，这乃是同坏人去毁谤贤人了。所以智士的决策为愚人所干扰，贤人的方略受到坏人的破坏。这样，贤人智士何时得擢用呢？而人主的视听就会为人所壅蔽。从前关龙逢因对桀谏诤而伤及四肢，王子比干因对纣尽忠致剖心而死，子胥因忠事吴王夫差，遂用属镂剑自刎而死。这三人，为人臣并非不忠直，言论并非不适当，然而不能免于死亡的祸患，就是因为人主不能拣选贤人智士的善言，而为愚陋的乱臣贼子所壅蔽。当今的人主如不任用法术之士，而相信愚陋的乱臣贼子的话，这样，贤人智士谁敢冒关龙逢、比干和子胥的危险，而来进献他们的智谋才能呢？天下自然就乱了！

心度

　　圣人之治民，度于本，不从其欲，期于利民而已。故其与之刑，非所以恶民，爱之本也。刑胜而民静，赏繁而奸生。故治民者，刑胜治之首也，赏繁乱之本也。

　　夫民之性，喜其乱而不亲其法。故明主之治国也，明赏则民劝功，严刑则民亲法。劝功则公事不犯，亲法则奸无所萌。故治民者，禁奸于未萌，而用兵者，服战于民心。禁先其本者治，兵战其心者胜。圣人之治民也，先治者强，先战者胜。

　　夫国事务先而一民心，专举公而私不从，赏告而奸不生，明法而治不烦。能用四者强，不能用四者弱。夫国之所以强者，政也，主之所以尊者，权也。故明君有权有政，乱君亦有权有政，积而不同，其所以立异也。故明君操权而上重，一政而国治。

故法者，王之本也，刑者，爱之自也。夫民之性恶劳而乐佚，佚则荒，荒则不治，不治则乱，而赏刑不行于天下者必塞。故欲举大功而难致而力者，大功不可几而举也。欲治其法而难变其故者，民乱不可几而治也。故治民无常，唯治为法。法与时转则治，治与世宜则有功。故民朴而禁之以名则治，世知维之以刑则从。时移而治，不易者乱，能治众而禁不变者削。故圣人之治民也，法与时移，而禁与能变。

　　能越力于地者富，能起力于敌者强，强不塞者王。故王道在所闻，在所塞，塞其奸者必王。故王术不恃外之不乱也，恃其不可乱也。恃外不乱而治立者削，恃其不可乱而行法者兴。故贤君之治国也，适于不乱之术。贵爵则上重，故赏功爵任而邪无所关。好力者其爵贵，爵贵则上尊，上尊则必王。国不事力而恃私学者，其爵贱，爵贱则上卑，上卑者必削。故立国用民之道也，能闭外塞私，而上自恃者，王可致也。

译解：

圣人治理百姓，只会考虑民生根本的需要，不随意顺从人民的意思，一味为人民的利益设想。所以设立刑罚，并非是恶恨人民，而实在是爱他们而出此，如果刑罚占了优势，人民就安静；赏赐频繁，奸邪之事就一定会发生。刑罚占优势，乃是治理的初步；赏赐频繁，乃是扰乱的根本。

普通百姓的性情，喜欢混乱，不守法纪。所以明主治国，使赏赐精明，人民就一定会勉力事业；令刑罚严厉，人民就谨守法度。勉力事业，公事就不会弄到不可收拾；谨守法度，奸邪就无从发生。所以治理人民的，禁止奸邪于其未发生之时；用兵的贵于令人民听从他的动员令。禁止奸邪于其发生之前，国家就强胜；用兵战争，先使人民心服，军队就可以胜利。圣人治理人民，在奸邪发生之前就禁止它，所以能够强盛；让民心臣服于开战之前，这是能够取得胜利的根本原因。

治理国政，务必在祸患发生之前就禁止它，这样可以使民心专一；专举公正，徇私的事自然绝迹；奖赏能够告奸的人，奸邪的事自然就不会发生了；法度严明，事务自然会简略。能行这四事，国家就强盛，不能行这四事，国家就会衰弱。国家之所以能够强盛，只是由于政治的合理；人主之所以能够尊贵，是由于能够大权独揽。明君有权有政，昏君也有权有政，因为施用的不同，结果也会不一样。贤明的君主执掌大权，而地位也随之尊贵;政治统一了,而国家也就治理了。

法度乃是王业的根本,刑罚乃是仁爱的原始。人民的情性,大抵厌恶劳苦,喜欢闲逸,闲逸必至荒怠,荒怠必导致国家的不平治,国家如果不平治,就混乱了。所以要想立大功,如果不力行,大功不可能侥幸成功;要想平治民乱,而不愿意改变民性的积习,民乱是不会平治的。如果要治理人民,没有别的常理,只有用法度去治理。法度若随着时代转变,就能够平治;治术若是合于当时的需要,就能够见功效。所以人民倘若朴实,用命令去约束他们,就可以得到治理;人民若机巧,用刑罚管治他们,就可以让他们听从。时代已经变迁,而不改善治术,国家一定会乱的;人民的习俗已经转变,而不变更法律,国家必定要削弱。所以圣人治理天下,法度会随着时代而变革,禁令因习俗而更改。

能够致力扩地的,国家就可以富足;能够致力拒敌的,国家就能够强盛;国家强盛,号令便畅通无阻,就可以成就王业。王道的推行,在于封闭外国势力的干涉,在于杜绝徇私的因缘。若能塞止奸邪,王业的成功就不会太难,所以王业不依赖不受外人之扰乱,而恃其内里无从会乱。如果只寄希望于别人不来扰乱,虽务治理,国必会被削弱;若恃其不可乱,只是依法而行,国家也会兴盛的。所以贤明的君主治国,务必使国家不会被扰乱。把臣子提到尊贵的地位,主上也会尊贵,所以因功绩而定爵位,不听取邪曲的言论,不会因此改变常度。若能劳心劳力,爵位就尊贵,君主也会因之尊贵,而王业也可以成功;若不能劳心劳力,只欣赏私人的学说,爵位就不会高,君主的地位亦因之低下,国家也就会被削弱了。所以立国治民之道,在于能制止外患而塞止私情,如果君主能够谨守法度,恃其不可乱,王业就可以成功了。

识误序

予之为《韩子》识误也，岁在乙丑，客于扬州太守阳城张古余先生许。宋椠本，太守所借也，与予向所得述古堂影钞正同。第十四卷失第二叶，以影钞者补之。前人多称《道藏》本，其实差有长于赵用贤刻本者耳，固远不如宋椠也。宋椠首题"乾道改元中元日黄三八郎印"，亦颇有误。通而论之，宋椠之误，由乎未尝校改，故误之迹往往可寻也。而赵刻之误，则由乎凡遇其不解者，必校改之。于是而并宋椠之所不误者，方且因此以至于误。其宋椠之所误，又仅苟且迁就，仍归于误，而徒使可寻之迹泯焉，岂不惜哉？予雠勘数过，推求弥年，既窥得失，乃条列而识之；不可解者，未敢妄说。庚午在里中，友人王子渭为之写录，间有所论；厥后携诸行箧，随加增定。甲戌以来，再客扬州，值全椒吴山尊学士知宋椠之善，重刊以行，复举识误附于末。窃惟智茫学短，曾何足云？庶后有能读此书者，将寻其迹，辄以不敏为之先道也。

嘉庆廿一年岁在丙子秋八月

元和顾广圻序

跋

　　《韩子》各本之误，近又得其二事：《外储说·左下》两云："孟献伯孟"，皆当作"盂"。盂者晋邑，杜预云"太原盂县者"是也。献伯晋卿，盂其食邑，以配谥而称之，犹言随武子之比矣。《说疑》云："楚申胥"，申胥当作"葆申"。葆申者，楚文王之臣，极言文王茹黄狗宛路赠丹姬事而变更之。下文所谓疾争强谏，以胜其君者也，见《吕氏春秋》高诱注曰："葆太"，葆官名。申又载《说苑》葆作"保"，《古今人表》同，葆保同字也。时已刊成，补识于后。

　　　　　　　　　　　　　　　　己卯孟陬广圻又书